JN441336

새로운 소리, 새로운 희망

새로운 소리, 새로운 희망

양스팡 지음
이영남·상경 번역

경인문화사

목차

3 꿈의 신생 · 231

서언

하늘이 희붐히 밝아올 무렵 구름도 서서히 붉게 물들기 시작했다. 산 위의 나무들도 점차 윤곽을 드러냈고 마을은 꿈속에서 깨어나 기지개를 켠다. 문을 열며 내는 삐걱대는 소리, 어른들의 고함을 지르는 소리, 아이들의 울음소리와 닭 울음소리, 개 짖는 소리가 뒤섞여 들렸다. 서서히 삶의 일상들이 드러나기 시작했다. 이 소리들은 산바람에 실려 들판과 계곡을 가로질러 내 얼굴을 스치면서 약간의 시원함을 선사해 주었다. 짙은 안개 속에서 울려 퍼지는 계곡물이 흐르는 소리와 밀림 속 여기저기서 들려오는 새들이 지저귀는 소리는 나에게 깊은 감동을 주었다. 마치 산속의 선녀가 연주하는 교향곡처럼 매혹적이고 상쾌하게만 느껴진다.

새날이 시작되었다.

해가 산꼭대기에서 붉은 얼굴을 반쯤 내밀었다. 붉디붉은 햇살은 산꼭대기에서 내리쬐며 나뭇가지를 거쳐 조각루(吊脚楼, 한쪽은 산비탈을 의지하고 다른 한쪽은 물속이나 비탈에 기둥을 박아 지은 집)를 뚫고 비추기 시작했다. 따스하고 부드러운 햇살은 육안으로도 능히 가려 볼 정도였다. 촌민들은 호미를 메고 땅을 파러 가거나, 더러운 옷을 씻으러 강가의 빨래터로 가고 있었다. 마을 입구에 어떤 여성이 염소 무리를 몰고 나타났다. 염소들은 머리를 조아려대며 앞장서서 걸었고 여성은 광주리를 들고 그 뒤를 따라가며 대나무 빗자루를 들고 열심히 염소들이 싸 놓은 똥을 치웠다. 입으로는 계속 산양들을 욕했는데 산양들도 엄청 억울한 표정을 지었다. 그러다가 여성이 진짜로 화를 내자 바로 앞을 향해 뛰기 시작했다. 길가에 비뚤비뚤 자기들의 그림자를 남기면서 말이다. 이름 모를 새 몇 마리가 숲속에서 '씽-'하고 날아올랐다. 그리고는 들판과 산골짜기를 지나 멀지 않은 곳에 있는 산등성이에서 모습을 감추었다. 새들은 햇살을 가로지르며 규칙적이거나 규칙적이지 않은 곡선으로 날았는데 자신들의 모습은 전혀 개의치 않았다. 해가 서서히 산꼭대기를 넘어가자 제법 열기도 높아지면서 골짜기의 안개도 신속히 걷히기 시작했다. 어느새 산과 들이 환하게 밝아졌다. 산속의 나뭇잎들은 일부 누렇게 변하면서 산속을 다양한 색감으로 장식해 주었다. 순간 무성한 숲은 다양한 차이를 드러내며 서서히 한 폭의 산수화를 그려내고 있었다.

이것이 2022년 11월 26일 이른 아침, 우잉 먀오자이(烏英苗寨)의 모습이다.

우리는 전날 저녁에 우잉 먀오자이에 도착해서 마을 입구에 있는 성 접경지 여관에 묵었다. 이곳은 지리적으로 특수한 지역이다. 마을의 반은 광시좡족자치구 룽수이 묘족 자치현 간둥향(广西融水苗族自治县杆洞乡)에 속하고, 남은 반은 구이저우 종강현 취리 야오족 좡족향(贵州省从江县翠里瑶族壮族乡)에 속한다. 우잉 먀오자이는 광시 류저우(柳州)시에서 약 280킬로미터 떨어져 있으며, 류저우시에서 룽수이현까지는 약 100킬로미터에 달하는 고속도로가 개통되어 있다. 하지만 룽수이현에서 우잉 먀오자이로 향하는 길은 험난했다. 약 180킬로미터에 달하는 도로는 거의 개보수 공사가 진행 중이며, 길이 울퉁불퉁해서 막히지 않더라도 7시간 이상이 소요되었다. 만약 운이 나빠서 길이라도 막힌다면 하루를 길 위에서 보내야 할지도 모른다. 그래서 우리는 아침 일찍 광시 난닝(南宁)시에서 출발하여 룽수이현을 거치지 않고 구이저우의 종강현을 에돌아서 가

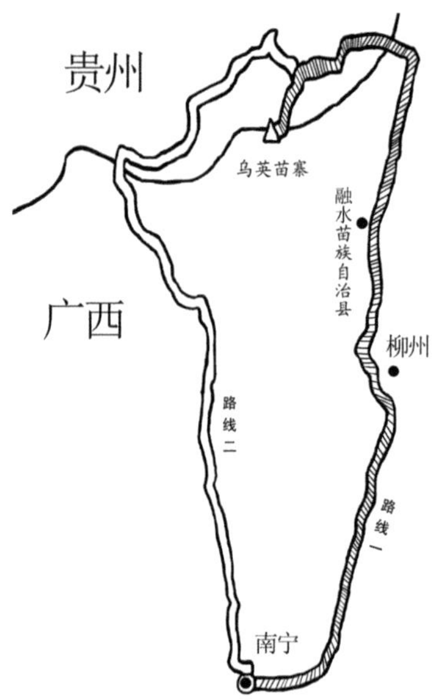

우잉 먀오자이 방위도(구이저우, 우잉 먀오자이, 룽수이먀오족자치현 광시 류우저우 노선2 노선1 난닝)

기로 했다.

구이저우성 충장현을 지나자 우리 앞에 나타난 것은 비탈길이었다. 깊은 산 속에 난 길은 처음부터 좁고 굽이진 구간이 많았다. 어느 구간이든 끝없이 펼쳐진 산봉우리와 겹겹이 쌓인 언덕밖에 보이지 않았다. 길 양옆 산속은 관목들이 무성하고, 계곡에서는 형체를 알아볼 수 없는 희뿌연 안개가 피어올랐다. 가끔 산 중턱이나 기슭에 누군가 잊어버린 듯 외로운 집들이 눈에 띄었다. 하지만 우리 목적지는 여전히 보이지 않았다. 어쩌면 일부러 숨바꼭질이라도 하는 듯 했다. 갈림길도 많아 길을 잃지 않기 위해서 우리는 가끔 길가의 행인들에게 길을 묻기도 했다. 차가 산 속을 빙빙 에돌며 간 탓에 머리가 어지럽고 눈앞이 캄캄해졌다. 동행 중 어떤 여성들은 참지 못하고 토하기까지 했다.

3시간을 넘게 걸려 저녁이 다 되어서야 우리는 드디어 우잉 먀오자이에 도착할 수 있었다. 우리를 실은 차는 촌 사무소 옆에 있는 농구장에 멈췄다. 어지럼증을 느낀 나는 서둘러 차에서 내렸다. 신선한 공기를 들이마시고 한숨 돌리고서야 나는 눈앞의 먀오자이를 감상하기 시작했다. 농구장 옆에는 3층짜리 콘크리트 건물이 있었는데 외벽은 묘족 건축양식을 띠고 있었고 앞에는 스테인리스로 된 깃대가 세워져 있었고 깃대에는 산뜻한 국기가 휘날리고 있었다. 멀지 않은 곳에 다랑이 논밭이 겹겹이 펼쳐져 있었고, 산의 경사면을 따라 맑은 개울이 흐르고 있었다. 그 옆에 산을 의지해 지은 조각루들이 산골짜기에 들쭉날쭉하게 자리 잡고 있었다. 마을 주변을 높은 산들이 에워싸고 있었고, 산비탈에는 관목들이 우거져 있었는데, 아주 조심스럽게 마을을 품고 있는 것 같았다. 가끔 마을 사람들이 짐을 지거나 나무 베는 칼을 들고 여유롭게 집으로 향하는 모습이 눈에 들어왔다. 철들기에는 아직 이른 어린이들이 다리 옆 단풍나무 아래에서 검은 강아지를 데리고 놀다가 낯선 일행이 나타나자 힐끗 쳐다보고는 계속 강아지를 데리고 놀았는데, 강아지는 너무 좋아서 퐁퐁 뛰었다. 모든 것이 자연스럽고 평화롭게만 느껴졌다. 서서히 땅거미가 지자 집집이 등을 밝혔다. 창가에서 흘러나오는 불빛은 조용히 환상 속 세상을 만들어갔다. 저녁 식사 후 우리는 각자의 방으로 돌아가 휴식을 취했다. 한밤중에 잠에서 깨어난 나는 다시 잠들지 못했다. 아예 방문을 열고 복도에 나와 보니 마을 전체가 꿈나라로 들어가 있었고, 태양광으로 전기를 공급받는 가로등만이 밝게 비추고 있었다. 주변은 그렇게 맑고 조용했다.

이튿날 새벽이 밝아서야 나는 이 묘족 마을의 모습을 제대로 볼 수 있었다. 마을은 지형이 비교적 완만하고 탁 트인 계곡 아래쪽에 자리 잡고 있었으며, 마을 옆에는 두 갈래 강이 흐르고 있었다. 강 양쪽에는 비옥한 땅 몇 뙈기가 눈에 띄었는데 전부 밭으로 개간했다. 하지만 촌민들한테 집집이 나누어주기에는 턱없이 부족했다. '9할이 산이요, 남은 반할은 물이니 땅이라 해 봤자 반 할 밖에 안 된다'는 말이 바로 들어맞는 곳이었다. 집들은 모두 나무로 지어졌는데 대부분 강을 따라 지어졌고, 일부는 산허리에 자리 잡고 있었다. 그리고 집집이 서로 연결되어 있었다.

중국 남서부의 오지에는 이렇게 우잉 먀오자이처럼 묘족(苗族), 둥족(侗族), 야오족(瑶族)마을들이 곳곳에 자리 잡고 있었다. 이런 마을들은 일부는 계곡에, 일부는 산 중턱에, 그리고 일부는 산 정상에 지어졌다. 하지만 모든 마을들은 산속에 자리 잡고 있기에 '빈곤'과 '낙후'라는 딱지를 쓸 수밖에 없었다. 어떻게든 잘 살아보려고 노력했지만 마치 헤어 나오지 못하는 악몽처럼 가난은 이들을 잡고 놓지 않았다. 최근에 '빈곤 퇴치와 농촌 진흥' 사업이 중국 대지에서 급속하게 보급되면서 오지의 마을들은 '상전벽해'라고 할 만한 변화를 겪게 되었다. 우잉 먀오자이도 예외가 아니었다.

우잉 먀오자이가 위치한 류저우시(柳州)는 한족(汉族), 좡족(壮族), 묘족, 야오족, 둥족 등 다양한 민족이 거주하는 다민족이 모여사는 지역이다. 마을 지부서기에 따르면, 한때 주민 중 상당수가 언어장벽 때문에 빈곤에서 '샤오캉'으로 향하는 과정에서 외부와의 소통이 가장 큰 고민거리였다고 한다. '빈곤에서 벗어나려면 지혜로워야 하며, 지혜로워지기 위해서는 언어부터 배워야 한다'라는 말처럼, 국가의 통용 언어와 문자의 전면적인 보급은 무엇보다 중요하였다. 언어적 소통이 이루어져야만 비로소 서로 마음을 열고 운명의 연을 만들어나갈 수 있다. 2019년 11월, 류저우시 정부는 빈곤 퇴치를 위해 '이중 언어와 상호 협력' 캠페인을 시작했다. 이 캠페인은 류저우시에서 '표준어'로 교류가 어려운 소수민족들을 대상으로 중국 표준어 학습 기회를 제공해 주고, 현지 소수민족 언어를 구사할 줄 모르는 일부 향진(鄕鎭)의 간부 및 농촌 주재 공작대원을 대상으로 소수민족 언어 구사를 위한 언어 습득의 장을 제공하는 것이다. 이를 통해 소수민족들의 표준어 구사능력을 향상시켰을 뿐만 아니라, 소수민족 집거 지역의 빈곤퇴치를 위해 농촌으로 내려간 간부들의 '이중 언어' 구사 능력도 향상시켰다. 우리가 이번에 인터뷰하게 될 우잉 먀오자이의 '야간학교'가 바로 류저우시 정부의 '이중 언어와 상호 협력' 캠페인이 맺은 결실이다.

정책적인 지원과 사회 여러 계층의 도움으로 2020년 우잉 먀오자이는 드디어 빈곤에서 벗어났다. 사실 중국에는 이런 마을들이 무수히 많다. 그리고 마을마다 세간에 잘 알려지지 않은 많은 이야깃거리가 있다. 이번 인터뷰 동안, 나와 야간학교 반장 량주잉(梁足英)과의 소통은 매우 원활하게 진행된 편이었다. 가끔 소통이 어려울 때면 내가 핵심 내용을 짚어주고 량주잉이 그 힌트를 받아 자기 생각을 정확하게 표현하였다. 때론 옆에 있던 같은 반 친구들이 조금만 도움 주면 량주잉의 말문은 어느새 다시 열렸다. 인터뷰 초기에 나는 그녀가 그저 간단한 문장밖에 구사하지 못할 것이라 예상했다. 하지만 인터뷰가 길수록 그녀를 다시 보게 되었고, 그에 대한 인식도 점차 변하게 되었다.

"우리는 야간 공부 반에 대해 알아보기 위해 왔답니다. 량주잉 학생이 도움을 주시면 감사하겠습니다. 마음속 얘기를 많이 해주면 해줄수록 우리한테 도움이 많이 된답니다."

일을 마치고 돌아오는 량주잉(뒤)과 어머니

그녀는 고개를 들고 의아한 표정을 지으며 말했다. "뭐든지 다 말해도 될까요?"

"그럼요. 우리한테는 큰 도움이 되지요." 나는 그녀에게 용기를 주었다.

그녀의 말문이 열리기 시작했다. 그녀는 상대방의 마음을 잘 헤아렸고 이야기하기도 좋아했다. 그녀는 야간학교의 자초지종에 대해 자세히 설명하기 시작했다. 나는 마침내 먀오자이 여성들이 어떻게 표준어를 모르다가 자유롭게 구사하게 되었는지, 표준어를 구사할 수 있게 된 후 이들의 삶에 어떤 변화가 생겼는지를 알게 되었다.

먀오자이를 떠난 후, 서재에서 인터뷰 녹취록을 정리하던 나는 량주잉의 진지한 '음성'에 다시 한번 감동되었다. 특히 그녀가 들려준 가족 이야기는 큰 울림을 주었다. 나는 문득 량주잉의 말들을 최대한 그대로 문자로 옮겨 적으면 좋지 않을까하는 생각이 들었다. 량주잉의 '목소리'를 시작으로 그녀와 야간학교 동기들의 내면 세계, 그리고 새 시대의 다채로운 인간 세상을 글로 옮기는 것은 량주잉 혼자가 아닌 그와 함께 이 시대를 살아가고 있는 인물들의 삶의 본연의 모습을 더욱 진솔하게 그려낼 수 있다는 벅찬 감동과 희열이 차올랐다.

1

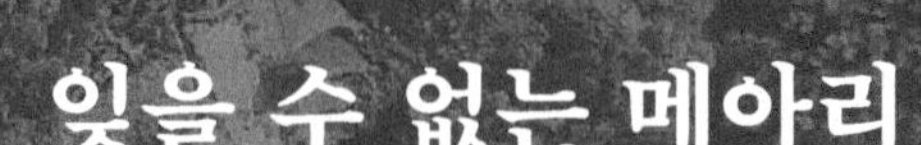

잊을 수 없는 메아리

- 모닥불 옆에서 진행된 수업
- 광시와 구이저우를 넘어
- 여자는 공부할 수 없다
- 옛 교과서에서 느낀 온기
- 남자아이도 공부는 어려웠다
- 산 너머에서 들려온 소식들

모닥불 옆에서 진행된 수업

나의 이름은 량주잉(梁足英)이다. 1974년생으로 어느덧 49세가 되었다.

내가 사는 우잉 먀오자이는 광시와 구이저우의 접경 지역의 산속에 자리해 있다. 이곳을 아는 사람은 별로 없었다. 2000년 이전에는 마을에서 학교에 다니는 여자아이가 거의 없었다. 나와 나이가 비슷한 여자애들은 대부분 학교에 갈 수 없었다. 때문에 글을 읽을 줄도 몰랐고 표준어도 할 줄 몰랐으며 마을 밖에서 손님들이 찾아와도 그냥 멀리 피해 다니곤 했다. 굳이 의사소통이 필요할 때면 손짓과 발짓을 해야 했고, 그것도 안 되면 울상이 되었다. 게다가 상대방이 무슨 말을 하는지 알아듣지 못해 웃음거리가 될 때도 있었다. 너무 속상했다.

나는 이것이 숙명이고, 평생 이렇게 살 수밖에 없다고 생각했다. 그리고 이를 이상하다고 생각지 않았다. 대부분 마을 여성들이 한평생을 그렇게 살다가 가는 줄로만 알았으니까. 아무도 내가 교실에 가서 공부할 거라는 생각을 하지 못했다. 2020년, 먀오자이에서 야간 공부 반을 개설하여 교육을 받지 못한 여자들에게 공부할 기회를 마련해 주었다. 4년 동안에 100명이 넘는 선생님들이 다녀갔고, 800시간이 넘는 강의를 해 주셨다. 강의를 통해 우리는 많은 한자를 알게 되었고 지금은 표준어로 대화를 할 수 있게 되었다. 아직 유창하지 않아 밖에서 온 손님들이 잘 알아듣지는 못할 때도 있지만 조금만 힌트를 주면 자기 생각을 충분히 말할 수 있게 되었다. 그럴 때마다 조금 쑥스럽기도 했지만 마음속으로는 한없이 기뻤다. 가을에 곡식을 수확하는 그런 심정이었다.

화덕(火塘)에 관한 이야기부터 해보기로 하자.

2019년 겨울 어느날 오후였다. 채소밭에서 돌아오다가 어머니와 마주쳤는데, 급하게 내 옆으로 오시더니 '저녁에 집에 와서 밥 먹으렴. 방학을 맞아 량유(梁优)가 돌아왔단다.' 량유는 남동생 량슈우산(梁秀山)의 딸이었다. 그때 마침 성 소재지에서 공부하고 있었다. 나는 서둘러 대답하고 나서 저녁이 되자 술 두병을 들고 어머니네 집으로 갔다. 일흔을 바라보는 나이었지만 어머니는 매일 술 몇 잔씩 드셨다.

대문을 열고 들어서 보니 어머니와 조카 량유가 모닥불 옆에 앉아 있었다. 화덕에서는 장작불이 활활 타고 있었는데 불빛은 두 사람의 얼굴을 환히 비춰주고 있었다. 불빛 때문인지 어머니는 훨씬 젊어 보였다. 두 사람은 한창 노트를 펼쳐보느라고 내가 들어온 것도 몰랐다. 조용히 다가가 보니 량유가 한자 두 자를 커다랗게 적은 노트를 손에 들고 손가락으로 가리키면서 어머니에게 읽는 법을 가르치고 있었다. '你(ni)-'라고 길게 발음하라고 하자 처음 초등학교에 입학한 학생처럼 어머니는 입만 벌린 채 발음을 하지 못하고 있었다. 어머니가 고개를 들어 량유를 쳐다보자 조카는 고개를 끄덕이고는 다시 한 번 '你(ni)-'라고 읽었다. 어머니의 입에서는 마침내 'mi-'라는 소리가 나왔다. 완전히 다른 소리였다. 량유가 다시 시범을 보였으나 어머니는 여전히 정확하게 따라 읽지 못했다.

나는 조금 이상한 느낌이 들었다. 지금 왜 두 사람이 이러고 있는지 궁금해졌다. 나는 그 자리에 선 채로 어머니를 쳐다보았고 그 때에야 어머니는 나를 발견하였다. 술을 마신 것처럼 얼굴이 빨갛게 상기되어 있었다. 어머니는 웃으며 나한테 '량유한테서 표준어를 배우고 있는 중이야. 손님이 와도 네 아빠가 집에 없으면 손님들과 이야기도 못하잖니. 방학을 맞아 량유가 집에 왔으니 간단한 표준어를 배워두면 앞으로 급할 때 도움이 될 것 같아.'라고 설명하였다.

량유는 나를 향해 고개를 끄덕였는데 아주 진지한 표정이었다. 꼭 학교 선생님 같았다. 그리고는 계속해서 어머니에게 'ni-'를 가르치기 시작했다. 어머니는 몇 번이고 따라 읽었지만 계속 정확하게 읽지 못했다. 입 모양을 다양하게 바꾸었는데도 잘 안 되었다. 하지만 내 귀에는 어머니 발음 소리가 화미조의 노랫소리보다 더 듣기 좋았다. 순간 나는 전기에 닿은 듯 '찌릿-'하는 전율을 느꼈다. 뭔가 자라는 것만 같았다. 나도 모르게 울컥하여 터져나오는 눈물을 간신히 참았다.

지난 10여 년 동안 우잉 먀오자이에는 많은 변화가 생겼다. 살아보지 않은 사람은 이곳의 환경이 얼마나 열악한지 알 수 없을 것이다. 처음엔 길도 통하지 않았고 전기도 들어오지 않았을 뿐만 아니라 주거환경도 매우 열악했다. 집에는 따로 샤워시설도 없었고, 마을 곳곳에 오물과 쓰레기들이 널려 있었다. 하지만 지금은 완전히 바뀌었다. 전기도 통하고 길도 잘 포장되었을 뿐만 아니라 상수도도 통했다. 주거환경은 깨끗해졌고 집집마다 화장실도 갖추었다. 마을 청소는 매일 진행하였고 촌민들은 깨끗한 위생습관을 양성하였다. 마을 전체가 마치 갓 목욕을 마친 소녀같이 예쁘게 변했다. 이제 마을은 '우잉'이라는 이름에 걸맞게 탈바꿈했다. 하지만 뭔가가 부족하다는 느낌을 받았다. 그것은 바로 언어 차이로 외부와의 원활한 소통이 원활히 이루어지지 않는 다는 점이었다.

표준어를 모르면 산 밖으로 나가 일을 처리할 수 없을 뿐만 아니라 마을에서도 많은 어려움을 겪게 된다. 최근에 외부에서 많은 외지인들이 마을을 찾아 오는데 그 중에는 주재원도 있고 연구자도 있으며 개발업자

조카 량유가 어머니에게 표준어를 가르치다

도 있었다. 이들은 대부분 표준어를 사용하였기에 나와 같은 아녀자들과는 교류하는 일이 별로 없었다. 상대방이 무슨 말을 하는지 모르니 차라리 피하는 편이 더 낫다는 생각이 들었다. 그러나 사실 이것은 매우 예의 없는 행동이고 묘족들의 손님 접대 법도에도 어긋나는 일이었다. 그렇다고 해서 뾰족한 해결법도 찾지 못했다. 재미있는 이야기 하나만 더 해보자. 어느날 마을에 기자 한 분이 오셨는데, 이곳저곳을 촬영하다가 나와 마주칠 때마다 인사를 건넸는데 나는 기자의 말을 전혀 알아들을 수 없었다. 집에 돌아와서 남편한테 물어봐서야 무슨 뜻인지 알 수 있었다. 당시 내가 만약 표준어를 할 수 있다면 얼마나 좋을까하는 생각이 들었다. 그리고 누군가 나한테 표준어를 가르쳐 준다면 정말 열심히 공부할 것이라는 생각도 했다. 하지만 안타깝게도 그건 그저 나만의 바램에 지나지 않았다.

시간이 흘러 지금은 어머니처럼 나이 드신 분들도 공부하고 싶어 하고 또 계속 공부하고 있다. 한참 젊은 내가 안 배울 이유가 없었다. 선생님도 안 계시고, 교실도 없는데 어떻게 하냐구요? 대학교에 다니는 조카 량유가 바로 선생님이고 따뜻한 화덕 옆이 바로 교실이 아닌가? 순간 나는 마음 속 깊이 묻어두었던 공부에 대한 열망이 다시 꿈틀거렸다.

"량유야, 나도 배우고 싶다. 가르쳐 줄 수 있겠니?"

조심스럽게 말을 뗀 나는 조금 긴장되었다. 량유와 어머니는 동시에 고개를 돌려 나를 보았다. 량유는 놀라는 표정을 지었고 어머니는 흐뭇한 미소를 지었다. 어머니 표정은 이해가 되었지만 량유의 표정은 알 수 없었다. 나는 오랫동안 공부를 갈망해 왔다. 수십 년 동안 마음속에 묻어 두고 지내다보니 거의 잊고 있었던 것뿐이다.

"당연히 문제없죠. 고모, 배우고 싶다면 함께 해요. 어려울 게 없어요." 량유는 내 마음을 꿰뚫어 보기라도 하듯 말을 이었다. "한 명을 가르치나 두 명을 가르치나 저에겐 마찬가지니까요."

나와 어머니는 눈이 마주쳤다. 그리고는 회심의 미소를 지었다. 이렇게 우리는 량유의 학생이 되었다. 나와 어머니는 화덕 옆에 나란히 앉아서 량유의 강의를 열심히 들었어다. 초등학생들처럼 량우를 따라 한자 한자 있는 힘을 다해 따라 읽었다. 'ni- hao-' 나의 발음이 정확하지 않았다. 혀를 곧게 펴려고 노력하면 할수록 더 꼬였다. 보이지 않는 손이 혀뿌리를 꽉 잡고 있는 것만 같다.

"몇 번 더 읽으면 될 거에요."

량유는 아주 진지했다. 전혀 비웃지 않고 열심히 인내심 있게 가르쳤다. 우리는 계속해서 'nihao-'를 연습했다. 아마 30번 넘게 읽고 나서야 마침내 정확하게 발음할 수 있게 되었다. 과정은 비록 힘들었지만 마음속으로는 매우 기뻤다. 젖먹던 힘을 다해 집더미같은 곡식을 잘 묶어 집에 옮겨온 것 같은 느낌이었다.

량유는 계속하여 새로운 단어 몇 개를 가르쳐 주었다. 나와 어머니는 여러 번 함께 따라 읽었지만 아무리 읽어도 정확하지 않았다. 때론 혀를 곧게 펴야 했고 때론 혀를 감아야 했는데 엄청 헷갈렸다. 초조해 할수록 발음이 더 안 꼬이고 애가 탄 나머지 눈물이 다 났다. 그런 나를 보고 량유는 비웃는 대신 휴지 두 장을 건네주며 말했다. "고모, 울지 말아요. 급해할 필요가 없어요. 지금 아주 잘하고 있어요. 배울 결심만 있으면 꼭 잘할 거에요." 그 말에 나는 이를 악물고 흐르는 눈물을 닦으며 꼭 잘 배워 내겠노라 다짐하였다. 그리고는 열심히 량유를 따라 반복하고 또 반복하면서 연습을 멈추지 않았다.

그렇게 화덕 옆은 나와 어머니의 첫 교실이 되었다.

그 뒤로 친구 몇 명이 이 일을 알고 흥미를 느꼈는지 참여 요청을 해왔다. 우리는 시간만 나면 어머니네 화덕 옆에 앉아 량유한테서 강의를 들었다. 하지만 뒤에 들어 온 친구들은 결코 공부에 집중하지 않았다. 이들은 량유를 쳐다보며 량유는 사람이 좋아서 나중에 좋은 집안에 시집갈 거라며 지들끼리 쑥덕거렸다. 이 말을 들은 량유는 화를 내려하다 결국 웃음을 터뜨렸다. 이런 저런 이유로 량유의 일정이 맞지 않다보니 우리에게 강의를 해 줄 사람이 없게 되었다. 하지만 다들 결코 실망하지 않고 화덕 옆에 모여 앉아 이야기를 나누고 유차를 마시면서 배워뒀던 단어들을 애써 되살려 보았다. 어머니는 직접 빚은 막걸리를 내오고 우리는 겨우 기억했던 단어들을 막걸리 잔과 함께 다 비우고 말았다.

한 번은 마을 입구에서 마을 사업을 점검하러 나온 현의 간부와 마주쳤는데, 간부가 우리한테 손을 저으며 인사를 하자 친구들이 나더러 인사를 하라고 부추겼다. 나도 간부를 향하여 'ni-hao-'를 말하고 싶었으나 두 글자가 목구멍에서 맴돌기만 하고 입 밖으로 나오질 않았다. 간부가 멀리 떠난 후에도 나는 그 자리에 멍하니 서 있었다. 왜 말을 못했을까? 비록 잘은 못하더라도 침묵하는 것보다는 훨씬 좋았을텐데하는 생각이 들었다. 그리고 다시 간부들을 만난 자리에서 나는 친구들이 시키지 않았어도 주동적으로 'ni- men- hao-'라고 인사말을 건넸다. 친구들은 환호하였다. 그러면서 나중에 손님들과도 대화할 수도 있으니 공부를 해야 할 필요가 있다고 이구동성으로 말했다. 나는 그 말을 들었을때 꿀을 마신 것처럼 달콤했다.

그런데 우리가 자신감을 가지고 열심히 공부하려고 할 즈음 량유가 개학이 되어 학교로 돌아가게 되었다. 또 선생님이 없게 되었다. 량유가 가르친 한자를 제대로 소화하지 못한 터라 바로 잊어버리고 말았다. 원래는 아버지가 우리한테 계속 가르치려고 했으나 시간 맞추기도 힘들었을 뿐 아니라 속으로 창피한 느낌이 많이 들어 그만두었다.

*

묘족에게 있어서 화덕은 뿌리 깊게 내린 향수라고 할 수 있다. 먀오자이에서는 집마다 화덕을 설치하는데 방 개수가 많든 적든 간에 상관없이 반드시 한 칸에 화덕을 설치해야 한다. 우잉의 화덕은 사실 아주 간단하다. 따로 구덩이를 파거나 벽돌을 쌓을 필요 없이 땅에 철삼각대를 세우면 되었다. 화덕으로 밥을 짓거나 반찬을 만들 수 있었고 불을 쬘 수도 있었다. 전에는 먹을 것이 부족하여 어린 아이들의 간식거리가 별로 없었다. 그러다 보니 옥수수 몇 알을 화덕에 넣고 다 타가는 장작에 옥수수알을 집어넣어 익혀 먹곤 했다. 어쩌다 고구마나 감자를 화덕의 장작 밑에 묻어놓으면 그 구수한 향이 방안에 가득 찬다. 설이면 집집이 돼지를 잡는데, 길게 저민 고기를 화덕 위에 걸어 놓으면 저절로 훈제되어 윤기가 흐르는 베이컨이 만들어진다. 먀오자이에서는 이것을 최상급 요리로 간주한다. 화덕은 또 젊은 남녀가 사랑을 나누기에 최적의 장소가 되기도 하는데, 화덕 옆에 모여앉아 불을 쬐며 이야기를 나누다 보면 화덕의 불처럼 사랑이 타오르게 된다. 시대가 변하면서 물을 끓이거나 밥을 지을 수 있는 방법이 다양해졌지만 묘족은 여전히 화덕을 보류하고 있다. 마을 사람들은 매일 산에서 일하고 돌아오면 화덕에 불을 피우고 온 가족이 쪽결상을 들고 둘러 앉아 오늘 있었던 일을 이야기하거나 내일 해야 할 일에 대해 의논하곤 하였다.

나는 화덕 옆에서 량잉미(梁英迷)를 처음 만났다. 량잉미는 량주잉의 어머니이었다. 우잉 먀오자이에서는 1970년 이전에 출생한 여자들의 이름에 대부분 량잉미처럼 '***미'라는 호칭을 많이 쓴다. '**'는 자식들의 이름이고, '미'는 '어머니'를 뜻한다. 이들은 거의 교육을 받지 못한 세대라 글자도 몰랐고 표준어도 할 줄 몰랐다. 왜 이 여성들의 이름에 자식 이름이 들어갔을까? 이를 별로 이상하게 생각하지 않고 지나쳤는데 알고 보니 그 이유는 이들이 산 속에서만 살았기 때문이었다.

량잉미는 새까만 머리에 눈은 정기가 돌았으며 발음은 정확했고 동작이 민첩했다. 비록 얼굴에서 세월의 흔적을 찾아볼 수 있었지만 환히 웃는 모습이 곧 70세를 바라보는 여성답지 않게 젊어보였다. 우리가 집에 들어서자마자 그녀는 화덕에 가마솥을 올리고 차유를 부은 다음 음미(阴米, 찹쌀을 쪄서 그늘에 말린 음식)를 튀겼고, 우리에게 유차를 따라 주었다. 안사돈과는 묘족어로 얘기하는데 우리가 알아듣지 못하자 바로 표준어로 다시 우리와 이야기하기 시작했다. 그의 표준어는 딸 량주잉에 많이 미치지 못했고 남편보다도 훨씬 못했지만 이야기하는 내내 즐거운 표정을 지었다.

'자, 보세요. 저는 선생님들과 표준어로 이야기 할 수 있으나 안사돈은 못하잖아요. 안사돈한테도 표준어를 배우라고 건의했으나 사양하더군요. 그러다보니 지금도 표준어를 할 줄 몰라요.'

량잉미는 이야기하는 한편 집게로 잿더미를 뒤집어 모닥불의 불길을 더 크게 하였다. 나는 자신감으로 가득 찬 량잉미 얼굴을 바라보았다. 그렇다, 그녀는 충분이 자랑할 만했다. 량잉미는 나를 바라보면서 재미있는 이야기를 시작했다. 량잉미의 남편은 량안허(梁安合)라고 불렀는데 학교를 다녔고 표준어도 할 줄 알았다. 나이가 지긋한 그는 촌 간부로 일한 경력도 있었기에 우잉 먀오자이에 대해 많이 알고 있었다. 그래서 마을 사람들을 그를 '노 당원'이라고 불렀으며 가족들도 따라서 '노 당원'이라고 불렀는데, 마을 안팎의 사람들은 모두 '노 당원'을 찾아 의논하기를 좋아했다. 한번은 현성에서 간부 두 명이 '노 당원'을 찾아 마을의 상황을 조사하게 되었다. 그날따라 '노 당원'은 산에 나무하러 갔다가 아직 돌아오지 않았고 집에서 밥을 짓던 량잉미와 마주치었다. "어머님, 안녕하세요! 노 당원님 집에 계시는지요?" 그때까지만 해도 표준어를 모르던 량잉미는 이들의 말 중에 '노 당원'이라는 한마디를 알아 듣고 남편을 찾아온 손님들임을 알아차렸다. 량잉미는 이들이 고기가 있는지를 물어보는 것인 줄로 착각하고 단지에서 절인 물고기를 꺼내서 손님들을 초대하려 했다. 손님들은 이내 그녀가 자기들의 생각을 잘못 이해한 줄 알아차렸다. 손시늉을 해가며 설명했으나 량잉미는 이들이 예의를 차려 사양하는 것이라 오해하고 식사하고 가시라고 극구 만류했다. 이런 오해는 '노 당원'이 집에 도착하면서 풀렸다. 그리고 결국 그 두 간부는 그의 집에 눌러앉아 식사하였다고 한다.

이 이야기를 들은 우리는 저도 모르게 웃고 말았다. 삶이 그녀에게 표준어를 배워야만 할 이유와 욕구를 제공하였다. 나는 그녀의 집을 천천히 구경하였다. 사실 밖에서 들어왔을 때 첫눈에 집 외벽에 루성, 밀짚모자, 광주리, 멜대, 호미가 가지런히 걸려 있는 것이 보였다. 집으로 통하는 복도에는 대나무를 깎아 만든 컵이 있었는데 노부부의 이름이 적혀있었고, 컵에는 칫솔과 치약이 꽂혀있었다. 실내의 인테리어는 집 외부의 스타일 그대로 옮겨왔다. 집 거실 중앙에는 그네가 걸려있었는데 량잉미의 남편이 특별히 만들어준 것이라고 했다. 집에 온 손님들은 그네를 보는 순간 동심으로 돌아가 한 번 쯤은 그네를 탄다고 했다. 거실 밖은 난간인데 햇빛을 만끽할 수 있는 곳이기도 했다. 난간에 서면 마을과 먼 산이 한 눈에 보인다. 다른 벽면들은 연기에 그을리긴 했지만 깨끗이 청소가 되었으며 작은 대나무 바구니와 다양한 모양의 국자와 집게들이 걸려 있었다. 아무렇게나 걸려 있는 것처럼 보이나 사실은 정교한 배치 구도였다. 뒷문 쪽 벽면에는 작은 대나무 통 두 개가 가지런히 놓여 있었는데 펜, 젓가락, 작은 칼 등 도구들이 잘 구분되어 있어 깨끗하고 자연스러우며 순수한 도시의 카페를 방불케 하였다. 놀랍게도 실내에는 상수도가 설치되어 있고 문 밖에는 산에서 흘러나오는 샘물이 쉼 없이 흐르고 있었다. 담 모퉁이에는 백 여 개에 달하는 작은 걸상들이 가지런히 쌓여 있었다. 화덕 윗쪽에는 훈제한 베이컨 몇 덩이가 걸려 있었는데 햇빛에 반사되어 빛이 났다.

량잉미는 빙그레 웃으며 말했다. 우리가 훈제 베이컨을 쳐다보는 걸 보고 먹고 싶어 하는 줄로 착각하였던 모양이다. 인터뷰하면서 알게 된 사실인데 10년 전까지만 해도 이곳 먀오자이 사람들은 배불리 먹지 못했다고 한다. 그러니 훈제 베이컨을 먹는다는 것은 엄청난 사치였다. 그래서 아마도 훈제 베이컨에 시선이 갔으리라.

화덕 옆에서 량주잉이 처음으로 공부를 시작하게 된 이야기를 들으면서 아버지가 공부하신 분인데 왜 딸한테 글자를 알려주지 않았을까 하는 궁금증이 생겼다. 마치 내 생각을 알아챈 듯 량주잉이 웃으면서 "우리 먀오자이와 저의 어린 시절에 대해 이야기해 드릴게요."라고 말했다.

광시와 구이저우를 넘어

이곳 먀오자이를 '우잉'이라고 부른다. 이 이름은 누가 지었는지 알 수 없다. 묘족어로 '우'는 '아름답고 예쁘다'는 뜻으로 강물이나 샘물을 의미한다. 그리고 '잉'은 '새색시'를 뜻한다. 이렇게 해석하면, '우잉'은 '아름다운 신부'를 나타낸다. 정말 아름다운 이름이다!

우잉 먀오자이에는 140여 가구에 700여 명이 살고 있으며 구성원 전체가 묘족이다. 그중에서 량(梁)씨, 우(吴)씨, 복(卜)씨는 광시에서 이주해 왔고 100여 가구에 달하며 판(潘)씨와 웨이(韦)씨는 구이저우에서 이주해 왔으며 40여 가구에 달한다. 이렇게 마을에는 광시와 구이저우에서 온 사람들이 함께 모여서 한 가족처럼 지내고 있다. 이들은 광시와 구이저우 지역을 행정 지역으로 구분하지 않는다. 일부 가족의 호적 등본에 남편은 구이저우이고 아내는 광시인 경우도 있다. 간혹 부부가 다투기라도 하면 서로 '광시 놈', '구이저우 놈'이라 놀리는데 지나가던 행인들은 싸움을 말리기는커녕 배를 잡고 웃기만 한다. 싸움은 대부분 말다툼 몇 마디 하다가 끝나고 말기 때문이다. 하지만 때론 문제가 생길 때도 있다. 이를테면 자식들의 교육 문제이다. 광시와 구이저우에서 각각 선생님 한 분씩 파견하는데, 광시와 구이저우의 교과서가 서로 다르다보니 광시 선생님이 일 년 동안 광시 교과서를 사용하고, 구이저우 선생님은 일 년 동안 구이저우 교과서를 사용하는 수밖에 없었다. 이런 상황은 2018년 교과서가 규

범화되면서 해결되었다.

2009년 전까지 먀오자이에는 포장도로가 없었다. 그러다보니 가로막힌 산 때문에 외부세계와 소통이 힘들었다. 마을에서 간둥향(杆洞乡)까지는 20킬로미터도 안 되는 거리지만 전부 산속 오솔길이라 걸어가면 세 시간도 넘게 걸렸다. 그리고 향에서 룽수이현(融水县)까지는 160킬로미터 정도의 거리였는데 시외버스를 타게 되면 예닐곱 시간은 족히 걸렸다. 그리하여 광시의 룽수이현이나 구이저우의 충지양현(从江县)까지 웬만하면 떠날 엄두를 내지 못하였다. 그래서 우잉 먀오자이에는 평생 현성에 가보지 못한 노인들도 적지 않았다.

우잉 먀오자이는 사방이 전부 산으로 둘러싸여 끝이 보이지 않는다. 마을 뒤쪽에 충량산(冲靓山)이 있는데, 높고 가파르며 관목이 가득하다. 나는 그 관목 숲을 좋아한다. 보기만 해도 건강해지는 기분이다. '건강'이라는 말은 종자처럼 마음에 묻었지만 아직 뿌리를 내리고 싹을 틔우지 못하고 있다. 맑은 날이면 마을 입구에서 산 정상을 한눈에 볼 수 있다. 하지만 흐린 날이면 다르다. 짙은 안개가 산을 감돌고 있어 모든 것이 흐릿하게 보인다. 새소리, 워낭소리와 사람들이 떠드는 소리가 산속 깊은 곳으로부터 들려온다. 하지만 사람들의 모습은 보이지 않는다. 산 속의 나무들은 사시장철 푸른 옷을 입고 있다. 가을이면 그저 약간 노랗게 변할 뿐이다.

평소 마을 사람들은 이 오솔길을 따라 산에 일하러 간다. 항상 손에 자그마한 나무 막대기를 들고 다녔는데 길 양쪽에 무성하게 자란 잡초가 길을 침범하기 때문이다. 잡초더미 속에 뭐가 숨어있는지 알 수 없기에 사람들은 나무 막대기로 잡초를 걷어낸 후 걸어 다녔다. 이 길을 걷다 보면 뱀이나 멧돼지 그리고 산토끼를 만날 수 있는데, 이 동물들은 자신이 위협을 느끼지 않는 한 사람들을 공격하지 않는다. 언젠가 마을의 어떤 아낙네가 돼지풀을 뜯다가 부주의로 독사에 물리게 되었는데 다행히 구조되어 생명에는 지장이 없었다.

산에서 서식하는 새의 종류는 다양하다. 독수리, 참새, 뻐꾹새, 부엉이 등 여러 가지이지만 마을 사람들은 유독 화미조를 제일 좋아한다. 새들은 숲속에서 자유롭게 날아다니며 즐겁게 노닌다. 나도 가끔 한 쌍의 날개를 단 새처럼 자유자재로 날아다니고 싶다. 하늘에서 땅 위의 마을과 사람들을 굽어 볼 수 있다면 얼마나 좋을까. 평소 새들의 모습은 자주 눈에 띄지 않는다. 대신 '재잘재잘' 즐겁게 노래하는 소리만 들릴 뿐이다. 마을 사람들은 새를 키우기 좋아한다. 거의 모든 집에서 난간에 새장 한두 개는 매달아 두고 있다. 대나무로 엮은 새장에 동유를 발라서 까맣게 윤이 난다. 보기에도 좋고 대나무가 썩는 것도 예방할 수 있다. 새장 안에서는 새들이 퐁퐁 뛰어다니며 가끔 구성진 노래를 부른다. 집들에서 울리는 새 소리에 마을은 생기와 활력으로 차 넘친다. 가끔 나 자신이 새장 속의 새가 된 느낌이 든다. 남편이 사랑해 주고 아껴주고 있으나 절대 벗어날 수 없는 새장에 갇힌 느낌이다.

우잉 먀오자이는 사면이 산에 둘러싸여 있고 개간할 수 있는 논이 지극히 한정된 대신 나무가 아주 많다. 산은 온통 나무로 덮여 있는데, 땔감으로도 쓰지만 전나무나 소나무와 같은 나무는 팔아서 돈을 벌 수 있었다. 하지만 운송이 문제였다. 굵고 무거운 전나무는 수십 명이 함께 들어야 겨우 산 아래로 옮길 수 있다. 게다가 나무를 읍내까지 운반하려면 운송비가 너무 비싸서 누구도 나무를 팔아서 돈을 벌 엄두를 내지 못했다.

그리하여 사람들은 다른 방법을 생각해 냈다. 먼저 나무를 베어 바짝 말린 다음, 몇 달이 지나면 톱으로 잘라 나무 블록을 제작하여 읍내로 메고 가서 팔았다.

나는 아홉 살 때 아버지를 따라 나무토막을 메고 읍내로 간 적이 있었다. 아버지는 나무 블록 여러 개를 메었고 나는 가벼운 것으로 골라 하나만 멨다. 나무 블록은 별로 무겁지 않았다. 하지만 오래 걷다보니 갈수록 무겁게 느껴졌다. 하는 수 없이 양쪽으로 번갈아 메고 갔는데 어깨는 점점 더 무거워지고 부스러지는 것 같았다. 현기증이 나면서 눈앞이 캄캄해졌다. 동행한 마을 사람들한테 얕보이기 싫었고 아버지께서 걱정하실까봐 흐르는 눈물을 억지로 참았다. 나는 입을 악물고 걸었다. 하지만 계속 뒤쳐지면서 아버지와의 거리를 좁히지 못했다. 읍내로 가는 이 길이 세상에서 가장 길게만 느껴졌다. 끝이 보이지 않았고 무력감과 절망감이 함께 몰려오면서 참다못해 나는 울음을 터뜨리고야 말았다. 이를 본 아버지는 메고 있던 짐을 내려놓고 나한테 다가와서 내 어깨의 짐도 내려놓고 길 옆 나무그늘에 앉아 휴식을 취했다. 아버지는 내 머리를 쓰다듬으며 '읍내까지는 이제 반이 남았다. 너의 짐은 내가 지고 가마.'라고 했다. 순간 내 몸이 가벼워지는 것 같았다. 하지만 잠시 망설이다가 결심을 내리고 고개를 가로저었다. 잠시 쉬고 나니 어디서 그런 힘이 생겼는지 나는 블록을 어깨에 메고 앞장서 걷기 시작했다. 그렇게 몇 번을 앞서서 걷다가 돌아 보니 아버지가 대견하다는 듯 흐뭇한 미소를 보였다.

정오가 될 즈음 우리는 드디어 읍내에 도착했다. 우리는 메고 온 나무 블록을 목재상한테 넘겼다. 목재상은 예상보다 적은 금액을 제시했고 아버지는 값을 좀 더 쳐달라고 했다. 목재상은 아버지를 힐끗 쳐다보더니 "지금은 이 가격이라오. 이 가격에 팔든지 말든지"라고 말했다. 아버지는 충격을 받은 듯 멍하니 굳어져 있었다. 내가 몇 번을 불러서야 다시 정신을 차리고 목재상의 손에서 구겨진 지폐 몇 장을 건네받았다. 얼굴에는 아쉬운 표정이 역력했다. 아버지는 몸을 돌려 길가에 쭈그려 앉은 채 허벅지에 구겨진 지폐를 올려놓고 조심스럽게 펴기 시작했다. 수심에 차 찡그려졌던 표정도 함께 펴고 있는 듯했다. 아버지는 괴로워하셨다. 하지만 딸 앞에서는 그런 티를 내지 않았다. 아버지는 내가 당신 마음을 읽고 있다는 걸 알고 계셨던 같았다. 그래서 될수록 웃는 표정을 지으려고 애쓰셨다. 우리는 서로를 이해하고 있었다. 함께 쌀가게에 가서 쌀 두 포대를 사고 다시 거리로 나와 소금 몇 봉지와 절인 생선 몇 마리를 샀다. 아버지는 나에게 신발 한 켤레를 사 주려 했고 나 또한 그 신발을 사고 싶었지만 단호하게 거절하였다. 힘들게 번 돈을 낭비하고 싶지 않았기 때문이다.

마을로 돌아가는 길에 울창하게 자란 숲을 바라보며 이렇게 잘 자란 나무들이 나중에 목재상에 의해 마음대로 가격이 결정될 것을 생각하니 속이 쓰렸다. 그리고 아버지와 어머니가 가엾게 느껴졌다. 산 속에는 나무 외에도 버섯이나 대나무 순 그리고 야생 과일과 같은 좋은 물건이 많다. 하지만 열악한 운송 여건 때문에 산속 좋은 물건들의 상품 가치가 많이 떨어져 헐값에 팔린다. 때문에 마을 사람들은 여전히 궁핍한 삶을 살고 있다.

우잉 먀오자이에는 작은 강 두 갈래가 흐른다. 하나는 광시에서 발원된 우잉하(烏英河)이고, 다른 하나는 구이저우에서 발원된 우거하(乌嘎河)이다. 우잉하는 마을 뒷켠의 골짜기에서 흘러나오고 우거하는 마을 앞 산비탈이 있는 골짜기에서 흘러나와서 마을 옆에서 합류한 마을 앞을 유

풍우교(風雨橋)의 옛날 모습

유히 흐른다. 그때만해도 우리는 강이 흘러서 나중에 바다로 흘러든다는 말은 들었어도 누구도 바다를 본 사람은 없었다.

우거하는 크지 않고 겉으론 부드럽고 온화해 보이지만 매번 우기가 되면 거친 맹수로 바뀐다. 혼탁한 강물은 진흙과 모래를 싣고 세차게 흐르는데 그 기세가 아주 사납다. 산이 가로막으면 산을 휘갈기고 둑이 가로막으면 둑을 부순다. 강 양안의 논은 벌써 물에 잠긴 지 오래다. 누런 강물은 '쏴아- 쏴아-'하고 표호하며 마을을 들쑤시며 모든 걸 빼앗아 갈 기세다. 그렇게 되면 아무도 강을 건널 엄두를 내지 못한다. 심지어 누렁이 황소마저 주저한다. 언젠가 황소가 홍수에 떠내려간 적이 있었는데, 그것도 스스로 들어간 게 아니라 강가의 밭둑을 따라 걷던 중에 둑 일부가 홍수

풍우교(風雨橋)의 지금 모습

에 떠밀려 가는 바람에 미처 반응할 사이도 없이 홍수에 휩쓸려 사라지고 말았다. 홍수가 지난 후 태양이 떠오르자 소 임자가 강을 따라 아래로 내려가며 찾았지만 끝내 찾지 못했다. 사람들은 소가 바다로 떠내려갔을 것이라며 안타까워했다.

홍수 때마다 강물이 범람하면서 양안의 논을 삼켜버리고 막 자라기 시작한 벼와 들에 난 풀과 나무 그리고 논에다 풀어 키우던 물고기와 널어 놓은 나무들 등을 가차없이 휩쓸어간다. 홍수가 끝나면 산사태가 몰아온 진흙에서 악취가 풍기고 논에는 상류에서 밀려온 돌들이 산더미처럼 쌓이며, 떠밀려 온 징검다리가 길을 가로 막기도 했다. 마을 사람들은 지대가 높은 곳으로 올라가 피신하고 그저 탄식과 한숨을 내쉬며 속절없이 당할 수밖에 없었다. 속이 타 재가 되었고 제자리에서 발을 동동 구를 뿐 별다른 방법이 없었다. 아무도 되돌릴 수 없다는 걸 잘 알고 있었다. 홍수가 다 지나간 뒤면 다시 나무를 찍어 징검다리를 놓곤 했다.

우잉 먀오자이 주변에는 물이 많이 흐른다. 산 곳곳에 계곡이 흐르고 있고 마을 옆에는 강이 흐르며 논에도 항상 물이 차 있었다. 촌민들은 삶의 편리를 위해 계곡에 임시로 징검다리를 만들어 사용했는데 시간이 흐르면서 작은 개울이나 강물 그리고 계곡이나 논둑에 많은 징검다리가 생겨났다. 이런 징검다리들은 대부분 전나무로 만들었다. 먼저 크고 단단한 전나무를 강 위에 걸쳐놓은 다음 그 위에 나무판자를 펴 못으로 고정하면 다리가 완성된다. 작은 개울의 경우에는 주변에서 재료를 구하는데, 크고 길쭉한 돌을 옮겨다 쌓아 놓으면 절대 물에 젖을 걱정이 없다.

20세기 60년대부터 우거하에는 폭이 3미터, 길이가 20미터에 달하는 나무다리가 놓여 있었다. 가난한 삶 때문에 집집이 돈 대신 3년 이상 자랑 전나무 한 그루씩 기부하였다. 다리를 세울 때가 되면 사람들은 합심하여 힘을 보탰다. 목공기술이 있는 사람은 목수가 되었고, 그런 기술이 없는 사람들은 힘을 보태 돌을 옮기고 기초를 다졌다. 마을에서 일손을 보탤 수 있는 사람들은 거의 다 나왔다. 그렇게 다리는 예정대로 준공되었고 마을 사람들의 생활과 노동에 큰 편의를 제공하였다. 다리가 만들어지면서 예전보다 삶이 훨씬 편해졌으나 비가 많이 내려 강물이 붇게 되면 나무다리는 흔들거렸고 매우 위험하였다.

아버지한테서 들었는데 다리가 세워진 후, 사람들은 수시로 다리 보수작업을 하였지만 홍수의 충격을 막을 수 없었다. 우거하가 범람할 때마다 강물이 다리 위에까지 차오르면서 다리는 그대로 떠내려갔다. 그렇게 여러 번 떠내려갔는데 한번은 특대 홍수 때문에 다리가 흔적도 없이 사라진 적도 있었다. 홍수가 지난 후 보니 나무 한 조각도 남지 않았단다. 도저히 개보수로는 다리를 해결할 수 없게 되었다. 다리가 없다 보니 일 보러 가거나 일하러 갈 때면 불편했다. 더 고통스러운 것은 다리로 다니는데 적응된 마을 사람들이 갑자기 다리가 사라지니 마치 영혼을 잃은 것 같았다.

마을 사람들은 외출하여 일을 처리하는 데 많은 어려움을 느꼈다. 혹시라도 읍내에 장보러 가려고 해도 어쩔 수 없이 맨몸으로 강을 건너야 했고 산길을 에돌아 걸어 가야 했는데 비가 내리기라도 하면 미끄러워 넘어지기 일쑤였다. 간둥향에 도착해서도 큰 강을 따라 한참을 걸어서야 장터에 도착할 수 있었는데 이렇게 장보러 한 번 가려면 왕복 8~9시간이나 걸렸다. 만약 여성일 경우, 우거하를 직접 건너지 못하면 먼 곳에 다리가 있는 곳까지 에돌아 가야 했다.

20세기 70년대가 되자 마을 입구에 두 번째 다리인 풍우교(风雨桥)가 세워졌다. 수백 년이 된 삼나무(杉木)로 다리 기둥을 만들었고 그 껍질로는 지붕을 만들었다. 산에서 일하거나 시내에 가서 장보고 돌아올 때면 사람들은 다리 위에서 한참씩 쉬곤 했다. 이곳에서 비를 피하거나 뜨거운 햇빛을 가릴 수 있었으니까, 더운 날이면 마을 노인들은 이곳에 모여 이야기꽃을 피우며 더위를 식히곤 했다. 다리 밑으로 강물이 유유히 흘렀고, 노인들은 그 위에서 엽초를 피워 물고 마을과 마을 밖에서 벌어진 일을 이야기하곤 했다. 농한기가 되면 이들은 종일 이곳에 있다가 날이 저물어서 해가 산 아래로 지면 그때야 흡족한 표정을 지으며 각자 집으로 돌아갔다. 풍우교는 어느새 촌민들의 집합소가 되어 일을 논하는 장소가 되었다. 하지만 이젠 낡아서 해마다 보수공사를 해야 했고 사람들은 더욱 튼튼한 풍우교가 필요하였다.

2009년, 정부에서 집 앞까지 연결된 새로운 도로를 닦으면서 오래 전에 만들어진 낡은 다리를 허물고 시멘트로 튼튼한 새 다리를 세워주었다. 다리 위로 차도 다닐 수 있어서 촌민들은 홍수에 다리가 밀려갈 걱정을 하지 않아도 되었다. 도로가 개통되고 새 다리가 만들어지면서 우잉묘족 마을(烏英苗寨)은 드디어 외계와의 소통이 가능해졌고 이곳 사람들은 삶에 대한 희망을 느끼게 되었다.

마을 입구 북서쪽에서 계곡을 따라서 가다 보면 오솔길이 보인다. 긴 세월 마을 사람들과 희노애락을 함께 해온 이 길은 산 밖으로 통하는 유일한 통로였다. 이 길이 없었다면 사람들은 산 밖으로 나가지 못했을 것이고 마치 신선한 피를 공급받지 못한 사람처럼 삶의 희망을 잃고 말았을 것이다. 하지만 이 길은 위험하고 울퉁불퉁해서 다니기 매우 힘들었고 특히 비 오는 날이면 한 발자국도 걸을 수 없었다. 혹시라도 급한 병이나 중병에 걸리면 길에서 사망하는 슬픈 경우도 간혹 있었다.

쌀과 소금 그리고 생활용품을 사러 읍내로 나가는 부모님을 따라서 나는 처음으로 이 길을 걸어 보게 되었다. 간동향으로 가는 날, 부모님들은 날이 밝기 전부터 일어나서 밥을 짓고, 날이 밝자 우리를 깨워 유차(油茶)를 마시고 우리는 어머니가 준비해 준 도시락을 싸들고 해가 뜨기 전에 길을 떠났다. 처음 길을 떠난 나는 너무 좋아서 부모님 앞에서 뛰기 시작했다. 부모님들은 걱정스러운 목소리로 "뛰지 마라. 아직도 갈 길이 멀단다. 힘을 아껴야 해."라고 말하였다. 처음 산 밖을 구경한다는 흥분 때문에 나는 부모님의 말씀을 귓등으로 흘려들었다. 하지만 얼마 못 가서 바로 후회하기 시작했다. 조금 걷다 말고 힘들어서 쉬었다. 그럴 때마다 부모님은 늦을까봐 빨리 일어서라고 재촉했다.

나의 두 다리는 점점 무거워졌고, 결국 다리에 무거운 돌을 매단 것처럼 한 발 옮기기도 힘들었다. 하지만 아득하게 뻗은 이 산길은 그 끝이 보이지 않았다. 나는 절망하여 땅바닥에 그대로 주저앉고 말았다. 아버지는 당장이라도 울 것 같은 나를 업고 걷기 시작했다. 그렇게 나는 겨우 읍내에 도착할 수 있었다.

그 뒤로 한동안 나는 어머니한테 읍내로 가자는 말을 꺼내지도 못했다. 비록 사람도 많고 재미도 있었지만 끝없이 뻗은 산길을 생각하면 소름이 돋았다. 산 밖으로 나가보고 싶은 호기심과 험난한 산길에 대한 공포감과의 대치(對峙)로 어린 나는 마음속으로 늘 갈등하였다. 그 뒤에도 호기심 때문에 아버지를 따라 몇 번 더 읍내를 다녀왔다. 사람들 사이에 묻혀 거리를 거닐 때면 나는 아버지 옷자락을 꼭 잡았다. 혹시라도 놓치게 되면 집으로 가는 길을 찾지 못할까 두려웠기 때문이다. 산길이 너무 멀어서 발목이 시큰거리고 감각을 잃을 정도로 아팠던 기억이 지금도 남는다. 저 끝이 보이지 않는 산길 때문에 사람들은 고통스러웠고 절망감에 빠지곤 했다.

마을 아이들은 초등학교 3학년을 마치고 나면, 십여 킬로미터 밖에 있는 읍내 학교를 다녀야 했다. 그렇지 않으면 학교를 그만두는 것 외에 다른 방법이 없었기 때문이다. 이제 겨우 열 살밖에 안 되는 아이들이 세상 물정도 모른 채 집을 떠나서 낯선 환경에서 생활해야 했다. 나는 읍내에서 공부해 본 적은 없으나 남동생에게 물건을 전달하는 심부름을 한 적 있었다. 책과 쌀 그리고 땔감을 둘러메고 산길을 걸어야 하는 나는 이 아이들의 고생을 어느 정도 이해할 수 있었다. 아이들이 이 험한 산길을 걸어서 넘느라 얼마나 힘들고 막막했을까.

*

우잉 먀오자이의 유래와 관련하여 두 가지 설이 있다고 한다.

옛날, 서로 사랑하는 묘족 남녀가 있었다. 여자의 부모가 여자를 부잣집에 시집보내려 하자 결혼 전날 밤, 두 사람은 어두운 밤에 도망쳤다. 이들은 산을 넘고 물을 건너 깊은 산 속으로 들어갔다. 얼마나 걸었는지 두 사람은 드디어 이곳에 이르게 되었고 마침내 뒤를 쫓던 사람들의 손아귀에서 벗어나게 되었다.

지치고 목이 마른 두 사람은 개울가로 내려와 손으로 깨끗한 물을 떠서 마시고 개울가에 앉아 휴식을 취했다. 개울 속에는 각양각색의 기암괴석이 가득했다. 상류에서 떠밀려 내려온 바위가 천 년을 넘게 씻기면서 돌마다 티끌 하나 없이 깨끗하고 광택이 났다. 두 사람은 자신의 마음처럼 한결같고 깨끗하며 단단한 이 돌들을 매우 소중히 여겼다.

처녀가 총각의 어깨에 기대어 졸고 있는데, 새하얀 백조 두 마리가 하늘을 날다가 바위 위에 내려앉는 것을 보았다. 백조는 부리로 깃털을 다듬더니 다시 몇 번 날개를 퍼덕이더니 개울에 들어가 자유자재로 물놀이를 하며 가끔 "끼룩- 끼룩-" 울음소리를 냈다. 소리는 낮았지만 사이좋은 부부가 노래를 부르는 것처럼 조화롭게 느껴졌다. 놀다가 지치면 단풍나무 몇 그루가 있는 뭍으로 날아와 나와 휴식을 취했다.

젊은 남녀는 백조의 고귀한 기품에 매료되었다. 하늘에서 신비한 새가 이곳에 내려온 걸 보니 분명 좋은 곳일 거라는 생각이 들었다. 두 사람은 이 두 마리의 백조가 자신들을 이곳으로 안내했다고 믿었다. 따라서 더 이상 정처없이 헤매는 삶을 살지 않고 이곳에 정착하리라 마음먹었다. 백조 두 마리가 떠난 뒤에 두 사람은 백조들이 노닐던 단풍나무 밑에 이르러 여자는 바위 위에 남은 썩은 나뭇잎과 가지들을 치웠고, 남자는 칼로 나뭇가지와 줄기를 베어다가 단풍나무 옆에 오두막을 지었다. 이렇게 두 사람은 이곳에 정착하여 살게 되었다.

후에 여러 집이 연이어 이사를 오게 되면서 이곳 사람들은 서로 도우면서 살아 갔다. 이들은 황무지를 개간하여 삶의 터전을 일구었으며 마침내 자신들의 촌락을 가꾸었다. 그리고 마을 이름을 우잉이라 지었다. 이는 처음으로 이곳에 정착했던 젊은 묘족 남녀와 아름다운 한 쌍의 백조를 기리기 위해서였다.

두 번째 설은 다음과 같다. 옛날, 묘족 마을 총각 두 명이 동시에 부잣집 딸을 사랑하게 되었는데, 둘은 '말(馬)싸움'을 통해 승부를 가리고 이긴 사람이 여성을 차지하기로 했다. 마을 사람들이 모두 이 승부를 기대하던 중에 딸의 아버지인 부자가 이 싸움을 반대하면서 새로운 조건을 내걸었다. 즉, 진심으로 자기 딸을 사랑한다면 깊은 산속으로 들어가서 사냥을 하되, 곰을 잡는 사람에게 시집보내겠노라고 했다.

이 말을 들은 마을 사람들은 간담이 서늘했다. 당시 깊은 산 속에는 정말 곰이 출몰했는데 곰이란 말만 들어도 등골이 오싹했다. 마을 사람들은 두 젊은이의 힘으로는 절대 곰을 잡을 수 없다고 생각했다. 잡기는커녕 곰의 손아귀에서 벗어나는 것도 기적이라 여겼다. 사실 여자의 부친은 이 방법을 써서 두 젊은이에게 겁을 주어 그들이 스스로 물러나 주길 바랐을 뿐이었다. 이 조건이면 승부를 겨루지 않아도 되고 마을 사람들 앞에서도 부끄럽지 않을 거라 여겼다.

하지만 결과는 부자의 생각과 달랐다. 곰 잡으러 떠나기 전, 두 총각은 술상을 차려 취하도록 술을 마신 후, 사냥도구와 그동안 먹을 양식을 가지고 이른 새벽 집을 나섰다. 마을 사람들은 이들을 마을 입구까지 바래다 주었고 둘의 모습이 사라질 때까지 지켜보았다.

산에서 사는 남자들은 다들 힘이 세고 사냥을 잘하는 편이다. 이 두 청년도 예외가 아니었다. 이들은 맹수와 싸우는 법을 잘 알고 있었다. 두 사람은 각자 움직이면서도 서로 멀리 떨어지지 않은 거리를 유지하면서 위급한 상황이 생기면 바로 도움을 주기로 약속했다. 두 사람은 곰이 자주 출몰하는 우잉 지역에 이르렀고, 천연 동굴을 찾아 함정을 팠다. 이제 곰을 이곳으로 유인하기만 하면 쉽게 잡을 수 있었다. 두 사람은 잘 위장한 다음 나무 아래에 숨었다. 사냥하려면 인내심이 필요했다.

이렇게 사흘을 기다린 끝에 끝내 큰 곰 한 마리가 나타났다. 녀석은 숲속에서 머리를 내밀고 사방을 둘러보더니 별 이상이 없자 몸을 나무에 기대고 비비기 시작했다. 가려울 때 하는 행동인데 굵은 나무줄기가 그대로 흔들리면서 많은 나뭇잎이 땅에 떨어졌다. 그리고는 뒤뚱거리며 함정이 있는 방향으로 향했다.

함정을 파 놓은 총각은 피곤한 나머지 잠깐 졸다 보니 곰이 나타난 줄도 모르고 있었다. 다른 총각이 발견하고 그 뒤를 살금살금 따라갔다. 곰은 함정을 피해 졸고 있던 총각이 있는 쪽으로 갔고 그 총각은 위험한 상황을 조금도 눈치채지 못했다. 곰의 뒤를 따르던 총각이 고함을 질러 곰의 주의력을 자기한테로 끌었다. 곰은 고개를 돌려 자기 뒤를 쫓던 총각을 발견하고는 그를 향해 뛰기 시작했다. 총각도 곰을 유인하기 위해 함정이 있는 쪽으로 도망치기 시작했다. 하지만 너무 긴장한 탓에 등나무 덩굴에 걸려 넘어지고 말았다. 미처 덩굴을 풀기도 전에 곰이 덮치면서 둘은 함께 함정에 빠지고 말았다. 총각은 그 자리에서 숨을 거두었고, 곰도 함정에 빠진 채 꼼짝도 못했다.

놀라서 깨어난 다른 총각은 친구가 자기를 구하기 위해 목숨을 잃었다는 걸 알고는 급히 마을로 뛰어가 사람을 불렀다. 사람들은 먼저 목숨을 잃은 총각을 꺼낸 다음 다시 함정에 갇힌 곰을 꺼냈다. 혼자 남게 된 총각은 함정이 있는 쪽을 말없이 바라보았다. 그리고는 잠시 후에 '악-'하고 고함을 지르며 호미를 들고 함정에 흙을 채워 넣기 시작했다. 다른 사람들도 총각과 함께 함정을 메웠다. 하지만 총각의 마음속에는 영원이 메울수 없는 '함정'이 상처로 남고 말았다.

총각은 약속대로 처녀에게 혼담을 꺼내지 않고 생활용품을 챙겨 산속으로 들어와살기 시작했다. 이렇게 해서라도 자기 때문에 목숨을 잃은 친구를 애도하기 위해서였다. 후에 이 사실을 알게 된 처녀도 총각의 우정에 감동되었다. 처녀는 총각과 평생을 함께 살 결심을 내리고 부모님의 반대에도 무릅쓰고 산속에서 총각과 함께 살았다. 이들을 기리기 위해 사람들은 이곳을 '우잉'이라고 불렀다. 오늘도 우잉 사람들은 단결과 용기 그리고 용맹과 사랑을 숭상했다고 한다.

이런 미담들이 오늘날까지 전해지면서 우잉 사람들의 강인한 생명력은 그들 마음속에 간직된 따뜻한 인간애에서 비롯된 것이다. 우잉 사람들은 자연과 조화롭게 지낼 수 있는 비결을 터득하고 있었다. 이들은 자연을 사랑하고 나무를 숭상했으며 아름다운 루성(蘆笙)의 소리에 반했으며,

묘족 남성들은 화미조의 지저귐에 자신들의 마음을 담았다.

량주잉의 집 베란다에 있는 난간에는 남편이 키우는 새장 두 개가 걸려 있었다. 남편은 푸성창(卜胜昌)이라고 불렀는데 1980년대 군 복무 경력이 있었다. 그는 체구가 우람지고, 말수가 적었으며, 매사에 진중하고 침착했다. 퇴역한 지 여러 해가 지났으나 남편에게는 여전히 군인의 강직한 기질이 배어있었다. 그에게 우잉 먀오자이의 최근 모습을 물어보았다. 그는 고개를 들어 나를 보더니 이런저런 이야기를 하면서 수시로 아내 량주잉을 쳐다봤다. 나는 대뜸 알아차렸다. 아내가 더 잘 알고 있다는 의미였다. 나는 다시 화제를 돌려 군 복무에 대해서 물었다. 역시 형식적인 대답이 돌아왔다. 하지만 화미조로 화제를 돌리자 그의 눈은 광채가 돌기 시작했다. 그리고 드디어 입을 열고 말하기 시작했다. "묘족 남자치고 화미조를 좋아하지 않는 사람은 없답니다. 누구나 루성을 불기 좋아하는 것처럼 말이지요. 화미조는 깃털도 예쁘고 울음소리도 듣기 좋아서 많은 기쁨을 갖다준답니다."

나는 량주잉에게 물었다. "남편은 '주어메이(坐妹)'[1]를 통해 만났어요?"

그는 얼굴이 빨개지며 말했다. "네, 남편은 1993년에 제대했어요. 매우 성실했어요. 우리 집에 찾아와도 그냥 이름만 불렀지 노래를 부를 줄 몰랐어요. 군 복무를 하는 동안 노래를 다 잊었대요. 하지만 난 그런 남편이 마음에 들었어요. 그래서 바로 문을 열어주었죠. 남편은 저보다 나이가 많아요. 하지만 매사에 침착한 남편이 나는 좋아요."

"그때도 공부할 생각이 있었어요?" 내가 계속 물었다.

---

1 坐妹, 동족이나 묘족 청년남녀들이 교류와 연애를 하는 방식.

그녀는 부끄러운 표정을 지으며 웃었다. 그리고는 "그 세월에는 매일 산에 가서 일을 해야 했으니 공부 따윈 생각하지도 못했죠. 아무리 생각해도 소용없었으니 점점 생각조차 하지 않게 되었죠."라고 대답했다.

"결혼한 지는 얼마나 되었어요?" 내가 또 물었다.

"30년이 다 돼 가요. 결혼하고 삶에 부대끼다보니 글공부는 잊고 살았지요."라고 말했다.

여자는 공부할 수 없다

집앞에 서면 학교 옆에 있는 단풍나무 몇 그루가 보였다. 무성한 잎들은 우산처럼 비바람을 막아주고 허름한 학교 건물도 감싸주었다. 교실에서 글 읽는 소리는 단풍나무 가지에 앉아 지저귀는 새들의 울음소리와 뒤섞여 마을에 울려 퍼지며 나의 마음을 사로잡곤 했다. 가장 매력적인 것은 수업을 알리는 종소리였다. 매번 종소리가 울리면 나는 안절부절못했다. 한편으로는 흥분되고 한편으로는 허전함이 밀려왔다.

어릴 때 아버지는 '학교'를 '학당(學堂)'이라고 불렀다. 나한테는 특별하게 느껴졌다. '학당'은 옛날 글공부를 하는 곳이었다. 어릴 때부터 아버지는 항상 '학당'이라고 불렀고 많이 듣다보니 나도 어느새 '학당'이라는 표현을 좋아하게 되었다. 속에 뭔가 들어 있어 보였다. '학당'이라고 하면 '쓸모 있는 걸 배우는 곳'이니 '학교'보다는 더 의미가 있다고 생각했다.

학교는 골짜기 사이에 세워진 2층짜리 건물이었는데 삼나무로 지어졌고 회색 기와를 얹었다. 교실은 총 3개이고 운동장 밖은 산비탈이었고 그 아래에는 사시장철 마르지 않는 강물이 있었다. 농구를 하다가 혹시라도 운동장 밖으로 공이 던져지면 산비탈을 따라 굴러간 공이 물속에 빠지기 일쑤였다.

어릴 때 나는 거의 매일 학교에 가곤 했다. 공부하러 간 게 아니라 남동생을 데리고 놀러 간 것이다. 교실 안에서 선생님과 학생들이 표준어로 문장을 읽고 있었다. 비록 알아듣지는 못했으나 매우 흥미로웠다. 흥미로움을 넘어 신비롭기까지 했다. 선생님은 매일 학생들에게 표준어로 노래를 가르쳐주었는데 나는 그것이 가장 부러웠다.

우잉 먀오자이 초등학교 옛모습

우잉 먀오자이 초등학교 수업 전경

늦가을이면 학교 건물 옆 단풍나무 잎이 골짜기에서 불어오는 바람에 우수수 떨어지면서 마치 붉은 나비같이 하늘하늘 춤을 추었다.

'가을이 되면 낙엽이 바람에 날려 땅에 떨어진단다. 이것을 자연법칙이라고 하지.'

하루는 아버지가 떨어지는 낙엽에 정신이 팔린 나를 보고 말했다. 나는 참 멋진 말이라고 생각되었고 바로 그 문구를 마음속에 새겨두었다. 아버지의 말을 완전히 이해하지 못한 나는 "아빠, 바람이 불어야 나뭇잎

우잉 먀오자이 초등학교 교사와 학생들

이 떨어져요?"라고 물었다. 아버지는 그렇다고 고개를 끄덕이며 손으로 나의 머리를 쓰다듬어주었다. 아버지의 손이 나의 머리에 닿는 순간 나는 쩍쩍 갈라진 땅같이 거칠고 두꺼운 굳은살이 느껴졌다. 하지만 나는 그 느낌을 말하지 않았다. 아버지 눈동자에 비치는 사랑과 긍정을 읽을 수 있었으니까. 마음속에서는 조그마한 자긍심이 생기기 시작했다. 그 뒤로 친구들을 만날 때마다 나는 이 문구를 자랑삼아 떠들었다.

'나뭇잎이 떨어지면 그냥 떨어진 거지, 그게 뭐가 대단한 일이라고? 배가 고프면 밥을 먹는 것과 같은 거잖아. 너 혹시 머리가 어떻게 된 거 아니야?'

친구들은 하나같이 빈정댔다. 나는 당황하여 뭐라고 대답해야 할지 입이 떨어지지 않았고 얼굴이 확확 달아올랐다. 발밑에 떨어진 단풍나무

잎처럼 얼굴은 새빨갛게 타올랐다. 하지만 친구들은 누구도 개의치 않고 자기들끼리 웃고 떠들며 걸어갔다. 나만 멍하니 홀로 길가에 서 있었다. 따라갈까 말까 망설이는데 "그냥 서 있을 거야? 아직 나뭇잎 떨어질 때도 아닌데!"라고 친구들이 나를 보며 소리치자 허둥지둥 친구들을 쫓아갔다. 하늘에는 우리의 웃음소리가 맴돌았다.

'단풍 나뭇잎을 떨어지게 만드는 건 바람이 아니라 가을이란다.'

며칠 뒤 학교 선생님이 가르쳐 주었다. 그때 나는 동생을 데리고 학교로 놀러 갔다가 단풍나무 밑에서 낙엽을 구경하던 중이었다. 손에 마른 나뭇잎 몇 장을 주워들고 아버지가 하신 말을 남동생에게 설명하는 중이었다. 하지만 남동생은 알아듣지 못한 채 멍한 표정으로 나뭇잎을 쳐다보았다. 교실에서 나오던 선생님이 내가 하는 말을 듣고 가까이 다가와서 수정해 주었다. 너무 놀랐으나 또 한 번 나는 충격을 받았다. 마음속에서 거센 바람이 몰아치는 듯했다. 그리고 나중에는 선생님 말씀을 믿게 되면서 아버지가 했던 말에 반신반의하게 되었다. 비록 아버지도 몇 년을 공부한 경험이 있었기에 묘족 마을에서는 문화인으로 통했지만, 학교 선생님은 당연히 아버지보다 지식도 많고 권위도 더 있었다. 선생님들의 머릿속에는 세상 만물의 존재와 변화에 관한 모든 비밀이 들어있는 것 같았다. 아버지는 이들과는 비교가 안 되었다. 가을이 오면 곡식이 영글고 나뭇잎이 시들어 떨어진다는 사실을 나는 그때 깨달았다. 순간 학교 선생님들을 향한 존경심이 솟구쳤다. 하루빨리 일곱 살이 되어 교실에서 선생님 강의를 듣는 날이 오기를 기다렸다. 그날은 틀림없이 가장 행복한 날일 테니 말이다.

드디어 학교에 갈 나이가 되었다. 하지만 아버지는 한 번도 학교에 관한 얘기를 꺼내지 않았다. 마치 일곱 살이 된 딸이 있다는 사실조차 잊은 것 같았다. 한번은 장보러 가는 아버지에게 책가방을 사고 싶어 조심스럽게 아버지에게 물었다. "아버지, 저 이제 일곱 살이 된 거 맞죠?" 아버지는 내 얼굴을 보며 무언가 눈치채신 듯 말없이 대충 고개만 끄덕이었다. 얼굴에는 어색함과 막막함이 비쳐있었다. 아버지는 끝내 장에서 돌아올 때 책가방을 사지 않으셨다.

드디어 개학 날이 되었다. 하지만 나는 어디도 가지 않고 집구석에 가만히 있었다. 아버지가 책가방을 사주지 않을 것이고 내 손을 잡고 학교로 데려가지 않을 것이란 사실을 이미 알고 있었으니까. 이틀이나 집에만 박혀 지낸 나는 마치 나무판자처럼 굳어져 버린 것 같았다. 입맛도 다 떨어졌다. 속으로 오직 아버지가 마음이 바뀌어 손잡고 학교에 같이 가주기를 빌기만 했다. 길 가던 사람들이 놀라며 "어디 가요?"라고 물으면, 자랑스럽게 "아빠랑 학교에 입학하러 가요!"라고 대답할 모습을 상상해 보았다. 그러면 사람들은 믿을 수 없다는 표정을 보이면서 부러워할 게 아닌가? 하지만 이틀이나 방구석에서 기다려도 아버지는 이런 나를 발견하지 못한 듯 지나쳤다. 그저 자기 일에만 열중했다. 내가 마른기침으로 신호를 보냈으나 엄마도 못 본 척하였다.

정말 너무 슬펐다.

그 뒤로 몇 년은 개학만 되면 아버지가 '학교에 가야지.'하며 내 손을 잡아주기만 바랐다. 하지만 나의 소원은 실망으로 끝났고 나도 여느 친구들과 마찬가지로 먀오자이에서 소나 키우는 계집애가 되고 말았다. 우린 자주 소를 몰고 산에 갔다. 우리가 원해서 간 경우가 많았다. 특히 과일이 익을 무렵이면 산에 가서 야생 과일을 따 먹곤 했으나 아무리 맛있는 과

일이라 해도 학교 가고 싶은 나의 마음을 달래주지 못했다.

그때부터 아침이 오는 게 싫어졌다. 해가 산마루를 비출 때면 남자 아이들은 가죽으로 된 책가방을 메고 집 문을 나서는데 맨발이거나 샌들을 신고 골목길을 달리는 모습이 마치 울타리를 뛰쳐나온 송아지들 같았다. 그 때면 길에서 노닐던 닭이나 오리, 고양이들이 허둥대며 도망쳤고, 사람들도 길을 비켜주며 그들이 학교로 달려가는 모습을 바라보곤 했다. 그들의 뒷모습을 바라볼 때마다 언제나 마음이 허전했다. 마치 잎이 다 떨어진 홀로 선 나무 같은 내 모습이 떠올랐다. 다시는 학교 근처에도 가지 않겠노라 다짐했다.

학교에 가지는 못했으나 밤이 되면 교실에 앉아 다른 아이들과 함께 책 읽는 꿈을 꾸곤 했다. 잠에서 깨면 어머니가 웃으면서 "너 어젯밤에 또 잠꼬대하더라."라고 하였다. 하지만 도대체 무슨 말을 했는지는 알려주지 않았고 나도 구태여 캐어 묻지 않았다. 나중에 여동생이 철이 들었을 무렵 잠에서 깬 여동생이 나의 귀에 대고 속삭였다. "언니, 어젯밤 꿈속에서 책을 읽었어요." 여동생의 놀란 표정을 보니 거짓말은 아닌 것 같았다. 나는 눈물을 흘리고 말았다. 당황한 여동생이 물었다. "언니, 왜 울어요? 어디 아파요?" 나는 눈물을 훔치며 대답했죠. "아니야. 벌레가 눈에 들어가서 그래." 여동생은 더 묻지 않았다. 나도 울음과 눈물의 차이를 설명할 수 없었다. 창밖에는 햇살이 넘쳐흐르고 새소리가 가득했으나, 나는 여동생의 눈을 가리면서 억지로 재우려 했다.

이 마을에서는 나뿐만 아니라 모든 여자는 아무도 학교에 다니지 못한다는 걸 나는 잘 알고 있었다. 마을 사람들도 '개는 밭을 갈지 못하고 계집애는 학교에 다닐 수 없다.'라는 말을 입에 달고 살았다. 나는 이 말이 정말 싫었다. 어떻게 여자애를 개와 같은 급으로 대할 수 있을까? 여자애들도 학교에 다닐 수 있다면 절대로 남자들보다 못하지 않을 자신이 있었다.

나는 바깥 세계가 너무 궁금했다.

'우리 충량산에 올라서 산 너머에 뭐가 있는지 구경하자.'

친구들에게 이런 제안을 하면서도 마음 한켠은 조금 겁이 났다. 선생님의 가르침을 직접 받을 수 없다면 스스로 깨우치겠다는 욕심이 생겼기 때문이다. 뜻밖에도 친구들은 흔쾌히 나의 제안을 받아들였다. 매일 보는 충량산이지만 정작 산 너머에 뭐가 있는지 아는 아이는 없었다.

이튿날 우리는 새벽같이 집을 나섰다. 짚신을 신고 나무할 때 쓰는 칼을 허리춤에 찬 채 마을 뒤에 있는 충량산으로 향했다. 산기슭에는 사람들이 다니면서 만든길이 보였지만 높이 오를수록 산길은 점점 험악해져 산 중턱에 이르자 길은 아예 끊겨버리고, 눈앞에는 나무와 가시덤불이 가득 덮여 있었다. 친구 중 한 명이 포기하려 하자 나도 마음이 좀 흔들렸다. 하지만 포기할 수 없었다. '학교 선생님께서 말씀하시길 산 너머 세상은 엄청나다고 했어. 정상에 오르면 볼 수 있을 거야.' 친구들은 다시 정신을 차리고 가시덤불 속을 뚫고 나아가기 시작했다. 우리 손등과 얼굴은 날카로운 풀잎에 긁혀 상처투성이가 되었다. 숲속을 헤치고 간신히 정상에 오른 순간 짜릿한 성취감이 솟구쳐 올랐다.

우리는 쉴 틈도 없이 가장 높은 곳을 찾아 하늘을 보며 외쳤다. 외침 소리에 놀란 이름 모를 새 몇 마리가 허둥지둥 그림자만 남기고 날아가 버렸다. 목을 빼들고 앞을 바라보니 끝없이 펼쳐진 산들만 눈에 들어왔다. 알고 보니 산 너머 또 다른 산이 있었다. 순간 실망과 허탈감이 밀려왔다. 온종일 고생하면서 올라왔지만 산 밖에 또 산이라는 것밖에는 새로운 발견을 얻지 못했다. 순간 몸에 남아있던 마지막 힘까지 다 빠져나간 듯 그 자리에 털썩 주저앉고 말았다. 땅은 습기로 축축했지만 아무도 일어날 생각을 하지 않았다.

잠시 쉬고 나서 나는 높은 곳에 올라 먼 곳을 바라보았다. 먼 곳에 있는 계곡 사이로 옅은 안개가 피어올랐는데 그 사이로 자그마한 마을 몇 개가 희미하게 보였다. 그 마을도 우리 우잉 먀오자이와 비슷했다. 낮게 들어앉은 목조 가옥들이 계곡과 시냇가 그리고 산 중턱에 자리 잡았고 회색 기와도 있었고 삼나무껍질을 기와 삼아 덮은 집도 있었다. 나는 학교 쪽을 바라보았다. 학교도 삼나무로 지어졌는데 처마 끝엔 잡초가 자라서 바람에 나부끼고 있었다. 저 잡초들은 도대체 어떻게 저기에 뿌리내렸을까? 보기 흉해도 뽑아낼 수도 없는 존재들이었다. 학교를 리모델링하던 날 잡초들은 드디어 쓰레기더미 속에 버려져 불태워졌다. 교실 창문은 나무 막대기 몇 개를 세워 놓은 상태여서 늘 열려 있었고 비바람도 막지 못했다. 겨울이면 칼칼한 찬바람이 교실로 불어 들었고 아이들은 입김으로 꽁꽁 얼어붙은 손을 녹여야 했다. 하지만 그 허름한 학교조차도 나에겐 꿈속에서나 가 보는 그런 곳이었다.

'너희들은 학교에 가고 싶지 않아?'

나는 자리를 잡고 앉아 친구들에게 고구마를 나눠줬다. 집에서 몰래 가져온 고구마였다. 어머니가 알아도 전혀 상관이 없었다. 친구들이 고구마를 먹기만 하면 내 말을 듣고 집에 가서 학교에 가겠다고 조를 것이라 짐작했기 때문이다. 만약 그들의 부모님이 허락한다면 우리 아버지와 어머니도 마을 장에 가서 새 책가방을 나에게 메워주고 매일 아침 등교하라고 할 것이라는 환상이 들었다.

"근데 학교에 가면 뭐 좋은 거라도 있어?"

친구들이 하나같이 되물었다. 예상치 못한 반응에 나는 깜짝 놀랐고 너무 당황했다. 나는 친구들이 너무 이상하게 느껴졌다. 이 친구들은 책에 뭐가 쓰여 있는지 궁금하지도 않은가? 부모님이 학교에 보내주지 않는데 원망조차 하지 않았단 말인가?

"글을 배우면 수많은 한자를 알게 되고, 많은 세상일을 알게 되며, 먼 곳 끝은 어디인지 그곳엔 뭐가 있는지도 알 수 있어. 글을 배우면 자기 이름도 쓸 수 있고 문장도 쓸 수 있잖아. 이게 좋은 게 아니겠니?"

흥분한 나는 스스로 감동하여 눈물이 핑 돌 정도였다. 친구들은 고구마를 미처 삼키지 못하여 뿔룩해진 뺨을 들고 어리둥절한 눈빛으로 나를 바라보았다. 마치 처음 보는 사람처럼 말이다. 그들은 손에 든 고구마를 내려다보더니 그제야 뭔가 알았다는 듯 웃어보였다.

"공부가 뭐가 좋은데? 야생 과일은 따서 먹기라도 하잖아."

한 친구가 벌떡 일어나며 말했다. 한 손으로는 남은 고구마를 입에 넣고 다른 한 손으로 엉덩이를 툭툭 털었다. 그러자 마른 풀잎들이 우수수 떨어졌다. "가자, 과일 따러 가자." 그는 고개도 돌리지 않은 채 산 너머를 향해 걸어갔다. 다른 여자애들도 일어나서 엉덩이에 붙은 풀을 털고는 그 친구를 따라갔다.

산 속에 야생 과일이 많다는 걸 나도 잘 알고 있다. 하지만 그 자리에서 그들을 따라가지 않았다. 마음이 착잡해진 나는 어떤 과일 맛도 느낄 수 없었다.

*

현재 우잉 초등학교 정문 양쪽에는 현판 두 개가 걸려 있다. 하나는 '광시좡족자치구 류저우시룽수이묘족자치현간둥향 우잉학교'이고, 다른 하나는 '구이저우성 첸둥난 묘족둥족자치주충장현 쿼리야오족좡족향 우잉학교'이다. 교사는 3층 건물로 되어 있고, 외벽은 하얀색으로 회칠을 해 놓아 깔끔해 보였고, 창문마다 투명한 유리를 끼워 주변 산속의 전통 목조 가옥들 사이에서 눈에 띄게 빛났다. 건물 앞 작은 광장은 학교 운동장이자 묘족 '루성당(芦笙堂)'이라고 적혀 있었다.

"이곳이야말로 진정한 '공동학교'라고 할 만하죠."

주재 공작대 친(覃)서기가 이렇게 말하였다. 현재 이 학교에는 초등학교 1학년과 2학년이 있다. 광시 출신 학생 18명과 구이저우 출신 학생 6명이 이 학교에서 공부하고 있다. 학생 수는 해마다 광시 쪽이 더 많았다. 입학생 수에 따라 학년도 바뀌는데, 가장 많을 때는 초등학교 1학년부터 5학년까지 운영한 적도 있었다.

우잉 학교는 1957년에 처음 설립되었다. 당시에는 정식으로 된 교실 없이 이동식으로 운영되었다. 먀오자이의 빈집을 빌려 수업을 진행하다 보니 불편할 뿐 아니라 안전도 문제였다. 1968년에 이르러 마을 주민들이 간이 목조 건물을 지으면서 겨우 자리 잡을 수 있었다. 이후 수십 년간 이 건물을 사용했으나 노후때문에 갈수록 허름해졌다. 특히 겨울이면 찬바람이 교실 안까지 들어와 아이들이 추위 때문에 수업에 집중하지 못할 정도였다. 2014년 광시 룽수이묘족자치현 교육국에서 49만 위안을 투자하고 구이저우 충장현에서 부지를 무상 제공하면서 새 건물을 짓게 되었으며, 2015년에 정식으로 사용에 교부되었다. 현재 교실은 넓고 밝은 유리창으로 겨울 찬바람을 막아낸다. 학교에는 컴퓨터, 멀티미디어 설비, 정수기 등이 구비되었고 제법 규모 있는 도서관도 들어섰다. 아이들은 이곳에서 책을 읽고 공부하며 산 밖의 세상과 소통하면서 다양한 지식을 접하고 있다.

"광시는 자금을, 구이저우는 부지를 내어 두 성이 힘을 합쳐서 새 교수 청사를 지었답니다." 라고 '노 당원'이 환하게 웃으며 말했다. "9년제 의무 교육이 보급되면서 우잉 학교는 두 성의 지원을 받아 취학율이 100% 달성했고, 지금까지 약 30명의 대학생을 배출했답니다!"

우잉 사람들은 이 '공동학교' 덕분에 먀오자이를 벗어나 자신의 운명을 바꾸는 아이들이 점점 더 많아질 것이라고 굳게 믿고 있었다.

묘족은 단풍나무를 사랑한다. 우잉 사람들도 예외는 아니었다. 학교 운동장 옆에는 수백 년 된 단풍나무 여러 그루가 바위틈을 뚫고 자라나 건물 지붕에 가지를 뻗쳤다. 마을 어디서든 이 나무를 볼 수 있는데, 단풍나

새로 지은 우잉 먀오자이 초등학교

무들은 세상의 이치를 꿰뚫은 노인처럼 조용히 마을을 내려다보며 자상한 미소를 머금고 있는듯 했다. 마을 사람들의 기쁨과 슬픔을 모두 지켜보았고, 어느 집에 아이가 태어났는지, 어느 집 노인이 죽었는지 세세히 알고 있다. 마을에 경사가 났을 땐 나무들도 함께 기뻐하고, 슬픔이 닥치면 함께 슬퍼했다. 추위나 더위에도 묵묵히 서서 말없이 마을 사람들의 마음을 읽어내는 나무들은 그저 바라보기만 해도 마음이 편안해진다. 우잉 사람들은 나무 아래에 돌 의자를 마련해놓았다. 평소엔 여기서 쉬기도 하고 모임을 가지기도 하며, 광장에서 펼쳐지는 루성 공연을 관람하기도 했다.

량주잉의 집을 방문했을 때 그녀는 마침 2층에서 술을 빚고 있었다. 낡은 부엌으로 쓰던 안쪽 방이었다. 2017년 이후 우잉 먀오자이에선 120여 가구가 '세 가지 개혁(三改)'사업에 참여하였는데 화장실·주방·가축우리 개조가 바로 그 핵심내용이었다. 량주잉네는 주방을 1층으로 옮겼다. 옛날 1층은 농기구와 잡동사니를 쌓아두었으며, 소나 돼지우리로 쓰다보니 더럽고 악취가 진동하던 곳이었다. 하지만 지금은 가축우리를 밖으로 옮기고 농기구를 정리한 다음 시멘트로 바닥을 다지고 유리창을 넣어 새롭게 리모델링하였다. 그리고 1층은 드디어 넓고 밝은 거실로 변했다. 벽 중앙에 TV를 걸고 그 옆엔 냉장고를 두었으며, 사각 식탁에는 인덕션을 설치했다. 벽에는 장식용 루성이 걸려 있어 필요할 때면 바로 연주도 할 수 있었다. 화장실도 새로 리모델링 했는데, 온수기와 세탁기를 설치했을 뿐만 아니라 목욕용품이 잘 정돈되어 있어 편안한 분위기가 절로 느껴졌다. 불편하던 화장실은 이미 역사 속으로 사라져버렸다. 이젠 식사나 손님 접대가 모두 1층에서 이뤄졌다.

나를 가장 놀라게 했던 것은 량주잉이 홀로 막걸리를 빚었다는 점이다. 그녀는 우리에게 갓 빚은 막걸리까지 내와 맛보게 하였다. 그리고 한편으로 우리에게 술 만드는 절차에 대해 능숙하고 조리있게 설명하여 주었다. 비록 어떤 말은 정확하게 표현하지 못했지만 우리는 모두 그녀의 의도를 알 수 있었다.

1층으로 내려오자 량주잉이 재빨리 유차를 끓여 우리 앞에 내놓았다. 우리는 차를 마시며 인터뷰를 이어갔다. 내가 직접 물었다. “부모님이 학교에 보내주지 않은 걸 원망한 적 없나요?” 그녀는 옷자락을 만지작거리며 큰 결심이라도 한 듯 입을 열었다. “어릴 때 전혀 서운해하지 않았다면 그건 거짓말이겠죠. 그땐 왜 학교에 보내지 않는지 이해할 수 없었어요. 내가 그렇게 공부하고 싶었는데.” 나는 그녀의 눈을 응시했다. 거짓 없고 티 없이 맑은 눈빛이었다.

창문 너머로 들어오는 햇빛이 마침 사색에 잠긴 그녀의 왼쪽 얼굴에 떨어졌다. 그녀의 눈꼬리는 눈물이 반짝이고 있었는데, 우리에게 보이고 싶지 않으려고 애썼으나 끝내 감추지 못했다. 어색한 미소를 짓는 그녀의 입술이 떨렸다. “엄마가 되어보니 부모님 마음이 보이더군요. 자식에게 주고 싶은 게 산더미 같은데 손이 닿지 않을 때, 부모는 그 안타까움을 가슴에 묻고 강한 척 해야 하죠. 아이들이 크면 이해할 거란 믿음을 가지고 말이죠.”

그녀의 표정에서 나는 이미 모든 것이 해소되었음을 읽었다. 가난한 살림살이 앞에서 누구 마음엔들 상처가 없겠느냐만 그럼에도 그들이 지닌 낙관의 힘에 나는 가슴이 뜨거워졌다.

그때 창밖에서 화미조의 청아한 소리가 유리창을 스치며 흘러들어왔다.

옛 교과서에서 느낀 온기

마을 초등학교 선생님 중에는 광시에서 온 선생님도 있고 구이저우에서 온 선생님도 있었다. 우잉 마을 사람이 아닐 경우에는 다들 학교에서 살았는데 나는 선생님들을 무척 좋아했다. 그래서 가끔 근처에서 이들을 훔쳐보곤 했다. 옷차림은 소박했지만 아주 깨끗했고 자상해 보였다. 보기에는 우리 마을 사람들과 별반 다르지 않았다. 물론 차이점도 있었다. 이들의 눈을 잘 관찰하면 우리 현지인들에게서 찾아 볼수 없는 것이 있다. 그건 마치 하늘에 떠다니는 부드러운 구름과 비슷한 것이었는데 이들이 다른 사람들을 바라볼 때면 그 구름은 상대방의 마음속에 내려앉는다. 실제로 나는 그런 느낌을 받은 적이 있었다. 구름이 마음속에 들어오는 순간 부드러웠고 따뜻한 것이 끊임없이 밀려오는 것만 같았다. 뿐만 아니라 깨끗하고 시원한 시냇물처럼 나의 마음을 적셔주었다. 아마도 이들이 문화인이기 때문에 그럴 거라고 생각했다. 이러한 느낌은 사람에게 따스함과 감격을 남긴다.

마을 여성들은 어릴 때부터 글공부를 못한 걸 운명처럼 받아들였다. 나 또한 이를 잊으려 했지만 학교의 종소리는 자석처럼 신비한 힘으로 나를 끌었다. 매번 '댕- 댕-' 하고 맑은 종소리가 울릴 때면 온몸의 근육이 따라 움직이는듯 했다. 그럴 때마다 흥분된 심정을 억누를 길이 없었다. 그래서 남동생을 데리고 놀러 나간다고 해놓고 부모님 몰래 학교로 가곤 했다. 부모님은 알면서 모른 척했을 수도 있다. 그분들은 나의 속마음을 너무나 잘 아니까.

남동생을 업고 학교에 도착한 나는 수업을 듣기 위해 남동생을 운동장에 풀어놓고 놀게 했다. 남동생이 큰 소리로 떠들지 않고 내 시야에서 벗어나지만 않으면 그만이었다. 혹시라도 땅에서 뒹굴어서 흙범벅이 되어도 집으로 가는 길에 시냇가에서 씻어주면 되기 때문에 괜찮았다. 그리고 나는 교실 밖에 쭈그리고 앉아 선생님의 강의를 엿들었다. 지나가던 사람들한테 걸려도 상관없었다. 아무도 제가 그곳에 쭈그리고 앉아 선생님의 강의를 듣고 교실에서 공부하는 학생들처럼 따라 읽을 거라고 생각지 않았으니까. 사람들은 그저 제가 남동생을 잘 돌보고 있는 줄로만 알았고 가끔은 제가 남동생을 제대로 보살피지 않는다고 비웃었을 뿐이었다. 남동생이 운동장에서 마구 뒹굴며 놀다 보니 흙탕물에 빠진 원숭이 같았다.

'량주잉, 공부가 그렇게 좋아?'

홀연 등 뒤에서 들려오는 소리에 나는 깜짝 놀랐다. 당시 나는 교실 벽에 기대어 열심히 강의를 듣다보니 뒤에 사람이 서 있는 줄도 몰랐다. 뒤돌아보니 선생님 한 분이 서 계셨다. 선생님은 나를 자애롭게 보고 있었지만 나는 감히 선생님을 쳐다보지 못했다. 고개를 아래로 숙이며 보니 분필 가루가 눈에 띄었다. 아마도 선생님 몸에서 떨어진 것 같았다. 개미 몇 마리가 분필 가루 위를 기어 다니고 있었는데 혹시라도 그걸 음식으로 착각한 게 아닌가 하는 생각도 들었다. 순간 나는 당황했다. 여기서 강의를 가만히 엿듣다가 들켜버리고 말았다는 생각이 들었다. 생각할수록 무서워진 나는 급히 일어나서 남동생을 데리고 자리를 뜨려고 했다. 하지만 선생님은 손을 내밀며 나를 잠시 기다리라고 했다.

'무서워 마. 내가 책 두 권 줄게.'

여러 해가 지났지만 지금도 나는 그 말을 잊지 못한다. 나는 떨리는 마음으로 그 자리에 멈춰 섰다. 돈을 내라고 해도 모자랄 판에 책을 주신다니 믿기지 않았다. 혹시 꿈을 꾸고 있는 건 아닌가 하는 의심마저 들었다. 나는 끝내 용기 내어 고개를 들고 선생님을 쳐다보았다. 선생님은 마른 체구에 주황색 샌들을 신고 있었다. 얼굴에는 따뜻한 미소를 띠고 있었고 입술 사이로 하얀 치아가 두 줄 보였다. 나는 믿기지 않아서 남동생을 데리고 집으로 돌아가려 했다. 남동생은 어느새 내 손을 팽개치고 땅에 앉아 흙을 가지고 놀았는데 얼굴은 얼룩 고양이가 되어 있었다. 그 모습을 보고도 나는 웃음이 나오지 않았다. 걱정에 쌓인 나는 고개를 들어 운동장의 단풍나무를 쳐다보았다. 햇살이 나뭇잎에 떨어지면서 따사로운 빛을 뿌리고 있었다. 나는 마침내 눈앞에서 일어난 모든 것이 꿈이 아닌 현실이라는 걸 믿게 되었다. 순간 너무 격동된 나머지 눈물이 다 날 지경이었다. 선생님은 몸을 돌려 학교 건물로 들어갔다가 다시 천천히 걸어 나왔다. 수업에 지장을 끼칠까 일부러 조심스럽게 천천히 걸었다. 선생님은 보풀이 일어 까슬해진 낡은 교과서 두 권을 나에게 건네주었다. 하지만 나는 선뜻 손을 내밀지 못했다. 일찍부터 교과서가 가지고 싶었지만 무슨 영문인지 선뜻 손을 내밀지 못했다.

'책이 낡긴 했어도 안에는 새로운 지식이 가득하단다. 집에 가지고 가서 읽어봐라. 그리고 시간 날 때면 나를 찾아오거라. 내가 가르쳐주마.'

선생님은 미소를 지으며 나에게 책을 건네주었다. 순간 나는 선생님 눈에 감돌던 구름이 조용히 내 마음속에 들어오는 걸 느꼈다. 처음엔 거절하려 했다. 부모님 허락이 없이 남의 물건에 손대면 안 되었다. 그건 아주 예의 없는 행동이다. 하지만 나의 손은 대뇌의 지배에서 벗어나 어느새 책 두 권을 손에 꼭 잡고 있었다. 순간 몸도 떨려왔다. 돈을 물어야 한다는 걱정 때문이 아니라 나에게 교과서가 생겼다는 흥분 때문이었다. 나는 감사하다는 말도 잊은 채 남동생의 손을 잡고 집쪽을 향했다. 노는데 정신이 팔려있던 있던 남동생은 버티고 선 채로 따라올 생각이 없었다.

마음이 급해진 나는 힘주어 남동생 손을 낚아챘다. 그러자 남동생이 울음을 터뜨렸고 나도 함께 울었다. 남동생은 억울해서 울었고 난 급한 마음에 울었을 것이다. 남동생은 더는 떼를 쓰지 못했다. 그러다 맞으면 어쩌나 무서웠나 보다. 남동생은 순순히 나에게 업혔다. 그리고 나는 재빨리 집 쪽으로 뛰어갔다. 혹시 꾸물대다가 선생님 생각이 바뀌어 책을 다시 가져갈까 두려웠다. 등에 업힌 동생이 이 정도로 가벼워 본 적이 없었다. 집에 돌아와서야 내가 땀범벅이 된 걸 알았다. 옷이 땀에 흠뻑 젖어 있었다. 그리고 너무 힘들어서 씩씩 한참동안 거친 숨을 몰아쉬었다. 아버지와 어머니가 마침 집에 안 계셨다. 아마도 산에 일하러 간 것 같았다. 두 분은 매일같이 힘들게 일했다. 아침 일찍 나갔다가 저녁 늦게 돌아왔다. 나는 대야에 물을 떠서 남동생의 얼굴을 씻겨준 다음 다시 몸에 묻은 흙을 털어주고 금방 받은 교과서를 펼쳐보았다. 책에는 글자가 빼곡히 적혀있었고 나는 한 글자도 읽을 수 없었다. 하지만 속으로 무척 흐뭇했다. 나의 책이었으니까. 진정 나를 위한 책이 생긴 거니까. 나는 벽 쪽에서 낡은 신문지를 찾아서 책갈피를 씌웠다. 그리고 부모님에게 들키지 않도록 침대 밑에 잘 숨겼다.

어찌된 영문인지 그 뒤로 나는 예전처럼 대담하게 학교에 갈 수 없었다. 매번 남동생을 데리고 학교 앞 길목까지 가서는 긴장된 표정으로 주변부터 살폈다. 교실 밖에 아무도 없다는 걸 확인한 다음에야 교실 옆에 다가갈 수 있었다. 정확히 말하면 밖에 선생님이나 학생은 없는지, 그리고 이들이 교실에서 공부를 시작했는지를 사전에 확인하기 위해서였다. 그러다가 선생님이 수업을 마칠 무렵이면 남동생을 업고 마을 골목 안에 숨어서 교실 쪽 동정을 살폈다.

종이 울리자 아이들이 소리치며 교실을 빠져나왔다. 그리고는 자그마한 운동장에서 마음껏 뛰놀기 시작했다. 즐거운 웃음소리는 잠에서 갓 깨어난 화미조가 떼 지어 골목을 지나는 듯 했다. 아이들은 때론 단풍나무가 있는 쪽으로 정연하게 줄을 서기도 했는데 목에 맨 붉은 넥타이가 햇빛 아래서 눈부실 정도로 빛났다. 선생님은 단풍나무 아래에 있는 바위 위에 서서 '하나, 둘, 셋, 넷-' 구호를 부르고 학생들은 선생님이 부르는 구호에 따라 체조를 했다. 이 광경을 본 남동생은 내 등에서 미끄러지듯 내려서는 골목에 서서 그들을 흉내 내며 어설픈 체조를 해댔다. 물에 빠진 미련한 고양이 같았지만 나는 웃지 않았다. 틀린 행동도 고쳐주지 않았다. 그 시각 나 자신도 마음속으로 그 체조를 따라 하고 있었으니까. 때로 멍하니 구경하다가도 선생님들이 이쪽으로 시선을 돌리면 남동생을 데리고 허둥지둥 골목을 빠져나가곤 했다. 나는 선생님이 발견했는지 알 수 없었다. 선생님이 나를 발견할 수 있기만 바라면서도 선생님의 눈에 띄는 것이 싫었다. 모순된 나의 마음은 발붙일 곳을 찾지 못하는 화미조처럼 슬프고 곤혹스러웠다.

당시 나는 독서에 빠져 있었다. 하지만 지식에 대한 이해는 마치 수박 겉핥기식이었다. 안개 때문에 앞에 뭔가가 보일 듯 말듯 그런 느낌이라 할까. 한편으로는 사람을 매혹 시키기도 하도 다른 한편으로는 당혹하게 만들어서 늘 확인하고 싶은 충동이 굴뚝같았다. 이것이 바로 독서의 매력이 아닐까 싶다. 수업 중간 휴식 시간이 되면 또래 친구들은 늘 날 놀려댔다. '우리는 매일같이 교실에서 수업을 들어도 알아듣지 못하는데 옛 교과서로 뭘 배운다고 그래?' 나는 이런 말을 듣기 싫어 학교로 가는 걸 꺼렸다. 하지만 남동생은 자주 학교에 가자며 떼를 썼다. 학교에는 항상 아이들이 모여서 왁자지껄 떠들었고 남동생은 이들과 함께 어울려서 노는 것이 너무 재미있었던 것이었다. 남동생이 하도 떼를 쓰는 바람에 나는 하는 수 없이 남동생을 데리고 학교로 가곤 했다. 그리고 남동생을 운동장에 풀어놓고 구석진 곳에 앉아서 곁눈으로 남동생을 살폈다. 남동생이 실컷 논 다음 다시 집으로 데리고 왔다.

어느 날 오후, 나에게 책을 주셨던 그 선생님이 골목에서 걸어 나왔다. 당시 운동장에서 놀고 있는 동생을 지켜보느라 뒤에 선생님이 서있는 걸 알아채지 못했다. 내가 고개를 돌려 선생님을 발견했을 때는 이미 도망칠 수 없게 되었다. "량주잉, 동생을 돌보고 있었던 거야?" 선생님은 운동장 쪽을 보며 물었다. "오랫동안 학교에 오지 않았더구나. 내 수업이 없는 시간대에 언제든지 찾아오거라. 두려워하지 말고."

순간, 나는 못 박힌 듯 그 자리에 굳어져 버렸다. 너무 긴장한 나머지 몸 둘 바를 모르고 망설이다가 결국 말없이 고개를 숙인 채 옷섶만 여미었다. 뭐라고 답해야 할지 아무 생각도 나지 않았다. 사실 나는 선생님의 호의가 고마웠다. 그리고 진심으로 나한테 글을 가르쳐 주고 싶어 하신다는 것도 알고 있었다. 비록 이번에도 선생님을 잠깐 쳐다보았다. 나는 선생님 눈 속에 피어오른 한 점의 구름을 발견했다. 하지만 유감스럽게도 선생님은 내가 질문할 용기가 없다는 것을 모르고 있는 것 같았다. 사실 진짜 모르는 것들은 집에서 아버지한테 물어도 되었었다. 아버지는 공부하신 적이 있어 마을에서는 지식인으로 통했다. 그래서인지 아버지의 두 눈에도 지식인들만의 특이하고 신비로운 구름이 떠있는 것 같았다. 아버지와 비슷한 나이의 어른 중에는 글을 깨친 사람이 몇 분 안 되었다. 남녀노소 할 것 없이 대부분이 문맹이었다. 아버지는 향정부로부터 대리 교사로 초빙되어 당쥬우촌(党鸠村)에서 몇 년간 글을 가르친 적이 있었다. 하지만 아쉽게도 몇 년 뒤에 일을 그만두었다.

'나는 해고된 게 아니라 사직한 것이야.'

아버지의 이 말에는 원망이 섞여 있었다. 분명 여의치 않은 사정이 있었을 것이리라. 내가 알기로는, 아버지는 아주 열심히 가르치는 훌륭한 선생님이였고 학교를 떠날 때 교장 선생님께서 못내 아쉬워하면서 극구 만류하였다고 한다. 조금만 더 견디면 정규직 교사로 발령 받을 수도 있었다... "하지만 난 결국 그만두었지." 아버지는 조용히 한숨을 내쉬며 말을 이어 나갔다. "나도 방법이 없었단다. 어머니 혼자서 너희들을 먹여 살릴 수 없었으니..." 당시 학교 월급은 아주 적었다. 그런데 매일 강의 준비를 하다 보니 어머니를 도울 시간이 없었다. 그리고 아버지 월급만으로는 우리를 먹여 살릴 수가 없었다. 그 뒤로 아버지는 몇 년간 촌 간부를 역임하였다. 이 또한 아버지가 교사직을 사직하게 된 이유 중 하나였다.

나는 아버지의 과거에 대해 대충 알고 있었다. 어머니뿐 아니라 마을 사람들한테서도 들은 바가 있었으니까. 다들 아버지가 대리 교사를 그만둔 걸 아쉬워했다. 아버지는 술을 마시거나 인터뷰를 할 때면 종종 이 일을 꺼내곤 했다. 그때마다 아버지는 마음 속에 남아있는 유감을 덮어버기라도 하듯 바보처럼 웃기만 했다.

'봐봐. 내가 웃을 때 네 아버지랑 많이 비슷하지?' 진짜로 어머니는 항상 웃고 있었다. 삶이 아무리 어려워도 미소를 잃지 않았다. 나는 어머니가 어떤 생각을 가지고 있는지 아리송할 때가 많았다. 방금 한 이 말도 무슨 뜻인지 갈피를 잡을 수 없었다. 본인이 학교에 다닌 적은 없어도 아버지와 금슬 좋게 지낸다는 걸 얘기하는 것인지 아니면 아버지가 겪었던 일을 교훈으로 나한테 어떤 계시를 주기 위한 것인지 알 수 없었다. 어쩌면 아버지처럼 지식이 있어도 이 모양이니 공부를 해서 무슨 소용이 있냐고 원망하는 것 같기도 했다.

이런 이유로 교과서 지식에 대해서 나는 아버지한테 물어보고 싶지도 않았고 감히 물어보지도 못했다. 아버지에게 뭔가를 물어본다는 건 아주 힘든 일이었다. 아버지처럼 글공부를 하신 분도 삶이 어렵긴 마찬가지였으니까. 아버지는 매일 일찍 일어나서 밤늦게까지 쉴 틈 없이 일만 하였다. 저녁 늦게 집에 돌아오면 너무 피곤하여 의자에 기댄 채 그대로 잠들 때가 많았다. 그러다가 어머니가 식사준비를 마친 다음 남동생이나 여동생더러 아버지를 불러서야 저녁 밥상에 마주앉곤 하였다. 그런 아버지를 조르고 싶지 않았다. 아버지도 나에게 글을 가르칠 생각이 없는 것 같았다. 적어도 아버지는 글공부에 대해 이야기 한 적이 없었다.

어느 날, 남동생이 침대 밑에 기어들어가 선생님이 주신 교과서를 끄집어내고는 그 책을 움켜쥔 채 구석에 기대어 아무렇게나 넘기고 있었다. 나도 이해하지 못하는 글을 동생은 이해할 리 만무했다. 내가 책을 돌려 달라고 했으나 남동생은 들은체도 않았고 내가 억지로 빼앗으려 들자 억지를 부리면서 더욱 꽉 움켜쥐는 것이었다. 바로 그 때, 남동생의 코에서 콧물이 뚝뚝 교과서 위에 떨어지는 것이 아니겠는가! 화가 치민 나는 단번에 그를 땅바닥에 쓰러눕히고 엉덩이를 여지없이 내리쳤다. 손바닥이 저려날 정도로 심하게 때렸다. 남동생은 눈물 콧물 범벅이 되고 말았다. 겨우 책을 빼앗아 든 나는 집 문을 박차고 오르막길을 따라 뒷산으로 질주했다. 어머니가 빗자루를 들고 쫓아왔지만 결국 따라잡지 못하자 빗자루를 내던지고 손을 허리춤에 올리더니 나를 향해 욕을 하기 시작했다. 나무숲에 숨은 채 숨 죽여 울던 나는 순간 눈앞의 나뭇가지에서 초록빛을 띤 통통한 벌레를 발견하고 몸서리치게 놀랐다. 죽을 만큼 무서웠지만 소리는커녕 죽은 듯이 꼼짝도 못했다. 어머니한테 들키는 것이 이 벌레보다 더 공포스러웠기 때문이었다.

해질녘이 되자 아버지가 오솔길을 뛰어와 숨이 찬 목소리로 애타게 내 이름을 불렀다. 발걸음소리가 가까워질수록 나는 숲속에 숨은 채 꼼짝도 하지 않았다. 사실 바로 일어나서 여기 있다고 말하고 싶었지만 다리가 말을 듣지 않았다. 내 앞을 스치는 저녁 노을빛에 흔들리는 아버지의 허약한 뒷모습을 보면서 나는 가슴이 먹먹해졌다. 아버지 목소리에는 갈수록 초조함이 짙어졌다. 한 번, 두 번 내 이름을 부르는 아버지가 못내 안쓰러웠다.

'엉엉……'

나는 참지 못하고 울음을 터뜨리고 말았다. 아버지는 내 울음소리를 듣고 나무숲을 헤치고 나를 일으켜웠다. 그리고는 몸을 웅크리시며 말씀하셨다. "이제 괜찮아,울지 말고 자, 아버지 등에 업혀." 사실 업히기 싫었지만 어느새 아버지 등에 올라타 있었다. 아버지는 허리를 펴고 번쩍 나를 업고 천천히 산을 내려갔다. 이렇게 아버지 등에 업힌 지 얼마만인가? 눈물이 소리없이 흘러 내렸다. 행복한 눈물이었다. 약해만 보이던 아버지의 등이 그 순간만큼은 거대하고 강인한 산맥처럼 느껴졌다.

남동생이 입학할 나이가 되는 날, 아버지는 새벽같이 일어나 남동생 손을 잡고 학교로 가서 입학수속을 마쳤다. 그때부터 동생은 아침마다 일어나 유차 두 그릇을 들이키곤 책가방을 메고 좁은 골목길을 냅다 달려 학교로 갔다. 가끔 아침 잠자리에서 게으름을 피울 때면 가차 없이 엉덩이를 때렸다. 동생이 울고 불며 애원해도 어머니와 아버지는 아예 사정봐주지 않았다. 내가 얼마나 학교에 가고 싶어 했는지 잘 알기에 엄마아빠는 남동생이 게으름을 피우는 걸 절대 용납하지 않았다. 이즈음 되면 동생은 더는 울며 떼쓰지 않고 순순히 책가방을 메고 집문을 나섰다. 골목길에 들어서자마자 언제 그랬냐 싶게 활짝 웃으며 뛰어갔다. 나는 문득 이런 생각이 들었다. 사람이 어찌 단번에 성장할 수 있겠는가? 그건 불가능한 일이다! 이 신박한 생각은 아마도 학교에 다니는 동생으로부터 온 것 같았다. 매일 아침 나는 대문 밖에 서서 동생이 새 책가방을 메고 비탈길을 거치고 또 작은 개울을 건너서 학교를 향해 달려가는 모습을 지켜보곤 했다. 엉덩이 위로 요란히 들썩거리는 책가방은 마치 말썽꾸러기 고양이가 들어간 듯 세차게 요동쳤다. 그 책가방은 아버지가 장마당에서 특별히 사온 귀한 가방이었다. 아버지는 평소에 함부로 돈을 쓰지 않는 분이다. 하지만 동생에게만큼은 아낌없이 내주었다. 아버지는 동생을 무척이나 예뻐했다. 남동생이 열심히 공부해 좋은 학교에 가고, 졸업 후엔 학교 선생님과 같은 국가 공무원이 되기를 바랐다. 그리하여 매월 꼬박꼬박 봉급을 받으며 이 지긋지긋한 농사일에서 벗어나길 바랐을 것이다. 뜨거운 햇살과 짓궂은 비에 시달리지 않는 상대적으로 편안한 생활을 바라고 또 바랐을 것이다. 이런 생각을 하니 마음 한구석은 마치 쉰밥이라도 삼킨 듯 울렁거렸다.

저녁이 되면, 하루 종일 뛰놀다 지쳐 쓰러진 남동생은 책가방을 펼칠 겨를도 없이 이불을 뒤집어 쓴 채 금방 잠에 곯아 떨어지곤 했다. 그때면 슬쩍 그의 책가방을 메고 학교에 가는 시늉을 하면서 한없는 기쁨을 느끼곤 했다. 그러던 어느 날 밤, 또 예전처럼 남동생의 책가방을 멘 채 방바닥을 왔다갔다 하고 있는데 남동생이 문득 잠에서 깬 채 눈을 비비며 물었다. "누나, 지금 책가방 메고 학교 가는거야? 밤에도 선생님이 수업하시나?" 나는 황급히 책가방을 벗어 내려 놓으며 둘러댔다. "아~, 여기 먼지가 묻어서 닦는 중이거든. 어서 자, 내일 아침 일찍 일어나야지." 남동생은 "알았어-" 라고 짧게 대답하고는 다시 잠이 들었다.

남동생은 똑똑한 아이라서 이 일을 누구한테도 말하지 않았다. 그는 내가 얼마나 글공부를 갈망하는지 알고 있기에 매일 학교에서 돌아오면 "누나, 오늘 선생님이 몇 단어를 더 가르쳐 주셨어. 가르쳐 줄까?"라고 하며 먼저 다가왔다. "선생님께서 누나가 너무 공부하고 싶어 한다고 말씀하시던데." 나는 얼굴이 확 달아올랐고 일부러 화난 목소리로 말했다. "입 조심 해, 계속 헛소리하면 가만 안둬! 나 공부같은 거 관심 없으니까 너나 학교에 가서 열심히 해." 남동생은 지레 겁을 먹고 서둘러 손으로 자기 입을 막았다. 공부에 대한 생각은 접었지만 선생님이 주신 낡은 교과서 두 권은 가끔씩 꿈속에서 만나곤 했다. 그때마다 마음은 한없이 따뜻하고 포근하였다.

*

량주잉의 학업 문제에 대한 이야기로 이어지자 노 당원은 한참 가만히 있다가 입을 열었다. '1980년대까지 우잉 지역의 남아선호 사상은 상당히 심했어요. 여자애들은 모두가 집안일 거들고 동생을 돌보는 것을 숙명처럼 받아들였지요. 그때만해도 너무 가난해서 끼니를 굶는 집들이 허다하였는데 애들을 모두 학교에 보낼 형편이 안되었거든요.'

나는 기계적으로 고개를 끄덕였을 뿐 그를 위로할 어떠한 말도 찾지 못했다.

량잉미가 이어서 말했다. "집안 형편이 너무 어려웠어요. 엄마도, 나도, 내 딸도 다 글공부를 못했어요." 그녀의 목소리가 갑자기 가늘어졌다. 눈가에 맺힌 눈물이 햇빛에 반짝였다. "일곱 살에 산에 올라 소를 몰았고, 우리 딸도 일곱 살에 밭일을 시작했죠." 그녀는 자신의 아픈 옛 상처를 조심스레 드러내보이며 못내 괴로워하였다.

량잉미는 어릴 적부터 '개는 밭을 갈지 못하고, 계집애는 글을 배우지 못한다'는 말을 귀에 못이 박히도록 들었다. 그리고 어머니가 되어서는 둘도 없이 소중한 딸이 똑같이 이 굴레에 묶여 옴짝달싹 못하는 현실을 지켜봐야만 했다. 그녀의 가슴 속 깊은 곳에는 채 아물지 않은 상처를 뚫고 글공부에 대한 꿈이 새싹처럼 움트고 돋아올랐다. 일흔 살이 다 된 그녀가 왜 표준어를 배우는지 이제야 이해되었다. 산 밖의 세상과의 대화뿐 아니라 자신 내면과의 화해를 위한 몸부림이었던 것이다. 먀오자이에서 그녀의 행동을 이해 못하는 이들이 '나이 들어 무슨 공부냐'는 식으로 질의 받을 때마다 그녀는 미소로 답했다고 한다. '남의 말에 신경 안 쓸 필요가 없어요. 지금은 먹고 살 만하고 세상도 바뀌었는데 왜 배우지 않아요? 누가 뭐라해도 전 제가 좋아하는 일을 하며 살아가는 것, 그게 제일 행복해요!'

그녀의 마음속에 심어둔 싹이 땅을 뚫고 올라와 새 생명의 탄생을 알리는 듯 하였다.

남자아이도 공부는 어려웠다

우잉 먀오자이에서는 1970년대에 태어난 여자뿐만 아니라 남자도 글공부를 제대로 한 경우가 얼마 되지 않는다. 학교에 등록을 했더라도 여러 가지 이유로 중퇴하고 어른들을 따라 칼이나 괭이를 메고 산에 가서 일을 해야 했다. 중퇴하게 된 이유는 대체로 비슷한데, 생활이 너무나 어려워 학업을 계속할 수 없었기 때문이었다.

물론 공부 자체가 어려워서 포기한 경우도 더러 있었다. 당시 마을에는 학교를 그만 둔 아이들이 자주 눈에 띄였는데 굴레벗은 망아지마냥 여기저기 뛰어다녀도 누구도 잘못된 행동이라고 생각하지 않았다. 산 속 아이들한테는 그것이 삶 자체였기 때문이다. 산 속에서 태어나서 살다가 산 속에서 죽으면 그만이었으니 공부는 하나마나였다. 마을에서 가장 일찍 지식의 중요성을 깨닫고 지식을 갈망한 젊은이는 고종 사촌인 량시유핑(梁秀平)이었다. 같은 또래에서는 그의 학력이 제일 높았지만 사실은 그도 겨우 중졸이었다.

자그마한 먀오자이 마을에서 글공부를 한 아이들은 별로 없었다. 옛날에는 초등학교 3학년까지는 마을에서 다니고, 그 다음 당쥬우촌(党鸠村)에 가서 초등학교 4학년을 마치고 또 읍내에 나가서 초등학교 5, 6학년을 마저 다녀야 했다. 지금 생각해보면 전혀 세상물정을 모르는, 겨우 열 한두살 밖에 안 된 아이가 혼자서 십 여 킬로미터 떨어진 곳에 가서 공부를 해야 했고, 그곳에서 기숙사 생활까지 해야 하니 감당하기 어려웠을 것이다. 마을에서 읍내까지는 울퉁불퉁한 산길을 걸어야 했는데 3시간이 훨씬 넘게 걸렸다. 게다가 땔나무와 쌀 그리고 소금이나 기름까지 짊어져야 했으니 아이들한테는 정말 견디기 힘든 과정이었을 것이다. 이제 와서 되돌아 생각해 보면, 설령 그 때 당시 나한테 공부할 수 있는 기회가 주어졌더라도 홀로 산길을 걸어 읍내에 있는 학교까지 걸어갈 자신이 없다.

하지만 량시유핑은 예외였다.

특히 글 읽기를 좋아했고 성적도 우수했다. 주말이면 왜소한 어깨에 땔나무와 쌀, 기름과 소금을 가득 짊어지고 울퉁불퉁한 산길을 매우 즐겁게 걸었다. 매번 세 시간 넘게 걸어서 읍내에 있는 학교에 도착할 수 있었는데 그 때마다 온 몸의 힘이 다 빠지고 뼈가 부서질 정도로 힘들었지만 공부에 대한 열정은 이 모든 것을 잊게 만들었다. 처음에는 함께 다니는 친구가 여럿이 되었지만 얼마 안 가서 한 명씩 줄어들기 시작하였다. 이들은 아예 학교 갈 생각을 단념하였고 아무리 권해도 소용이 없었다. 그러다보니 온 마을에서 유일하게 초등학교를 졸업한 사람은 량시유핑뿐이었다.

그리고 1993년에 량시유핑은 드디어 중학생이 되었다. 그는 마을에서 유일한 중학생이었다. 그리고 혼자서 먼 곳에 있는 룽수이현 중학교를 다니기 시작했다. 그 곳에서 그는 많은 선생님을 알게 되었고 친구들도 더 많이 사귀게 되었다. 물론 지식의 중요성에 대해서도 더 잘 알게 되었다. 그는 점차 우잉 먀오자이가 낙후한 이유가 이곳 사람들이 지식이 없기 때문이라는 걸 깨닫게 되었다. 그는 앞으로 공부를 더 많이 해서 지식으로 자신의 운명을 바꾸려 결심했다. 중학교를 졸업하고 계속해서 고등학교, 대학교에 진학할 꿈을 가졌지만 안타깝게도 집안 사정 때문에 공부를 그만둘 수밖에 없었다. 일곱명이나 되는 식구들의 생계가 더 중요했으니까.

'집을 허물어 목재를 골라 팔아서라도 꼭 학비를 마련할꺼예요.'

그는 가족들 앞에서 심한 말을 하고야 말았다. 그의 아버지가 끝내 승낙을 하지 않은 것은 공부를 계속 시키기 싫어서가 아니라 집안 사정 때문에 어쩔 수 없었던 선택이었다. 자식의 괴로운 마음을 이해하기에 심하게 나무라지는 않았지만 다 큰 자식을 어떻게 인도해야 할지 달리 뾰족한 수를 찾지 못하였다. 결국 아들이 하고 싶은대로 내버려 두었다. 량시유핑은 마을의 친척들을 찾아다니며 한푼 두푼 돈을 빌리기 시작했다. 만나는 사람마다 다들 공감하고 격려해 주었지만 돈은 빌리지 못했다. 그들도 돈을 빌려주기 싫어서가 아니라 너무 가난하다보니 빌려줄 돈이 없었던 것이다.

돈을 빌리지 못한 량시유핑은 도끼를 집어 들고 냇가로 뛰어갔다. '쓱-쓱-' 도끼날을 가는 소리가 계곡에 울러퍼졌는데, 그 울림에는 량시유핑의 원망이 담겨 있었다. 도끼를 다 간 그는 자기 집 밭으로 뛰어갔다. 밭에는 미끈하고 높게 자란 전나무 한 그루가 자라고 있었다. 목재로는 아주 훌륭했다. 그는 나무를 자르기 위해 도끼를 휘둘렀다. 하지만 왠지 도끼날이 공중에서 그대로 멈췄다. 나무를 찍으려다 말고 그는 문득 이런 생각이 들었다. 설사 나무를 자른다 해도 문제는 어떻게 읍내로 운반하는가? 운반 비용이 나뭇값보다 훨씬 비쌌으니까. 그는 나무에 기댄 채 멍하니 주변을 둘러싼 산들을 천천히 둘러보았다. 산은 끝없이 뻗어 있고 그 끝을 알 수 없었다. 당시 그는 산들이 마을을 철통처럼 에워싸고 있다고 생각했다. 그래서 산 밖에 있는 사람들로부터 잊혀져 가고 있다고 여겼던 것이다. 하얀 새 몇 마리가 그의 곁을 날아 멀지 않은 숲 속으로 들어가는 걸 보면서 설령 자신의 어깨에 날개가 달렸다고 하더라도 끊임없이 날개짓을 해야만이 이 산속을 벗어날 수 있다는 걸 깨달았다. 그런데 자신에게는 날개는 커녕 왜소한 어깨밖에 없으니... 한 그루 나무조차 산 밖으로 운반할 수 없다는 현실 앞에서 그는 눈물이 소리없이 눈물만 흘렸다.

"이제 그만 둘께요. 앞으로 더는 공부하겠다는 말을 꺼내지 않을 거에요."

그렇게 한 달이 지난 후, 그는 가난 때문에 공부를 계속할 수 없다는 사실과 개변할 수 없는 현실을 받아들이고 공부에 대한 꿈을 단호히 접었다. 그리고 마침내 고향을 떠나 돈을 벌기 위한 계획을 세웠고, 아버지는 그런 그를 위해 친척들로부터 돈을 빌려 겨우 교통비를 마련해 주었다.

당시 우리 마을에는 이런 경우가 허다했다. 다들 궁핍한 생활 때문에 학교를 그만두었는데, 량시유핑처럼 공부에 완전 몰입하였던 경우는 매우 드물었다. 남자애들은 보통 열 댓 살만 되어도 사내로 인정받고 가족의 생계를 책임져야 했다. 남동생 량시유챈(梁秀前)의 경우만 봐도 중도에 학교를 그만두었는데 실은 아주 총명한 아이였다. 1994년 중학교에 진학했으나 2학년이 될 무렵, 아버지가 등록금을 마련해 주지 못했다. 고작 183위안 밖에 안 되는 등록금이었는데 그 돈을 마련하지 못했던 것이다. 량시유챈(梁秀前)은 큰 충격을 받았다. 돈 때문에 학교에 다닐 수 없다니! 전혀 생각을 해 본 적이 없었던 일이었다. 못내 고통스러워하는 아들과 이를 바라보는 아버지, 어머니도 괴롭긴 마찬가지였다. 집에는 량시유챈(梁秀前)외에도 먹여살려야 할 어린 자식들이 여럿이라 도저히 등록금을 댈 방법이 없었던 것이었다. 그 무렵 남동생은 항상 홀로 산에 오르곤 했는데 높은 곳에 서서 하늘에 둥둥 떠다니는 구름을 멍하니 바라보곤 했다. 우리는 어떻게든 위로해 주고 싶었으나 그 방법을 누구도 몰랐다.

하루는 여동생을 데리고 산에 나무하러 갔다가 내려오던 중 폭우를 만나게 되었다. 나무 아래서 비를 피하려다가 문득, 비 오는 날 나무 밑에서 있으면 번개 때문에 위험하다던 아버지 말씀이 생각나서 장작을 멘 채 이를 악물고 산 아래 쪽으로 뛰기 시작했다.

"언니! 오빠예요. 저기 오빠가 있어요."

여동생이 갑자기 소리쳤다. 고개를 들어 보니 남동생이 소나무 밑에 멍하니 서 있는 모습이 보였다. 틀림없이 학교에 다니는 자신의 모습을 상상하고 있었을 것이리라. 그의 이름을 힘껏 불러 보았지만 입만 벌린 채 목소리가 나오질 않았다. 남동생이 계속 학교에 다닐 수 있기를 간절히 바랐으나 나에게는 그럴 힘이 없었다. 남동생이 우리를 발견하고 몸을 돌려 산 위를 향해 뛰더니 얼마 지나지 않아 곧 다시 산 아래 쪽을 향해 내리 뛰었다. 그리고 바로 우리 앞까지 뛰어와서는 아무말 없이 여동생을 둘쳐 업고 산 아래로 내려갔다.

셋이 물에 빠진 생쥐 꼴로 집에 들어서자 아버지와 어머니는 놀란 표정으로 우리를 쳐다보았다. 남동생이 여동생을 내려놓은 후 아무일 아닌 듯 웃음을 짓더니 방에 들어가서 깨끗한 옷으로 갈아있고 나왔다. 아버지와 어머니는 무슨 영문인지 모르고 서 있다가 여동생이 춥다고 소리치자 정신을 차리고 깨끗한 옷으로 갈아주었다. 그리고 며칠 뒤, 남동생도 마을을 떠나 타지로 일하러 떠났다. 그렇게 남동생은 우리 마을에서 제일 먼저 돈벌이를 위해 마을을 떠난 젊은이가 되었다.

*

지금 내 앞에는 이 마을의 부부가 앉아 있다. 이들이 바로 량시유핑 부부였는데 량시유핑은 이미 불혹의 나이를 넘겼으나 제법 세련되어 보였다. 마을 주민들을 이끌고 빈곤퇴치를 위해 애쓰던 중 두 번이나 중병으로 쓰러져 병원에 입원하였고 건강이 회복되자마자 바로 복귀하여 마을 주민들과 함께 고향 건설에 온 힘을 쏟고 있다. 주민들은 그의 이런 모습에 큰 감동을 받았고 칭찬과 존경을 아끼지 않는다. 이 마을에서 그와 비슷한 또래 중 그의 학력이 제일 높았으나 겨우 중학교 졸업이었다. 그의 아내 판메이치유(潘妹秋) 역시 다른 여자들과 마찬가지로 학교를 다닌 적이 없었다. 지금은 야간 학교 덕분에 표준어로 대화할 수 있을 뿐만 아니라 글자도 읽을 수 있다. 그녀는 분주히 움직이더니 곧바로 유차를 만들어 내왔다.

량시유핑은 담담한 표정으로 말했다. "당시 우잉 먀오자이는 외부와 완전히 단절 되었을 뿐만 아니라 대부분이 문맹이었고 지식의 중요성에 대해서도 깨닫지 못했죠." 옛 일을 회상하는 그의 얼굴에는 아쉬움과 안타까움이 묻어났다. 나는 그와의 대화를 적다 말고 고개 들어 그를 쳐다보며 물었다. "량시유핑 씨가 마을에서 제일 먼저 외지로 일하러 나간 게 맞나요?" 그는 고개를 돌려 창 밖을 바라보았다. 순간 새 몇 마리가 곡선을 그리며 날아가는게 눈에 띄였다. 한참이 지나서야 그는 밖으로부터 눈을 떼더니 "그렇죠. 외지로 떠날 때 저는 원망이 가득했어요. 2년 뒤에 고향에 돌아와서 결혼한 다음엔 다시 나가지 않았죠."라고 말했다. 기록물을 찾아보니 량시유핑은 21살 때 촌 소조장으로 당선되었다고 나와있었다. 묘족이 모여사는 마을에서는 덕망 높은 어른이 마을을 책임질수 있었다. 하지만 마을 사람들은 중학교를 졸업한 량시유핑을 믿었다. 그리고 그는 애티 나는 '소조장'으로부터 점차 먀오자이를 책임지는 '리더'로 성장하였다. 나는 자료집을 덮으면서 물었다. "그럼 소조장 일 때문에 외지로 일하러 나가지 않은 건가요?" 그는 웃으며 대답했다. "그 말도 맞아요. 결혼을 하고나서야 저는 아버지를 이해할 수 있었어요. 아버진 최선을 다 했어요. 주위 사람들 모두가 힘들게 살았기 때문에 돈을 빌릴 곳조차 없었으니까요."

20세기 90년대 중반부터 마을 사람들은 타지로 돈벌이를 떠나기 시작했다. 하지만 고향에서 농사를 짓고 있던 량시유핑은 여전히 가난에서 벗어날 방법을 찾지 못했다. 후에 아들 량쩐(梁贞)이 태어났고, 학교 갈 나이가 되자 아들이 과거 자신이 걸었던 시골길을 따라 학교 다녀야 할 걸 생각하니 걱정부터 앞 섰다.

"2009년, 우리 마을에 첫 대학생이 나오게 되었죠. 우후이중(吴辉忠)이라는 학생인데 그의 집에서 성대한 잔치가 벌어졌죠. 축하 잔치를 벌이던 날 마을의 모든 화미조가 약속이라도 한 듯 일제히 노래를 불렀죠. 너무 신기하지 않아요? 그날 마을 사람들은 학교 마당에서 맘껏 루성(芦笙)을 부르고 춤추며 먀오자이 마을이 배출한 첫 대학생을 열렬히 축하하였죠. 이 사실은 저에게 희망의 불씨를 심어주었답니다. 반드시 아들을 잘 키워서 앞으로 더 큰 세상을 보게 하리라." 량시유핑은 이렇게 자신의 소원을 말했다. "저는 자신감이 있어요. 당과 정부에서 소수민족지역 교육을 중시하여 의무교육을 보급하고, 필요한 자금 투자와 교육발전을 위한 적절한 조치가 뒷받침 된다면 공부하는 것은 더는 예전만큼 어려운 일이 아니죠. 지금은 공부를 할 수 있느냐보다는 어떻게 하면 더 잘 할 수 있느냐를 고민할 때입니다."

그는 아들에 대해 매우 엄격했고, 자신이 못다 이룬 '대학 꿈'을 아들이 꼭 이루어 내기를 염원하였다. 아들도 아버지의 기대를 저버리지 않고 열심히 노력한 끝에 드디어 2019년 여름, 꿈에 그리던 대학에 입학하게 되었다. 수십 명의 가족 구성원들이 3대에 걸쳐 간직해온 간절한 염원이 빛을 보는 감동의 시간이었다. 마치 오랜 세월 모진 풍파를 이겨낸 저 심산 속 울창한 전나무마냥 오래전에 품었던 작은 씨앗이 마침내 하늘을 찌르는 튼실한 나무로 성장하는 기적을 만들어낸 것이다.

산 너머에서 들려온 소식들

사실 우리 자식들은 우리 때보다 훨씬 운이 좋다. 지금은 의무교육이 보급되어 학교갈 나이가 되면 싫어도 가야만 했다. 딸이 7살 되는 해에 나와 남편은 딸아이의 손을 잡고 학교에 가서 일찌감치 입학 등록을 마쳤다. 선생님을 만난 남편은 '아이가 말을 듣지 않으면 선생님 방식대로 훈계해주세요.'라고 말하는 것이 아니겠는가! 나는 한편으로 딸이 야단 맞을까봐 속상했지만 일면으로는 남편을 전적으로 공감했다.

딸은 중학교에 들어가면서부터 열심히 공부하지 않았다. 나와 남편이 몇 번이고 치미는 화를 참고 참을성 있게 교육했지만 전혀 통하지 않았다. "공부를 많이 한들 무슨 소용이 있나요? 다른 집 딸들은 중학교를 중퇴하고서 광둥에 가서 돈만 잘 벌잖아요!" 화가 치민 남편이 버럭 화를 냈다. "너 아직 사회가 얼마나 무서운지 모르는구나. 지금 네가 해야 할 일은 학교에서 선생님 가르침을 받고 공부에 전념하는거야! 나중에 어른이 돼서 아무리 후회해도 이미 엎지른 물인걸, 다 너를 위한 것이란 걸 몰라?" 하지만 딸애는 귀찮다는 표정으로 대수롭지 않게 여겼다.

"너 좋은 의대에 가서 나중에 의사 되는 거 아니었어?!"

내가 갑자기 언성을 높이자 딸은 놀란 듯 그 자리에 굳어져 버렸다. 내가 진짜로 화났다는 걸 알아차리고 겁에 질린 얼굴로 연신 고개를 끄덕였다. 그 뒤로 딸은 말도 잘 듣고 공부도 열심히 했다. 하지만 나중에 의대 진학에는 실패하고 실업계 고등학교를 졸업한 뒤, 외지에서 취직하고 지금은 거기서 가정을 꾸리고 잘 살고 있다.

결혼한 딸을 보기 위해 나와 남편은 장시간 기차를 타야 했다. 당시 딸 집에서 사돈들도 함께 만났는데 과일을 먹으며 담소를 나누려던 우리는 그제서야 서로가 상대방의 말을 알아 들을 수 없다는 것을 알게 되었다. 내 말을 사돈이 알아듣지 못하고 사돈의 말을 내가 알아듣지 못했다. 어쩌면 소귀에 경읽기가 된 셈이다. 남편도 사돈들의 사투리를 알아듣지 못했다. 그렇다고 말을 하지 않을 수 없었다. 침묵하고 있으면 서로가 더 어색하였다. 다행이도 딸이 나서서 통역을 해 준 덕에 비로소 난감한 상황을 면할 수 있었다.

이렇게 난감한 경우는 살면서 불쑥불쑥 찾아왔다. 한 번은 다른 마을에 살고 있는 친척집을 가려고 버스를 탔다. 그런데 그 곳까지 가려면 간둥향에서 버스를 갈아타야 했다. 내가 가장 부담스럽게 여기고 걱정했던 점이 바로 중도에서 환승하는 것이었다. 예전에 룽수이현에 갈 때는 그대로 종착역까지 가면 되었지만 중도에서 내리려면 시간대를 기억해야 하기에 무척 신경이 쓰였다. 그래서 버스가 출발하기 전에 염치 불구하고 버스 동승자들을 향해 내 도착지를 알려주면서 귀띔해 달라고 부탁했다. 그런데 아무도 응대하는 사람이 없었다. 나는 더 이상 얘기하지 않고 그저 묵묵히 자리에 앉았다. 동승자들이 먀오족 말을 알아듣지 못할 수도 있었으니까. 표준어를 할 줄 모른다는 것이 이토록 한 사람을 비참하게 만드는구나라는 생각에 쥐구멍이라도 찾아 들어가고 싶었다. 버스가 달리는 내내 두 눈을 부릅뜨고 창 밖의 산등성이와 나무만 쳐다보았다. 길목에 큰 용나무 한 그루가 있다는 것만 기억하고 있었기에 용나무만 보이면 바로 차에서 내리려고 했다. 심한 차멀미 때문에 차창에 기대어 혼미한 자신을 겨우 추스리면서 졸지 않으려고 무진 애를 썼다. 그러다가 결국 견디지 못하고 끝내 잠이 들었다. 그리고 눈을 떠 보니 차는 이미 마을을 지난지 한참 뒤었다. 나는 다급히 기사아저씨더러 차를 세워달라고 소리쳤다. 그리고 보니 차 안에는 먀오족 말을 하는 사람들도 꽤나 있었다. 그런데 왜 다들 말을 해주지 않았을까? 나를 하찮게 여겼던 것인가? 나는 화 낼 겨를도 없이 배낭을 메고 빠르게 차에서 내렸다. 그리고 친척집을 향해 무작정 되돌아 걷기 시작했다. 혹여라도 논밭에서 일하고 있는 사람이 보이면 얼른 다가가 길을 물었다. 다들 열정적으로 나에게 길을 알려주었고 얼마나 걸리는지도 말해주었다. 그날, 나는 걷는 내내 눈물을 흘렸다. 아, 말을 모른 다는 것이 이렇게 힘든 일이구나! 언어의 단절로 인해 느껴본 전례없는 체험이었고 아픔이었다.

병원에 가서 진료받고 약을 처방받는 일은 나에게 또 다른 큰 불안과 무력감을 안겨주었다. 마을에서 읍내를 거쳐 현성으로 가야 했기에 불편한 몸은 제쳐두고 멀미에 구토까지 더하니 없던 병도 생길 판이었다. 이러다보니 병원에 도착하면 떠날 때보다 상태가 더 심각해지는 경우가 다반사였다. 병원 안은 의사와 환자들로 법석거렸고 나는 일렬로 배열된 여러 개 창구 앞에서 갈팡질팡 헤매이다가 결국 주위 사람한테 도움을 청할 수밖에 없었다. 하지만 먀오족 말을 아는 사람들이 거의 없었고 설령 알아들었다 하더라도 본인이 아프거나 아니면 가족이 아픈터라 저까지 챙길 겨를이 없었는 것 같았다. 정말 외롭고 울분이 터졌다. 아무도 이런 나를 이해하지 못할 것이다. 마치 어릴 적에 친구들은 모두 학교에 공부하러 가고 나만 남동생을 돌보기 위해 덩그러니 집에 남겨진 그때처럼 말이다.

마침내 먀오족 말을 할 줄 아는 의사를 배당받게 되었는데, 병원 측에서 나와 같은 사람들을 위해 특별히 베풀어준 배려였다. 먀오족 말을 듣는 순간 나는 가족을 만난 기분이었다. 의사의 도움으로 접수표를 받고 응급실 앞에 대기하다가 순조롭게 진찰받을 수 있었다. 정말 천만다행이었다. 진료를 맡은 의사선생님은 먀오족 말을 할 줄 알았기에 의사선생님의 물음에 속시원이 대답할 수 있었다. 만약 그렇지 않았다면 어디가 어떻게 불편한지 전달할 방법이 없었을 것이다.

진찰을 마친 후 의사 선생님은 나를 보고 입원할 필요까지는 없고 처방전을 가지고 창구로 가서 비용을 지불하라고 알려주었다. 창구 직원이 비용이 얼마라고 말해줬건만 나는 정확히 알아 듣지 못했고 대충 눈치를 봐가며 겨우 돈을 지불할 수 있었다. 그리고 입원부 옆 마당으로 나와서 의사 선생님이 약을 가지고 나오기를 기다렸다. 마당에는 꽤 많은 사람들이 모여 있었는데 다들 나처럼 표준어를 할 줄도 알아들을 줄도 모르는 소수민족들이었다. 그들은 서로 예의를 갖추고 먀오족 말로 어디가 불편한지 이야기를 나누고 있었다. 그러나 구체적인 병명은 어떻게 말해야 하는지 몰랐다. 나도 마찬가지였다. 자신이 무슨 병에 걸렸는지도 몰랐으니까. 순간 이상한 느낌이 밀려왔다. 분명 넓게 트인 마당에 서 있는데 왜 보이지 않는 장벽이 우리를 외부와 갈라놓은 것처럼 느껴질까? 아무리 노력해도 넘을 수 없는 높디높은 장벽은 깊은 공포와 불안감을 몰고 왔다.

2013년부터 산밖에서 사람들이 우리 마을을 찾기 시작했다. 이들은 마을 발전에 관한 정책을 설명해 주었는데 간혹 먀오족 말을 사용하는 경우도 있었지만 대부분 표준어를 사용하였다. 때문에 마을 사람들은 얼핏 보기에는 흥미롭게 몰입하는 것 같았지만 사실 나와 같은 사람들은 전혀 알아듣지 못했다. 설명이 끝난 후 옆 사람에게 물어봐서야 무슨 뜻인지 알 수 있었다. 매번 외지에서 많은 사람들이 우리를 도우러 찾아오는 것 같기는 한데 어쩌면 우리와는 아무 상관이 없어 보이기도 했다. 우리는 그들과 이야기할 용기조차 없었다. 서로 무슨 말을 하는지도 알아듣지 못했고 일상적 소통은 늘 실패로 돌아갔다. 바로 '닭과 오리의 대화'라는 비유가 정확히 어울리는 경우였다.

예전에 우리를 돕기 위해 난닝에서 공작대가 내려온 적이 있었다. 촌지부서기가 공작대 여성 인솔자를 강단에 모셨는데 늘씬한 체구에 기질이 뛰어난 분이셨다. 티비에서나 볼 수 있는 학식있고 뛰어난 능력의 여성이었다. 그녀는 얼굴에 미소를 띠며 '안녕하세요!'라고 인사말을 했다. 이 단어는 알아들을 수 있었다. 다들 박수를 치자 나와 함께 서 있던 부녀들도 함께 박수를 쳤다. 그리고 그녀의 강연은 진행되었고 예상대로 나는 한 마디도 알아듣지 못했다. 가장 인상에 남은 것은 그녀의 감미롭고 아름다운 목소리 뿐이었다. 우리는 짐짓 알아들은 척 태연하게 촌지부

서기를 곁눈질해 보았다. 그가 웃으면 나도 따라 웃고 그가 박수를 치면 나도 따라 박수를 쳤다. 우리는 이런 방법을 전에도 자주 사용했다. 우리가 목석처럼 앉아 있으면 예의가 없어 보이지 않겠는가? 비록 알아듣지는 못했지만 우린 틀림없이 좋은 일일 것이라는 확신에 내심으로 기뻤다. 공작대가 떠난 다음, 우리는 촌지부서기를 에워싸고 그녀의 강연 내용에 대해 다시 설명해 달라고 부탁하였다. 지부서기는 우리한테 대략적인 내용을 설명해주었다. 그리고는 농담 반 진담 반으로 "당신들 정말 한 마디도 못 알아듣는 거에요?"라고 묻는 것이였다. 우린 '하-하-' 웃으며 "우린 안녕하세요라는 말 밖엔 못 알아들었어요."라고 대답했다. 사실 우리는 마음 속으로 깊은 열등감에 빠져있었다. 표준어조차도 알아듣지 못했으니 그냥 웃음으로 넘길 수 밖에. 촌지부서기도 허탈한 미소를 지으며 고개를 들고 하늘을 쳐다보며 중얼거렸다. '어떻게든 해결책을 찾아야겠군.'

2017년에 또 다른 빈곤퇴치 공작대가 마을을 찾아왔다. 대원 중 한 젊은 여성이 연단에 올라 연설하는데 강연 내내 웃는 얼굴로 청중들과 호흡을 맞추는 모습이 정말 매력적이고 인상 깊었다. 그런데 아쉽게도 나는 그녀가 무슨 말을 하는지 전혀 알아 들을 수 없었다. 나중에 아버지로부터 공작대가 마을에 과일 재배 전문 협동조합을 설립할 계획이라는 것을 알게 되었다. 처음 듣는 이야기라서 더 자세히 물어보고 싶었으나 아버지도 협동조합은 어떤 방식으로 진행될지 알지 못했다. 나는 협동조합이 나의 삶과 밀접한 연관이 있을 거라는 예감은 들었지만 더 깊은 내용을 알 수 없었기에 궁금증은 더 커져갔다.

촌지부서기가 인내심 있게 자세히 설명을 해주었다. 회사에서 기술과 자금을 제공하고 농가에서 토지와 인력을 제공하는 방식인데 수확한 과일은 전부 회사에서 수매하기 때문에 판로를 걱정할 필요가 없게 된다. 결국 마을에서 20가구에 달하는 '빈곤가정'이 협동조합에 가입하였고, 회사에서 기술자를 파견하여 패션후르츠, 감복숭아, 봄귤과 여름대추 등 과일 재배를 돕기로 합의하였다.

기술자가 중요한 내용을 설명할 때면 나도 특별히 열심히 듣느라 애를 썼지만 아쉽게도 한마디도 알아듣지 못했다. 그렇다고 그 자리를 비우지도 못했다. 혹여라도 중요한 내용을 빠뜨릴까 두려웠기 때문이었다. 나는 이들의 표정과 동작을 보면서 더 자세한 내용을 짐작할 수밖에 없었다. 그러나 이것만으로는 매우 부족했다. 그 뒤로 마을을 찾는 사람들이 점점 많아졌는데 마치 먀오자이로 흘러드는 천만갈래 강물 같았다. 표준어를 모르던 나로서는 조금만 방심하면 금방 강물에 휩쓸려갈 것만 같은 공포가 밀려왔다. 사람들과의 거리가 가까울수록 나는 오히려 심리적으로 더 위축되는 것 같았다.

'아, 공부가 너무 하고 싶구나!……'

저녁 식사를 하다말고 나는 남편한테 나의 생각을 솔직하게 털어놓았다. 나 자신도 무슨 생각으로 이런 말을 했는지 모르겠으나 아마도 맘속 깊은 곳에 오랫동안 숨겨둔 것이 불쑥 튀어나왔나 보다. 놀란 남편은 미처 반응하지 못하고 멍하니 나를 쳐다보았다. 나는 남편이 왜 그러는지 이해가 갔다. 내가 농담으로 하는 말이 아니라는 걸 남편은 잘 아니까. 하지만 모든 것은 해프닝으로 끝나고 말았다. 그 당시에는 다시 공부를 시작하려 해도 받아 주는 곳이 없었다. 그때의 허탈함과 무기력은 그 어떤 말로도 형언할 수 없었지만 공부에 대한 욕망은 한알의 씨앗이 되어 마음속 한구석에 단단히 자리잡았다. 어른이 다 된 지금, 공부에 대한 갈망은 어릴 때와는 완전히 다른 차원의 것이었다. 어릴 적에는 단순히 학교에 가고 싶어서였지만 지금은 생존을 위한 몸부림이었다.

*

나는 량주잉이 배움의 기회를 놓친 탓에 생활에서 얼마나 많은 어려움에 봉착했을까 가히 짐작할 수 있었다. 나의 어머니도 그녀처럼 글공부를 배우지 못한 관계로 주위 사람들과 교류하면서 웃지 못할 많은 에피소드를 만들었다.

이때 마침 푸성창(卜胜昌)이 들어왔다. 군 복무를 한 적 있는 그는 위안하듯 말했다. "저도 군에서 공부를 못한 것 때문에 손해를 봤어요. 그래서 간부로 발탁되지 못하고 퇴역했죠. 제대하고 나서 저는 류우저우에 있는 시멘트 공장에 취직하게 되었어요. 괜찮은 직장이었죠. 30여년 전에 안정된 직장이 있다는 건 가족을 먹여 살릴 수 있음을 의미하죠. 그때만해도 매우 만족스러웠지요." 나는 이해가 되지 않은 듯 물었다. "그 뒤로 무슨 일이 생긴거죠?" 그는 쓴웃음을 지어보였다. "새 직장에서 나는 일을 잘하리라 단단히 결심했죠. 하지만 공장 일은 생각보다 너무 어려웠어요. 군부대와는 완전히 달랐으니까요."

푸성창이 처음 맡은 일은 막노동에 가까웠기에 그럭저럭 적응할 수 있었다. 하지만 나중에는 화물 운송을 책임지고 물품 등기를 하고 결산을 해야 했다. 그는 무척 난감했다. 결국 고개를 저으며 사양할 수밖에 없었다. "저는 회계도 모르고 글도 몰라요. 게다가 여러가지 도표와 계약서도 읽을 수 없어요. 그렇다고 공장의 일에 영향줘도 안 되고 국가 이익에 손해를 끼쳐서도 안 되잖아요. 그래서 나중에는 일을 그만두고 우잉 먀오자이로 돌아왔죠. 량주잉이 지금 공부하고 싶어하는데 이에 대한 저의 생각을 묻고 싶으신 거죠?"

뛰어난 관찰력의 소유자였다. 그는 단번에 정곡을 찔렀다.

"선생님도 잘 아시잖아요. 지금 농촌은 옛날과 비할 수 없을 정도로 많이 달라졌지요. 산들이 겹겹이 막혀 있어도 외부 소식은 막을 수가 없잖아요. 하지만 문화와 지식이 없다면 아무리 좋은 정보가 들어와도 정작 할 수 있는 일은 아무것도 없죠. 지금은 배울지 말지가 문제가 아니라 어떻게 하면 잘 배울 수 있을지를 고민할 때이지요. 주잉이 저한테 공부하고 싶다고 했을 때 솔직히 좀 놀랐어요. 한편으로는 그녀의 강한 진취심에 감탄하였고 다른 한편으로는 어른들을 위한 배움터가 부재한 현실이 안타까웠어요. 다행이 얼마 지나지 않아 먀오자이에 야간학교가 세워져 너무나 행운스러웠죠."

나는 연신 고개를 끄덕이며 이제야 이해가 간다고 답하였다.

2

교실에 계신 어머니

- '이중언어와 상호교류'
- 마음의 문을 열다
- 사랑해, 너를!
- 손으로 쓴 마음
- 반장이 되다
- 어머니에게 표준어를 가르치다
- 어른으로 성장한 딸
- 멀고 먼 배움의 길
- 묘가(苗歌)와 고전 시가의 만남
- 자원봉사 교사와 우잉(烏英)의 이야기
- 선생님의 '선생님' 되기
- 낙오자는 없다

'이중언어와 상호교류'

2017년 말, 농작물은 이미 수확을 끝냈고 단풍나무도 빨갛게 물들었다. 이 때가 단풍이 가장 예쁠 때이다. 외지에서 온 사람들은 다들 단풍나무 아래서 사진을 찍기 좋아했다. 황기자도 예외가 아니었다.

처음에 나는 황기자가 다른 사람과 마찬가지로 카메라를 들고 마을 곳곳을 돌아다니며 사진이나 찍고 사람들의 일상적인 삶에 대해 대충 물어보고 떠나면 그만인 사람 정도로 생각하였다. 그래서 우리 여성들은 멀리서부터 황기자가 눈에 띄이면 피해 다녔다. 하지만 난닝에서 온 황기자는 마을에 오래 머물렀는데 그렇게 몇 년이라는 세월이 흘렀다. 출장 가는 시간을 제외하고는 거의 모든 시간을 이곳에서 지내다시피 했다. 시간이 흐르면서 우린 황기자한테 신뢰가 생겼고 비록 언어장벽이 있었지만 그를 만나는 걸 두려워하지 않았다.

햇살이 눈부신 어느날 오후, 나와 판쿠이미(潘葵迷), 우메이푸(吳妹富)는 산에서 내려오는 길에 마을 밖에서 황기자와 마주치게 되었다. 방금 개울가에서 물놀이 하는 아이들을 촬영하고 돌아서던 황기자가 우리를 보자 일어서며 인사를 건넸다. 그리고 뭔가 다른 말도 하였는데 우리는 '안녕하세요' 이 한마디밖에 알아듣지 못했다. 우리가 먀오족 말로 인사를 건넸더니 황기자도 마찬가지로 알아듣지 못하고 멍하니 서 있었다. 바닥에 드리워진 그의 그림자조차 굳어 보였다. 꽤나 재미있는 장면이었다. 우린 서로 익숙한 사이었고 상대방이 어떤 사람인지도 잘 알고 있었다. 결국 우리는 상대방의 말 뜻은 이해 못했지만 상대의 표정을 통해 그

뜻을 짐작했다. 황기자가 손에 들고 있던 카메라를 흔들자 우린 그가 우리를 찍고 싶어한다는 걸 알아챌 수 있었다. 우리는 서둘러 옷매무시를 정리하고 바람에 헝클어진 머리를 잘 다듬었다. 그리고 반듯하게 서서 먀오족 말로 어떤 포즈를 취해야 할지 물었다. 그 말을 알아듣기라도 하듯 황기자는 미소를 지으며 다가와서 우리 자세를 고쳐주었다. 이어서 카메라를 우리 쪽으로 향하고 끊임없이 셔터를 눌렀다. 황기자가 떠난 후 나는 불현 듯 이런 생각이 들었다. '우리가 오해한 게 아닐까? 처음부터 우리를 찍으려 했던 게 아니었는데, 우리가 포스를 취하니 어쩔 수 없이 찍어준 게 아닐까?' 그녀들도 어리둥절한 표정으로 서로를 쳐다보더니 갑자기 폭소를 터뜨렸다. 개울에서 물장난을 하던 아이들이 우리를 쳐다보자 우리는 더 크게 웃었다. 이 웃음소리는 우리 내면의 어색함과 계면쩍음을 자연스럽게 덮어주었다.

우리는 외지인들의 말을 알아듣지 못하고, 외지인들도 우리 말을 알아듣지 못하니 아예 소통할 수 없었다. 나같은 여성들은 체험을 통해 이 불편함을 잘 알고 있었다. 최근 몇 년은 해마다 공작대가 마을에 와서 지내곤 했는데 먀오족 말을 할 줄 아는 공작대 대원은 우리와 원활한 교류를 할 수 있었지만 외지에서 온 사람들은 그렇지 못했다. 분명 서로 가까이에 있지만 완전히 다른 두 세계에 속해 있는 것 같았다. 마치 보이지 않는 장벽이 가로 막고 있는 것처럼...... 그래서 외지에서 온 공작대원들은 마을을 돌거나 농가를 방문할 때면 항상 먀오족 말을 할 줄 아는 번역원을 대동하곤 했다. 먀오자이에서 통역이 없이 사업을 추진한다는 것은 아무런 장비도 갖추지 않은 맹인이 홀로 걷듯이 전혀 불가능했다. 하지만 이렇게 되면 또 다른 문제가 발생하게 되는데, 분명 혼자서 할 수 있는 일도 두 사람이 함께 해야만 했다. 언어장애 때문에 생긴 이 난제를 어떻게 하면 해결할 수 있을까? 나는 감히 이런 고민을 하게 되었다. 그러자 남편이 이 문제는 내가 관여할 일도, 해결할 수 있는 일도 아니라고 하면서 가볍게 웃어 넘겼다. 나 역시 모르는 것은 아니었지만 동네 공청단지부서기가 반드시 어떤 방법이라도 취할 것이라는 기대감에서 해본 소리였다.

아니나 다를까 그즈음 공작대와 마을 간부들이 이 문제를 해결하기 위해 고심하고 있었다. 나중에 알게 된 것 일이지만 그들은 여러번 보고자료를 작성하여 상급 부문에 제출하였다고 한다. 먀오자이 마을에 표준어와 묘족어를 가르치는 강습반을 개설할 것을 강력하게 건의하였다. 우리같은 여성들은 표준어를 배우고 공작대 간부들은 묘족어를 배움으로써 우리 사이에 가로 막혔던 소통의 장벽을 허물려고 애썼던 것이다.

그리고 얼마 뒤, 류저우시민족종교위원회(柳州市民宗委) 영도들이 우리 마을을 찾았다. 그들은 먀오자이 주민들의 표준어 사용 정황을 조사했다. 그때 나는 민족종교위원회에 언니뻘 되는 오씨 성의 여성 분이 계신다는 걸 알았다. 언니는 간둥향 출신으로서 한 고향 사람이나 마찬가지였다. 그는 붙임성이 좋았고 조금도 틀거지가 없었다. 그들이 우리 마을에 왔을 때는 2019년 12월이라서 산속은 꽤 추웠다. 언니네 일행은 우리 마을을 처음으로 왔고 언니는 산행에 편하도록 연녹색 오리털 파카에 운동화를 착용하고 있었다. 언니도 묘족이었는데 어릴 때부터 간둥향에서 나서 자라다보니 묘족어를 할 줄 알았다. 당과 국가의 민족교육정책의 혜택으로 민족 고등학교(民族高中班)를 다녔고 나중에는 대학교에 진학했다. 대학 졸업 후, 룽수이현에 돌아와 지금은 어엿한 민족사무위원회 간부가 되었다고 한다.

"나는 여러분보다 운이 좋은 편이었습니다. 그때 만약 글공부를 하지 않았다면 오늘 여기까지 오지 못했겠죠. 지금 생각해보면 공부할 때가 가장 기억에 남네요. 금년 9월에 저는 베이징에서 개최된 '전국민족단결진보표창대회(全国民族团结进步表彰大会)'에 참석할 수 있었어요. 우리 여러 민족은 서로 손 잡고 힘을 합쳐 함께 노력해야 한답니다. 이곳 우잉 먀오자이는 두 개 성(광시성과 구이저우성)에 나눠 분포되었지만 먀오자이 촌민들은 세대로 화목하게 잘 지내왔습니다. 이것이 바로 민족단결과 민족발전을 구현한 좋은 사례가 아닐까 싶습니다. 현재 우리는 빈곤퇴치를 실현하기 위한 가장 관건적 단계에 진입하였습니다. 그런데 우잉 먀오자이의 많은 촌민들은 언어소통 문제로 외부와 단절되는 안타까운 현실에 직면하고 있죠. 이는 우리의 빈곤퇴치사업의 큰 걸림돌입니다. '빈곤에서 벗어나기 위해서는 지적 지원이 우선시 되어야 하고, 지적 지원을 위해서는 언어소통이 최우선되어야 한다'라는 이념은 바로 빈곤퇴치를 위해서 우선 사상적 지원이 있어야 하고, 사상적 지원을 위해서는 언어적 지원이 뒷바침 되어야 한다는 점을 강조하는 것이죠. 때문에 표준어를 배우는 일은 빈곤퇴치를 위해 가장 우선시 되어야 하는 일이며, 지속가능한 빈곤탈출을 위한 '이중언어와 상호교류(双语双向)'는 매우 큰 의의가 있습니다. 우리 삶은 점점 더 나아지고 있고 공부에 투자할 수 있는 정력과 시간도 더 많이 만들어 낼 수 있게 되었죠. 여러분, 이번 배움의 기회를 꼭 소중히 여겨 표준어를 잘 배우시길 희망합니다."

언니가 단풍나무 아래에서 연설하는 동안, 머리 위 단풍잎들이 '사락-사락-' 소리 내며 바람에 흔들거렸다. 언니는 먼저 먀오족 말로 이야기했고, 나중에 표준어로 다시 이야기했다. 나는 처음으로 이처럼 생동하고 가슴 울린 연설을 들었고, 부풀어 오른 감정을 억누르지 못한 채 연신 박수를 쳤다. 어찌된 영문인지 현이나 향에서 온 영도들이 먀오족 말로 이야기할 때면 전혀 거리감을 느끼지 못했다. 마치 오랫만에 만난 친인척 같았다. 우린 곧바로 언니와 친해졌다. 언니와 가까이 하고 싶었고 속마음을 터놓고 이야기하고 싶었다.

그리고 드디어 '우린 이미 오래전부터 공부하고 싶었어요!'라고 말할 수 있었다.

회의가 끝난 후, 나는 언니 옆에 다가가 이야기를 나누었다. 언니는 웃으며 "'이중언어와 상호교류'는 표준어를 모르는 사람들에게 표준어를 가르칠 뿐만 아니라 간부들에게도 먀오족 말을 가르치는 프로젝트에요. 그러니 표준어를 잘 배우면 앞으로 간부들에게 먀오족 말을 가르치는 선생님이 될 수도 있어요." 이 말을 듣자 나는 자신감과 자부심이 차올랐다. 앞으로 우리가 먼저 학생이 되어 표준어를 배우고 그다음 다시 선생님이 되어 간부들에게 먀오족 말을 가르치는 것이 바로 '이중언어와 상호교류'의 취지라는 것을 깨달았다.

언니는 "여러분, 꼭 열심히 공부해서 옛날에 못 배운 유감을 만회해야지요."라며 우리를 격려했다.

우리는 이구동성으로 "네-!"라고 소리 높이 외쳤다. 만회할 수 있는 것도 있고 만회할 수 없는 것도 있겠지만 그의 말을 듣는 순간, 나는 마음속에서 작은 소망이 자라는 것 같았다. 전에 화덕 옆에서 어머니가 표준어를 공부하는 모습을 봤을 때 가졌던 그 느낌이었다.

언니는 "다들 정말 열심히 배워야 해요. 어머니라는 역할이 가족들에게 미치는 영향은 매우 크다는 것을 알아야 해요. 우리가 관념을 바꾸는 것은 후대에게 영향을 미칠 뿐만 아니라 나아가 후대의 후대들에게도 영향을 미칠 수 있거든요."

아, 나는 마음이 훈훈해졌다. 언니는 농촌에서 태어나서 자랐고 오랫동안 농촌일을 해왔기에 우리를 잘 이해하고 있었다. 언니는 우리에게 필요한 핵심을 콕콕 짚어가며 말해줬다. 언니 말처럼 어머니는 자녀들의 성장에 큰 영향을 미칠 뿐만 아니라 평생동안 영향을 미친다. 나는 어느새 언니를 흠모하고 있었다.

'이중언어와 상호교류' 프로젝트 실시와 세부 규정은 언니가 직접 작성한 것이었다. 언니는 공작대를 이끌고 구이저우까지 가서 경험을 전수받았다. 그는 매우 조리 있게 일을 전개해 나갔다. "현재 류저우시에서는 '이중언어와 상호교류' 항목을 류저우시 '전국민족단결진보시범도시' 건설사업의 중점과제로 삼고 추진 중에 있어요. 이 사업을 통해 다양한 민족들 간의 왕래, 교류, 융합을 촉진하고 민족지역의 경제와 사회발전·건설을 가속화하며 전면적인 소강사회(小康社會) 실현 목표를 확보하고 있지요. 우리 우잉 먀오자이에서는 '어머니에게 표준어를 가르치다'는 내용을 주제로 한 '이중언어와 상호교류' 강습반을 개설할 예정이니 꼭 참석해주기 바랍니다."

친(覃 Chin, 성씨) 서기는 자료를 배포하면서 이와 같이 말했다. 나는 얼른 자료를 가지고 집에 와서 아버지한테 설명해 달라고 했다. 아버지는 몇 번이고 자료를 훑어 보더니 천천히 말하기 시작했다. "자료에 따르면, 각 민족은 부단히 발전해야 할 뿐만 아니라 민족끼리 교제, 교류, 융합을 강화하고 상호 간의 연결을 더 밀접히 함으로써 호상 상대를 수용하고 서로 배워야 한다는거구다. 그리고 표준어를 모르는 사람들을 모아서 강습을 시켜준단다." 나는 아버지를 통하여 자료의 내용을 더 정확히 이해할 수 있었다. 우리는 이 땅에서 모두 함께 어우러져 살아가야 하는 일원으로서, 광시든 구이저우든, 그리고 묘족이든 둥족이든 좡족이든 한족이든 지역과 민족을 불문하고 서로 돕고 화목하게 지내면서 단결을 도모해야 한다는 것이 요점이었다. 이를 실현하기 위해서는 우선 표준어부터 구사할 수 있어야 했다.

아버지는 손으로 자료를 가리키며 '정말 좋은 정책이구나!'라며 감탄하였다. 나도 같은 생각이었다. 내가 오랫동안 갈망해왔던 것이였기에 누구보다도 절실하게 정책이 빨리 실행되기를 바랐다. 하지만 내 친구들은 회의적인 태도였다. '우리처럼 나이 많은 사람들은 공부하라고 독려하지 않을거야. 생각해봐. 배워도 아무 소용이 없잖아?' 마을 사람들은 대부분 같은 생각을 하고 있었다. 우리가 화덕 옆에서 놀이 삼아 책을 몇 페이지 보는 것과 진짜로 학교 다니며 공부를 한다는 것은 별개의 문제였으니까.

마을 간부들은 우리가 혹시 강습반에 등록하지 않을까 염려되어 마을 곳곳을 다니면서 열심히 홍보를 하였고, 마을 사람들은 겉으로는 예의있게 고개를 끄덕였으나 반신반의하는 표정들이 역력했다.

며칠이 지난 어느 날 오후, 친지부서기가 간부들을 대동하고 어머니를 찾아왔다. 마침 어머니와 내가 화덕 옆에서 유차를 끓이고 있었다. 사실 어머니는 내가 꼭 강습반에 들어가 공부하기를 원해서 그들을 모셔왔으나 정작 공부 얘기는 하지 않고 유차만 끓이고 있었다. 친 서기네는 둘러 앉아 유차를 마시더니 나를 향해 "마을에서 이중언어와 상호교류 강습반을 개최할 생각이니 네가 어머니를 모시고 예전에 여기서 함께 공부하던 여성들이랑 다 같이 강습반에 참가하렴. 널찍한 교실에서 선생님이 직접 공부를 가르쳐 준다니 얼마나 좋은 일이냐? 앞으로 우리 마을도 발전하려면 문화지식이 반드시 필요해."

친 서기의 설명을 듣고 보니 강습반 등록을 위해 아버지를 찾아온 것이 틀림없었다. 아버지는 바로 두 손을 들며 말씀하셨다. "난 두 손 들어 찬성일세. 우리 집 마누라와 딸부터 등록하겠네." 그러자 친 서기가 "정말 노당원답게 각오가 높으시네요. 마을 사람들이 다 아저씨처럼 마을 일에 동참해주신다면 생각보다 훨씬 쉽게 해결될 것인데......"라며 아버지를 치켜세우셨다. 지부서기의 밝은 얼굴로 엄지손가락을 들어 보였다. 나와 어머니는 기쁜 나머지 저도 모르게 서로의 두 손을 꼭 맞잡고 마구 흔들었다. 우리의 눈빛은 그 어느때보다도 밝게 빛나고 있었다.

그날 저녁 나는 특별히 절인 생선 한 접시를 볶고 손수 빚은 막걸리까지 준비했다. 손을 씻고 밥상에 마주 앉은 남편이 "오늘 어머니 댁에 안 갔나?"라고 물었다. 어머니 댁에서 공부하고 온 날이면 나는 그날 배운 새 단어를 남편에게 읽어주며 그의 평가를 듣곤 했다. 반나절 넘게 공부한 성과였으니까. 내가 계면쩍게 웃으면서 고개를 흔들자 남편은 나와 밥상에 차려진 요리를 번갈아 보더니 속마음을 알아채기라도 한 듯 말했다.

"당신 무슨 할 얘기가 있는 것 같은데......"

남편이 술잔을 들어 한 모금 마시자 나는 낮은 소리로 말문을 열었다. "마을에서 여성들을 상대로 강습반을 개설한대요. 어머니도 등록하신다고 하셨어요. 저는 이 기회를 놓치고 싶지 않아요. 이번 기회를 놓치면

평생 다시 없을 것 같아요. 다음 생애나 가능할까." 나는 가만히 남편의 눈치를 살폈다. 남편은 아무런 표정 없이 크게 한 모금 마시고나서 입을 열었다. "마을에서 강습반을 연다는 소식을 나도 들어서 알고 있소." 그리고는 천천히 말을 이어갔다. 평소에도 남편은 이런 어투로 말하는데 이번에는 각별히 느리게 느껴졌다. 이때 새장 속의 화미조가 요리조리 뛰놀며 '짹-짹-' 노래를 부르기 시작했다. 마치 내 마음을 헤아려 위안하고 격려해 주는 것 같았다.

"이거 너무 좋은데, 당신이 공부하는 거 난 대찬성이야. 배움은 언제나 좋은 것이지. 다른 건 몰라도 향이나 현성에 일보러 가서 표준어 때문에 일처리를 못하는 경우가 많잖아."

남편은 익숙하면서도 순박한 미소를 지어 보였지만, 나는 감히 그의 두 눈을 똑바로 보지 못했다. 혹시 비꼬는 말은 아닐까 하는 우려때문이었다. 나는 유독 오늘밤 내 자신이 왜 이러는지 모르겠다. 평소대로라면 남편의 말을 곧이곧대로 믿었을 텐데 말이다. "무식하면 살면서 항상 큰 불편함이 따르기 마련이지. 우리 모두 그런 경험 해본 적 있잖아." 남편이 심각한 얼굴로 말을 이어갔다. 진심을 가득 담은 표정으로 말이다. 아마 문득 옛 상처가 떠오른 모양이다. 나는 그의 진심을 믿기로 했다. 남편은 내 마음을 가장 잘 알아주는 사람이었다. 참 행운스럽게도 나는 이번 생에 참 괜찮은 사람과 결혼한 것이 틀림없다.

"당신 어릴 적부터 공부하고 싶었으나 기회가 없었잖아요. 이제 야간학교에 다닐 수 있게 됐으니 꿈을 이룬 거나 마찬가지에요. 당신만 좋다면 난 아무 의견 없소." 남편이 웃으며 말했다. "앞으로 마음 놓고 공부해요. 집일은 내가 다 할 테니." 집안일까지 맡아주겠다는 남편의 말에 가슴이 찡해졌다. 너무 감사한 마음에 코가 시큰해지며 눈물이 주르르 흘러내렸다. 남편은 이미 이런 내 모습이 익숙했다. 내가 눈물에 약하다는 것을 잘 알고 있던터라 위로의 말 대신 슬면시 휴지를 건네 주었다. 휴지로 눈물을 닦는데 글쎄 눈물 자국이 마르기도 전에 웃음이 터져 나오는 게 아니겠는가?

"자, 여러분, 여기 좋은 소식 하나 있어요! 지금 우리 생활은 갈수록 나아지고 있고 외부와의 교류도 갈수록 빈번해지고 있어요. 그런데 계속 문맹으로 살 수는 없지 않나요? 기초적인 소통은 물론 표준어를 몰라 계약서도 읽지 못한다면 어떻게 산밖의 사람들과 사업을 하겠습니까? 예전엔 먀오자이 여성들에게 글 공부할 기회를 주지 않았지만 이제는 맘껏 공부할 기회가 왔어요. 등록만 하면 글공부를 할 수 있고 게다가 면비로 배울 수 있습니다. 그러니까 모두들 부담없이 야간 학교에 오셔서 함께 공부합시다!"

그 며칠간 마을 지부서기(村支书)는 매일 강습반 등록 안내 방송을 틀었다. 마을 여성들이 수군거렸다. "사기 아닐까? 수업 듣고 나중에 돈 내라고 할 거야." "그럴 리가 없어. 마을 서기가 안내 방송을 하고 황기자도 관여했는데 그럴 일은 없을 걸." "류저우시 정책이고 연합당지부와 촌위원회가 함께 주관한다니 문제없을 거야." "확실히 믿어도 돼."

결국 마을 대부분 사람들이 묘족 여성들을 돕는 좋은 일이라는 것에는 동의했지만 매일 밤 교실에 나가 공부하면 집안일은 누가 돌보느냐며 회의적인 태도를 보였다. 공부를 하고 싶어 하던 많은 여성들이 소극적으로 돌아섰고 훨씬 많은 여성들은 만약 진짜로 좋은 일이라면 정부가 다시 홍보하러 다닐 것이라며 손 놓고 있었다. 이들은 우선 사태를 지켜보면서 나중에 결정해도 늦지 않다는 식의 관망적 태도를 취했다.

등록 당일 먀오자이 부녀주임 허위칭(何玉清)이 팔을 걷고 나섰다. 그녀가 집집마다 찾아다니며 권유했지만 효과는 미미했다. 결국 등록한 사람은 몇 명 안 됐다. 그러자 나는 어머니 손잡고 함께 등록했고, 우메이푸, 량샹미도 등록했다.

2020년 3월의 어느날 저녁, 정확한 날짜는 기억나지 않지만 야간 학교는 예정대로 개강하였다. 남편은 약속을 지켰다. 저녁밥을 먹은 뒤 집안일에 신경쓰지 말고 얼른 옷 갈아입으라고 재촉했다. "오랫만에 학교 가는데 체면 깎이지 않게 단정히 차려입소"라는 말도 보탰다. 남편은 수업 때 입고 가라고 하면서 특별히 간둥향 시장에 가서 새 옷 한벌 사왔다. 너무 뜻밖이었다. 남편이 선물해준 새 옷을 입고 비탈길을 내려가는데 가슴이 벅차올랐다. 남편은 현관문까지 나와서 배웅해주었고 문간등 불빛에는 그의 익숙하고 순박한 미소가 어려있는 것 같았다.

태양광 가로등 불빛을 따라 야간학교로 향하던 길에는 산골짜기에서 불어오는 상쾌하면서 달콤한 바람이 불어왔다. 밤하늘엔 별들이 수놓은 듯 박혀 있었고 마을 사람들은 마주칠 때마다 서로 친절한 미소로 문안을 전했다. 여태껏 한 번도 경험해보지 못한 행복이었다. 난 이런 느낌이 너무 좋았다.

마을 입구에서 어머니를 만났다. 아버지와 함께 계셨다. 그리고 마침 수업받으려고 집문을 나선 자매들이 다리 쪽으로 모여들고 있었다. 모두들 새 옷 차림이었는데 심지어 어머니도 새 옷으로 단장하였다. 그들은 성대하게 차려입고 포후이(坡会)에 가는 듯 예의를 다하여 첫 수업에 대한 특별함을 나타내었다. 우리는 쉬지 않고 웃음꽃을 피우며 교실로 향했다.

첫 강의가 시작되던 날, 총 여섯 명의 학생이 교실에 들어와 책상에 앉았다.

교실은 우잉연합당지부(烏英联合党支部) 사무동 3층에 마련되었다. 연합당지부 건물은 벽돌 구조로 촌위원회(村委会)도 이곳에 있었다. 먀오자이에는 벽돌 건물이 단 두 채뿐이었는데, 다른 한 채는 초등학교 건물이었다. 이 연합당지부 건물은 마을 입구 강 건너편에 세워졌고, 시멘트 다리가 강 양안을 연결해 다니기 편했다. 몇몇 촌민들은 강 건너편 길옆에 새 집을 지었다. 연합당지부 건물 마당의 시멘트농구장에서는 매일 아이들이 뛰어놀았고, 마을 행사도 자주 이곳에서 열렸다. 이 건물 3층에 설치된 교육장에서 산밖으로 이어지는 도로와 강변 논밭이 한눈에 들어왔다. 원래 회의실이었던 이 공간은 이제 교실로 변모하였다. 커다란 화이트보드가 설치되고 책상 20개가 정연하게 비치되어 있었다. 책상마다 검은 갈색 페인트칠 윤기가 흐르는 나무 의자가 두 개씩 비치되었는데, 검은색 가죽의 쿠션과 등받이가 달려 있어 편안했다. 집에서 쓰는 가구보다 훨씬 고급스러웠다. 교실 양쪽으로 창문 유리가 설치되어 낮이면 밝은 햇빛이 쏟아져 교실 안은 밝고 쾌적한 분위기로 차넘쳤다. 우리는 금방 새 교실에 정이 들고 말았다.

그날 우리가 겉으로는 아무렇지 않게 미소를 머금고 야간학교 교실 문을 떼고 들어섰지만 사실 서로가 마음속의 흥분과 불안이 뒤섞인 복잡한 감정을 읽을 수 있었다. 교실 뒷벽에 걸린 현수막엔 '나는 어머니께 표준어를 가르칩니다(我教妈妈讲普通话)'라는 여덟 글자가 적혀 있었다. '나(我)', '어머니(妈妈)' 세 글자는 어머니 집 부뚜막 옆에서 배운 덕분에 알겠으나 나머지는 모르는 글자들이었다. 서둘러 시선을 돌렸다. 촌지부서기, 주재 간부, 황기자 일행이 우리가 자리에 앉기를 기다리고 있었다. 그러나 우리는 꼼짝 못하고 서 있어야만 했다. 책상마다 이름표가 붙어있었으나 다들 제 이름자도 알아볼 수 없었으니 말이다.

주위를 둘러본 어머니는 어느새 자신의 과거가 떠올랐다. 1980년대, 어머니는 먀오자이 부녀주임으로 선출되었었다. 그러던 어느 날 룽수이 현성에 연수를 가게 되었다. 각 마을에서 대표를 뽑아 한 팀을 묶어 가게 되었는데 어머니는 생애 처음으로 현성에 가보았다. 사람들로 북적이는 거리, 수많은 벽돌집들, 마치 다른 세상에 온 듯 모든 것이 낯설기만 하였다. 그때도 회의실 책상에 이름표가 놓여 있었는데, 어머니는 글자를 볼 줄 몰라서 남들이 하는대로 아무 자리에나 앉았던 것이다.

연수가 정식 시작되기 앞서 직원이 출석 체크를 하였다. 어머니 이름을 호명하던 중 그는 어머니 이름과 책상 위 명찰이 일치하지 않음을 발견했다. 어머니는 직원의 표정을 보고 바로 자리에 잘못 앉았음을 짐작하였다. 얼굴을 붉히며 연신 사과하던 그 순간은 정말 죽을만큼 창피하였다고 한다. 명찰을 이리저리 살펴보아도 도무지 어느 것이 본인 것인지 우왕좌왕 어쩔바를 몰랐다. 다행이 직원 분이 재빨리 눈치채고 먀오족 말로 '여기가 아주머님 자리예요'라며 자리로 안내하고서야 어머니는 안도의 숨을 내쉬며 제자리를 찾아 앉을 수 있었단다. 책상 위에 놓인 명찰에는 세 글자가 또렷이 적혀 있었다. '아, 이게 내 이름이구나!' 어머니의 당황했던 마음은 순식간에 호기심과 행복감으로 바뀌었다. 비록 글자는 몰라도 그 세 글자가 바로 자신을 의미한다는 걸 알았으니까. 연수가 끝난 후 마을로 돌아오는 내내 어머니는 흥분에 젖어있었다. '오, 내 이름은 원래 이렇게 쓰는 거구나, 다음에 다시 봐도 기억할 수 있을 거야.' 어머니 얼굴은 호기심과 자부심으로 뒤엉켰고 당시의 어색함은 온데간데 없이 사라졌다.

하지만 지금 이 시각 어머니는 교실 여기저기 두리번거리며 자신의 명찰을 찾느라 헤매고 있었다. 긴 세월이 흘러 이제 본인의 이름 모양새를 완전히 잊어버린 모양이다. 황기자가 우리의 어려움을 알아채고 매 책상에 놓인 명찰의 이름을 큰 소리로 불러주기 시작했다. 그의 도움으로 우리는 어색한 웃음을 지으며 제자리를 찾아 갈 수 있었다. 내가 앉은 자리 앞에도 세 글자로 된 명찰이 놓여 있었다. '량주잉'이라는 이 평범해 보이는 세 글자가 바로 평생을 함께한 내 이름이었다. 갑자기 오래전 잃어버린 보물을 되찾기라도 한 듯한 진한 감회가 밀려왔다.

'여러분을 환영합니다. 동시에 우리 야간학교 제1기 학생이 된 걸 축하드려요. 우리는 초등학생이 아니라 '대'학생이랍니다. 초심을 잃지 않고 진지한 마음가짐으로 열심히 학업에 몰두하기 바랍니다. 그리하여 마을 사람들에게 좋은 본보기를 보여주시길 바랍니다. 마을 아이들뿐만 아니라 먀오자이 여성들에게도 훌륭한 본보기가 되어야 해요. 예전에 이런 저런 이유때문에 우잉 여성들이 배움의 기회를 놓쳤지만 이제는 그 빚을 보상받을 때가 왔어요. 여러분의 노력으로 마을의 모든 여성들이 이 교실에서 공부할 수 있는 그날을 맞이하는 것이 바로 우리가 이 강습반을 열게 된 진짜 목적이에요. 여러분들의 걱정과 우려는 저희가 적극적으로 해소하고 또 든든한 지원자로 뒷바침할 터이니 어려운 일이 있으면 언제든지 찾아주시길 바랍니다.'

촌지부서기의 연설에 우리 마음속에 쌓였던 불안감이 싹 가셔졌다.

이어 친 서기가 교재와 공책을 나눠주기 시작했다. 교재는 친 서기를 비롯한 편집일군들이 특별히 우리처럼 기초가 전혀 없는 학습자들을 위해 직접 편집하였다.

친 서기가 칠판에 '안녕하세요?'라고 적더니 우리에게 따라 읽게 했다. 처음엔 모두 수줍어서 입을 열지 못했다. 가느다란 목소리가 여기저기서 새어 나오긴 했지만 모기소리처럼 낮고 가냘팠다. 친 서기는 나무라기는 커녕 오히려 격려하였다. "다들 큰소리로 읽어보세요. 그래야만 어디가 틀렸는지 알 수 있답니다. 그리고 설령 틀렸다해도 괜찮아요, 중요한 건 포기하지 않고 반복적으로 연습하는 거예요." 촌지부서기가 옆에서 번역을 도왔지만 교실은 여전히 조용했다. 그러자 친 서기가 내 이름을 호명하였다. "량주잉, 일어나서 읽어보세요" 나는 어머니네 화로 옆에서 이 단어를 배운 적이 있었지만 여전히 몹시 긴장하였다. 옆자리 친구들을 가만히 훔쳐보니 모두가 기대하는 눈빛으로 응원을 보내고 있었다. 억지로 미소를 지으려 했으나 입술은 굳어버린 듯 꼼짝하지 않았다. 결국 떨리는 다리를 붙잡고 일어섰고 친 서기도 나에게 믿음의 눈빛을 주었다. 겨우 입술을 떼니 '안녕하세요'라는 말이 저절로 흘러나왔다. 작은 목소리였지만 교실 구석구석까지 파고들었고 친구들은 하나 둘 박수를 치기 시작했다. '짝-짝-짝' 교실에는 박수소리가 울려퍼졌고 우리는 난데없는 용기가 솟구치는 듯 했다. 이어 우리는 친 서기가 가르치는대로 목청껏 단어를 따라 외웠고, 그는 인내심 있게 하나하나 발음 교정을 해줬다. 그날 우리는 '안녕하세요' '감사합니다' '미안합니다' 등 새 단어들을 배우게 되었다.

수업이 끝나자 친 서기가 모든 학생들에게 뤄으쓰펀(螺蛳粉) 한 꾸러미를 상으로 나눠주었다. "사랑 나눔 기업에서 준 선물이랍니다. 열심히 공부하면 점점 더 많은 기업과 애심가들이 저희를 지원해 주실 거예요."

상품을 받고 집으로 돌아가는 우리는 어찌나 기뻤던지 마음이 날아갈 것 같았다. 길에서 마주치는 사람들을 향해 상품을 꺼내 보이며 '오늘 상품을 받았어요'라며 자랑을 했다. 그날 저녁이 되자 마을 전체가 들썩였다. '동네 여자들이 강습반에 가서 글을 배운다더니, 글쎄 수업이 끝나고 상품까지 받았다는 것이 아닌가?' 이 소식은 한 입 두입 입에서 입으로 전해지고 그제서야 촌민 모두가 야간학교를 진짜로 믿게 되었다. 야간학교 교실의 밝은 등불은 마치 캄캄한 밤하늘의 기라성처럼 우잉 먀오자이의 미래를 환히 비춰주었다.

*

황기자는 우리 우잉 먀오자이 소식을 듣고 먼 곳에서 한달음에 달려와 도움의 손길을 내주었다. 키가 180cm가 넘는 그는 피부가 살짝 검었는데, 오랫동안 시골을 누비며 뙤약볕에 탄 흔적이 역력했다. 말수는 적었지만 눈빛이 단호했고, 한번 정한 목표는 절대 흔들림 없이 밀어붙이는 '행동파'였다. 이런 곧은 성품은 광시 사람들의 전형적 특징이기도 했다. 첫 만남부터 그는 주변 사람들에게 '이 사람은 일을 똑 부러지게 할 수 있다'라는 깊은 신뢰감을 주었다. 기자 생활로 광시의 산골과 도시를 오가며 바쁘게 생활하였으나, 연합당지부 건물 2층 기숙사엔 그의 고정 침대가 있었다. 대학생 기숙사처럼 2층 침대 3개가 가지런히 배치되어 있었고 방에는 옷가지가 몇 벌과 여행가방이 널브러져 있었으며, 구석 쪽에 뤄으쓰펀(螺

蛳粉) 상자가 쌓여 있었다.

"가끔 마을 사람들과 대화하려 하다 보면, 서로 말이 통하지 않을 때가 있어요." 황기자가 잠시 생각에 잠긴 듯 말을 이어갔다. "분명 눈앞에 있는데 저 하늘 끝에 떨어져 있듯이 멀게만 느껴진다고요."

내가 물었다. "이 상황을 바꿀 생각은 안 해보셨나요?" 그는 머리를 들며 대답했다. "고민해봤죠. 글을 모르는 마을 사람들뿐만 아니라, 저처럼 묘족어를 모르는 사람도 배워야 한다고 봅니다." 그리고 손가락으로 책상을 가볍게 두드리며 말을 이었다. "다들 이 문제를 인식하고 해결책을 논의했어요. 마을 힘만으로는 안 되더군요. 결국 연합당지부에서 관련 부서에 서류를 제출했죠. 외부와의 소통을 위해 우잉 먀오자이에 표준어와 묘족어 강습반을 개설하기로 했지요."

2019년 류저우시 당위원회는 민족 지역을 직접 방문해 현장 조사를 진행하였고 '이중언어 상호교육으로 빈곤 퇴치를 이루자'는 프로젝트를 내왔다. 류저우시 민족종교위원회 주도로 룽수이묘족자치현과 싼장둥족자치현을 시범지로 삼아 이중언어교육을 시작했다. 이 위원회는 기술팀을 구성해 '나와 함께 소수민족어 배우기' 위챗 미니프로그램도 개발했다. 이 프로그램은 표준어·좡족어·야오족어·묘족어·둥족어 등 5개 언어 간 상호 번역 기능을 갖췄으며 각각 1,000개의 단어와 문장을 담고 있었다. 그리고 공부하는 과정에서 쌓인 포인트를 모아 '사랑의 마트'에서 선물을 교환할 수 있는 시스템까지 장착하여 학습 동기를 불어넣었다. 주재 간부들은 우잉 여성들과 함께 이 프로그램으로 쌍방향 이중언어 교육에 참여하였다. 마을 여성들은 표준어를, 간부들은 묘족어를 배우며 우정의 연대를 끈끈이 맺어 나갔다.

마음의 문을 열다

야간 학습반을 다니면서부터 나는 틈만 나면 어머니 집에 들르곤 했다. 우리 집은 어머니 집과 그리 멀지 않은 거리에 있는데 각각 산골짜기의 양쪽에 살고 있었다. 골짜기 아래로는 작은 시냇물이 흐르고 거실에서 밖을 내다보면, 산너머 어머니네 집이 보였다. 방과 후, 나와 어머니는 야간 학교에서 배운 내용을 다시 설명해 달라고 아버지를 조르곤 했다. 예전에는 왜 이렇게 아버지로한테서 배울 생각을 못했을까? 아마도 야간 학습반의 학습 분위기와 학우들의 배움에 대한 열정이 나한테 촉매제로 작용하였나보다.

"참 멋지고 장하다! "

아버지는 미소를 지으며 말하였다. 그는 나와 어머니의 마음을 잘 헤아려주었고 늘 우리를 위로하고 격려해 주었다. 아버지는 우리를 화덕 옆으로 부르더니 "여러 번 읽다보면 저절로 외워지게 될 거야. 어떤 일이든 연습이 중요하단다. 익숙해지면 자연스럽게 잘하게 되니까." 량유도 그렇게 말했다. "무슨 일이든 이치가 똑같아요. 노력하고 꾸준히 연습하면 반드시 배울 수 있어요"

나와 어머니도 이 도리를 잘 알고 있다. 어렸을 때 한 번은 농사일 하러 산에 갔었는데 처음으로 호미를 손에 쥔 나는 제대로 다루는 방법을 전혀 몰랐다. 무작정 뚝힘으로 땅을 파려고 애를 썼으나 흙은 잘 안 들어가고 손바닥은 물집이 생겨서 아프기만 했다. 그때 아버지가 올바른 호미 사용법을 가르쳐 주셨다. 먼저 손바닥에 물을 조금 묻히고 손바닥을 여러 번 비빈 다음 호미 자루가 미끄러지지 않도록 꽉 잡고, 호미를 휘두를 때

몸도 함께 앞으로 기울여서 힘이 호미에 집중되도록 하라고 알려주었다. 그렇게 하니 호미가 땅 속으로 깊숙이 박히면서 흙덩이도 쉽게 뒤집어졌다. 어머니는 "표준어는 그저 말하는 법을 배우는 거잖아? 그 어려운 농사일도 거뜬히 해내는데 우리 잘할 수 있을 거다."라고 하며 용기를 북돋아 주었다.

우리는 책을 읽고 나서 요리를 시작했다. 식탁에 마주 앉자 어머니가 나를 보며 "안녕하세요, 밥 먹었어요?"라고 하였다. 순간적으로 나도 아버지도 반응하지 못했다. 어머니는 터져나오는 웃음을 참지 못하고 하하 웃으면서 말하였다. "딸을 손님처럼 대하니까 영 어색하구나~, 하하" 그제서야 그 영문을 알아챘다. 어머니는 표준어를 연습하고 있었던 것이었다. 한참 따라 웃고 나니 왠지 마음이 무거워졌다. 이렇게 간단한 몇 마디도 제대로 못하는 신세에 웃을 때가 아니라는 생각이 들었다. '반드시 배워내리라. 야간 학습반에서 못 배우더라도, 집에 돌아와 아버지한테서 배워서라도, 꼭 배워낼거야. 처음에는 많이 틀리고 서툴겠지만 반복적으로 읽다 보면 결국 해낼 수 있을 것이야.'라며 굳게 마음을 다졌다.

매일 야간학교에서 돌아오자마자 방에 들어가 그날 배운 새 단어를 읽고 또 읽었다. 그날도 여느때와 다름없이 거울을 보며 새 단어를 읽고 있었다. 거울 속 자신의 발음은 솔직히 표준과는 거리가 멀었다. 그러나 내 입에서 발성되는 한자 소리를 듣고 있노라니 기분이 묘해졌다. 마치 부드러운 힘이 나를 격려하고 응원해 주는 것 같았다. 이렇게 거울 보며 말하는 것이 처음은 아니었으나 거울을 마주하고 표준어를 연습하는 것은 난생 처음이었다.

"주잉, 지금 누구랑 말하고 있어?"

방 밖에서 남편이 소리쳤다. 나는 큰 소리로 대답했다. "나 자신이랑 말하고 있어. 표준어 연습 중이야." 남편은 아무 말도 하지 않았다. 그는 나의 자신감에 찬 목소리에서 어쩌면 조금은 들뜬 기분을 느꼈을 것이다. 그리고 내가 이렇게 표준어를 열심히 배울 것이라고 생각조차 하지 못했을 것이다. 신이 나서 방문을 열고 남편 앞으로 다가가 표준어로 '안녕하세요'라고 인사했다. 남편은 깜짝 놀라 몇 걸음 뒤로 물러섰다. 믿을 수 없다는 표정과 마치 낯선 사람을 만난 듯 이상한 눈빛으로 나를 쳐다보았다. 나는 끝내 참지 못하고 웃음을 터뜨렸다. 남편은 손을 내밀어 내 이마를 만지더니 "열이 없는데…" 하는 것이었다. 나는 눈을 흘기며 말했다. "당신이야말로 참 이상해." 그제서야 남편은 안도의 숨을 내쉬며 말했다. "다행이네. 뭐가 잘못된 줄 알았잖아." 남편이 말한 '뭐'가 무엇을 의미하는지 우리는 서로가 잘 알고 있었다. 우리는 이에 대해 더 깊이 얘기를 나누지 않았다. 그것은 누구도 건드리기 싫은 아픈 기억이었다. 남편의 놀란 눈빛은 점차 누그러졌다. 나는 그가 진심으로 야간 학습을 응원하고 있다는 걸 알 수 있었다.

나는 점점 거울을 보며 표준어를 연습하는 것에 익숙해졌다. 매번 거울 속의 자신이 입을 벌리는 모습을 보면, 마치 수면으로 올라온 물고기가 숨을 쉬는 것 같았다. 완벽하지 않은 표준어를 발성하는 모습을 보면서 터져나오는 웃음을 애써 참아야 했다. 한 공간에 두 개의 '나'의 모습이 있는 것 같았다. 거울 밖의 낯익은 '나'와 거울 속의 낯선 '나'. 그런데 나는 이런 느낌이 좋았다. '낯익은 나'가 '낯선 나'와 대화를 나누는 것처럼 말이다. 어느 날 두 개의 '나'가 서로 익숙해지고, 친한 친구가 되면, 그때쯤이면 나도 표준어를 잘 할거야라는 생각 뿐이었다.

야간학교의 영향력은 마을에서 갈수록 커갔다. 공부하기 싫어서 자퇴한 친척 아이가 있었는데 아무리 설득해도 다시 학교에 가려 하지 않았다. 이 소식을 들은 아버지가 한달음에 달려가 아이를 앉혀 놓고 엄하게 꾸짖었다. 마을 여성들의 실례를 들며 설득하였다. "그들은 너보다 훨씬 나이가 많지만 열심히 야간학교에 가서 공부하고 있잖니. 너희 할머니도 학교에서 돌아오면 화덕 옆에서 나를 기다리며 그날 배운 내용을 복습하며 무척 노력한단다. 그들이 왜 그렇게 열심히 하겠어? 바로 공부가 얼마나 중요한지 알기 때문이야. 네가 지금 공부를 포기한다면 나중에 꼭 후회할 거다." 그 아이는 아버지의 말씀을 듣고 한참을 멍하니 있다가 몰래 야간학교 교실을 찾아가 보았단다. 아버지의 말이 거짓이 아니라는 것을 확인한 뒤 다시 책가방을 메고 학교로 돌아갔다고 한다.

어느 날, 산에서 농사일을 마치고 돌아오는 길에 마을 밖 길가에 두 자매가 서 있는 걸 보았다. 분명 나를 기다리고 있었다. 그들은 내 어깨의 장작을 길옆에 내려 놓더니 이렇게 말하는 것이었다. "주잉아, 우리에게 표준어 두 마디만 알려주면 안돼?" 무슨 일이 생긴 줄 알았는데, 알고 보니 그들은 표준어 몇 마디를 배우려고 나를 기다리고 있었던 것이었다. 예전에 함께 야간학교에 나가자고 어렵게 설득했건만 그들은 집안 일 때문에 거절했었다. 두 자매가 뚫어지게 쳐다보는 앞에서 표준어를 하려니 많이 어색해졌고 입이 잘 떨어지지 않았다.

"어서 해봐. 만약 잘 알아들을 수 있다면, 우리도 야간학교에 가려고."

그들은 애원하듯 말했다. 농담이 아니고 진심이었다. 나는 목소리를 가다듬고 표준어로 '안녕하세요, 식사하셨어요? 우리 집에 와서 유차를 마셔요.'라고 말했다. 내 말을 들은 그녀들의 입은 반쯤 벌어졌고 몹시 놀란 표정을 지었다. 때마침 마을 간부 여러 명이 지나가면서 그녀들에게 손을 흔들며 말했다. "안녕하세요, 우리 집에 와서 유차 마셔요." 그들은 웃으며 나에게도 손을 흔들었다. "이미 밥 먹었어요. 지금은 업무 점검하러 가는 길이랍니다. 다음에 꼭 가서 유차 마실게요. 고마워요." 자매들의 놀란 표정은 점점 감탄으로 바뀌었다. '생각보다 재미있네.' '너 얼마나 배웠어?' '우리도 표준어 배워야겠어.' 나는 량유의 말을 빌려 . "그래, 내가 오래전부터 우리 같이 야간학교에 다니자고 말했잖아. 선생님 입장에서 학생 한 명 가르치나 여러 명 가르치나 같으니까."라고 말했다.

그들은 오늘 당장 야간학교에 등록 신청하고 공부를 시작하기로 결정했다.

며칠 후 어느 장날, 우리는 간둥향에 가서 장을 보기로 약속했다. 이리저리 돌아다니다가 공책 몇 권을 사려고 문구점에 들렀다. 야간 학교에서 공책을 나눠주긴 했지만, 모자랄까 걱정되어 미리 몇 권 더 사서 준비하려는 생각에서였다. 우리는 상품 진열대에서 이것저것 고르느라 여념이 없었다. 도대체 어떤 걸 사야 할지 망설이고 있었던 거이다. 가게 주인인 듯한 중년 남자가 우리가 한참 동안 물건을 선택하지 못하고 우왕좌왕하는 모습을 보더니 다가와서 물었다. "아이가 고학년인가요? 아니면 저학년인가요?" 삽시에 얼굴이 확 달아오르는 것을 느꼈고 당황한 나머지 "딸한테 사주려고요. 초등학생인데, 어떤 게 더 좋은지 잘 몰라서요."라고 거짓말을 했다. 함께 있던 자매들은 눈치껏 조용히 미소만 지었다. 그런데 이때 어머니가 웃으며 다가오더니 "그냥 우리가 쓰려고 사는 거잖아. 뭐가 부끄러워? 공부하는 게 무슨 창피한 일은 아니잖아?"라고 사실대로 말하는게 아닌가? 가게 주인은 약간 놀란 표정으로 나를 쳐다보았다. 순간, 차마 그의 눈과 마주칠 수 없었고 얼굴은 더 빨갛게 달아올랐다. 그래서 대충 아무거나 몇 권 집어들었다. 어머니는 태연하게 책을 고르더니, 내 책값까지 함께 계산해 주었다. 문구점을 빠져나와서야 나는 겨우 숨을 돌릴 수 있었다. 어머니는 공책을 들고 익살스럽게 흔들며 "잘 배우려고 하는게 뭐가 부끄러워? 못 배우면 더 부끄러운거지."라고 말하였다. 나와 자매들은 그제서야 참았던 웃음을 터뜨렸다.

야간학교의 글 쓰기 연습이 시작되었다. '일(一)', '이(二)', '삼(三)' 같은 간단한 글자부터 시작했다. 이 글자들은 단순해 보이지만, 오로지 가로획 하나 또는 두 개만 공책에 쓰려고 하니 손에 든 펜이 자꾸 미꾸라지처럼 빠져나와 단단히 잡을 수가 없었다. 펜 끝은 작은 칸 밖으로 자꾸만 빠져나가려고 했고, 머리로는 쓰는 방법을 반복적으로 외웠지만 펜을 잡은 손은 전혀 말을 듣지 않았다. 간신히 몇 글자 써냈지만 비뚤비뚤 바르게 쓴 글자가 없었다. 그럼에도 선생님은 웃는 얼굴로 우리를 격려하였다. "다들 잘 썼어요. 어제보다 오늘이 훨씬 더 나아졌죠?" 위로의 말이라는 것은 알고 있었지만 그래도 기분은 참 좋았다. 학교에서 돌아올 때마다 교실에서 쓴 글씨를 남편에게 보여주곤 했다. 남편은 글자를 들고 자세히 보더니 "정말 잘 썼어."라고 하며 엄지를 척 들어보였다. 남편은 글자를 읽을 줄 몰랐지만 진정성 있는 표정으로 기뻐해주고 응원해주었다. 나는 그가 진심이라는 것을 느낄 수 있었다.

이제서야 아이들이 함께 모여서 숙제도 하고 복습을 하는지 이해가 되었다. 우선 학습 분위기가 좋고 다음으로 서로가 감독하고 틀린 부분을 수정하기 편하기 때문이었다. 나와 어머니도 마찬가지였다. 글씨를 연

집에서 아버지가 어머니에게 글을 가르치다

습할 때면 어머니네로 가서, 어머니와 함께 작은 의자에 엎드려 한 획 한 획 정성스레 썼다. 이런 작은 의자는 먀오자이 집집마다 있는데, 적게는 수십 개, 많게는 수백 개가 있다. 이 의자는 세 가지 높이로 분류된다. 가장 낮은 것은 아이용, 가장 높은 것은 며느리용, 그리고 중간 높이는 남자용이다. 며느리용 의자는 남자용 의자보다 약 15cm 정도 높다. 누구든지 집에 새 며느리가 들어오면, 시부모가 미리 준비를 해서 며느리용 의자를 만든다. 이렇게 하면 새 며느리가 앉을 때 치마가 흐트러지지 않고 우아하고 편안하게 앉을 수 있다. 우리는 편하게 글씨 쓰기 위해 아이용 의자에 앉아 며느리용 의자를 작은 책상으로 사용했다. 이렇게 하면 단차

소쿠리에 그림을 그리다

가 생기는데, 작은 의자라도 책상만큼은 아니지만 글 쓰기에는 충분했다. 몇몇 자매들도 나를 따라 어머니 집에 와서 공부했다. 우리는 어머니 집에 올 때마다 빈손으로 오지 않고 장작이나 채소 같은 것들을 들고 왔다. 화덕 주위에 둘러앉아 공부를 하다가 지치면 작은 의자를 치우고, 유차를 마시며 발음 연습을 했다. 젊은 시절 '줘메이(연애)' 의식처럼 말이다. 사람이 많으니 집안이 떠들썩해졌다.

솔직히 말해서, 70세의 어머니가 이렇게 열심히 공부할 줄은 꿈에도 생각하지 못했다. 어머니와 평생을 함께한 아버지조차도 예상하지 못한 일이었다. 가끔 우리가 화덕 주위에 둘러앉아 과거 이야기를 하면, 어머니는 약간 부끄러운 듯 말하였다. "나는 네 아버지를 정말 좋아했단다." 아버지도 웃으며 "너희 어머니는 내가 꿈에서라도 함께 하고 싶었던 여자야."라고 화답하였다. 어머니는 옛이야기에 잠겼고 화덕불은 어머니의 얼굴을 비췄다. 은은한 불빛에 어머니의 주름마저 빛나는 것 같았다. 어머니는 조용히 웃으며 말했다. "우리 그때는 정말 소박하게 결혼식을 치뤘었지. 하객은 한 테이블만 초대하였고 잔치상에는 닭이나 오리 혹은 생선같은 고기 요리들이 없었어. 술도 모자라서 한 사람이 한 잔씩만 마셨지. 다들 배불리 먹고 나면 결혼식도 마무리 되었지." 어머니는 행복한 미소를 지었다. 삶이 아무리 힘들어도 그들의 사랑은 전혀 변함이 없었다. 지금도 두 분은 한 몸이 되어 언제 어디서든 늘 함께 한다.

어머니는 본격적으로 표준어를 배우기 시작했다. 다른 사람들과 자연스럽게 대화를 하고 다른 사람들의 웃음거리가 되지 않기 위해 혼신의 힘을 다해 노력하였다. 너무 많지 않은 나이인데 왜 진작 배우지 않았을까? 학식 많은 아버지와 같이 사시면서 배우려는 마음만 있었다면 쉽게 배울 수 있지 않았을까? 어머니는 내 속마음을 꿰뚫어 본 듯 웃으며 "사실 오래전부터 배우고 싶었단다. 너희 아버지와 화덕 옆에 앉아서 글을 배우려고 했건만 몇 자만 배우고나면 저도 모르게 엉뚱한 화제에 꽂혀 이야기에 열중하고 있었고 결국 공부는 저 먼 뒤편으로 잊혀지고 말았단다."라며 허허 웃어 보였다.

나는 고개를 끄덕이며 어머니와 아버지가 화덕 옆에 앉아 공부하는 모습을 상상해보았다. 아마도 어머니는 전심을 다해 배우려 하지 않으셨을 터이고, 아버지도 열의를 다해 가르치지 않으셨을 것 같았다. 두 분이 서로 너무 친숙한 사이였기 때문에 오히려 가르치기가 어려웠을 것이다.

"내가 공부해서 표준어를 잘하게 되면, 너희 아버지랑 같이 천안문 보러 베이징에 갈 거야."

어머니가 갑자기 이렇게 말하였다. 잘못 들은 줄 알고 나는 어머니를 쳐다보았다. 어머니는 한창 흥미진진하게 TV를 보고 있었다. 화면에서는 인민해방군 군인들이 질서정연하고 위풍당당하게 장안거리(长安街)를 행진하는 모습이 나오고 있었다. 어머니는 얼굴에 미소가 어려있었으나 눈빛은 단호하고 강단있어 보였다. 그제서야 나는 어머니의 말이 진심인 것을 믿게 되었고 한편으로는 내심 감탄을 금치 못했다. 어머니 연령대 여성들이 이같은 생각을 가진다는 것은 정말 어려운 일이기 때문이다. 묘족 마을의 기성 여성세대들은 태어나서 마을을 벗어나 본 적이 없었다. 베이징은 둘째치고 현성에도 가 본 적이 없었으니 세상을 보는 안목은 매우 제한적일 수밖에 없었다. 우리는 어머니를 본보기로 마음의 문을 열고 꼭 표준어를 배워내야겠다는 목표를 다시 한번 굳혔다. 동시에 나는 표준어를 습득한 뒤 의료 지식을 전공하여 앞으로 더 나은 삶을 살아야겠다는 의욕도 갖게 되었다.

사랑해, 너를!

얼마 지나지 않아 마을 부녀 여러 명이 야간학교에 연이어 등록하러 왔다. 수업에 참석하는 여성들이 점점 늘어났고 우리는 촌지부서기가 말한 대로 먀오자이의 본보기가 되어 표준어 공부 열풍에 큰 영향을 미쳤다. 한 번도 학교 문 앞에 가보지 못했던 우리같은 부녀자들이 마침내 학생이 되어 넓은 교실에서 글을 읽을 수 있는 행운을 맞이하게 된 셈이다. 이렇게 야간학교 강습반은 순조롭게 선순행되기 시작하였다. 쾌적하고 넓직한 교실에서 선생님의 강의를 듣는 그 기쁨을 뭐라고 형언할 수 없는 감정이었다. 행복이 무엇이냐고 묻는다면 나는 바로 이 순간이라고 주저 없이 대답할 것이다. 강습반 학우들은 모두가 중국공산당에 깊은 감사의 마음을 간직하고 있다. 당의 '이중언어와 상호교류'정책이 없었다면 우리의 배움의 꿈은 이뤄지지 못했을 테니까.

야간학교 강습반은 이제 마을 사람들 사이에서 가장 뜨거운 화제가 되었다. 남녀노소 할 것없이 사람들이 모이는 곳이면 꼭 야간학교에 대해 이야기를 나눈다. 대부분의 어르신들은 적극적으로 지지했다. '좋은 일이지. 여자들도 지식을 배워두면 외출할 때 정말 편할 것 같아.' 하지만 마땅치못하다는 듯 중얼거리는 사람들도 있었다. '쳇, 공부 안 해도 잘 살아오기만 했는데...... 집안에 할 일도 많은데 무슨 공부야? 일하기 싫어서들 약은 수를 쓰려는게지.' 아이들은 장난스레 우리를 놀리기도 했다. '어머니들은 연세가 이렇게 많은데 학교를 다닌다해도 우리보다 성적이 안 나올 거에요.' 그러면 우리도 맞받아쳤다. '너희들이 공부를 게을리하면 우리한테 역전당할 수 있으니깐 그때 가서 딴소리 마라.' 그러면 아이들은 책가방을 메고 노래를 부르며 학교로 뛰어가곤 했다. 길가에서 한적히 거닐던 닭과 오리들은 놀라 허둥대며 도망치고 저그만치 뛰놀던 고양이와 개들도 머리를 빼들고 이쪽을 지켜보았다. 이들은 이 낯선 풍경의 의미를 알 턱이 없었으리라.

누가 뭐라 해도 우리의 공부에 대한 의지는 흔들리지 않았다. 수업이 있는 날이면 명절 아침을 맞이한 아이들처럼 두근거리는 마음으로 교실로 향했다. 조용히 자리에 앉아 선생님을 기다리는 순간, 그 느낌은 오직 교실 안에서만 맛볼 수 있는 것이었다. 뭐라고 표현할까, 마치 논밭에 뿌려놓은 씨앗이 싹이 트고 자라서 결실을 맺어가는 것처럼 가슴에 벅차오르는 성취감이라고나 할까.

물론 공부에 전혀 관심없는 부녀자들도 있었다. 그녀들은 하위칭과 내가 여러 번 찾아가 설득을 시도해도 말문도 열기 전에 벌써 손사래를 치곤 했다. "그 얘기는 됐고, 진정한 자매라면 유차나 마시고 수다나 좀 떨다가렴. 야간 학교같은 실없는 소리는 그만하고. 나이 50이 다 돼가지고서 체면이 깎여도 좋으냐? 그럼, 야간학교 다닌다고 논밭의 곡식이 저절로 자란다디?" 우리는 어쩔 수 없이 돌아서며 간곡히 부탁하였다. "나중에 마음 바뀌면 그때 연락해."

마음은 있지만 결국 학교에 등록하지 못한 이들도 있었다. 각자 사연을 들어보니 '농사일이 산더미인데 어떻게 나가냐' '어린 애들 돌보랴, 시어머니 간호하랴, 남편은 외지에서 일하지, 어디 손 빌릴데가 있어야지.' '낮에는 산에 올라가 일하랴 밤에는 집안일 하랴, 시간이 턱없이 부족해' 등 원망과 변명이 쏟아졌다. 그들의 안타까움을 이해할 수 있었다. 마음 속으로는 배우고 싶은 생각이 굴뚝같지만 현실의 벽에 가로막혔던 것이다. 남편이 집안일을 도와주지 않았다면 나 역시 이들과 같은 신세가 되었을 거란 생각이 종종 들었다.

그러나 분명 공부할 여건이 되지만 가족의 반대로 좌절한 경우도 있었다. 하위칭(何玉清)과 내가 찾아가도 소용없었고, 친 서기가 직접 설득해도 효과가 없었다. 가족들은 이렇게 일축했다. '나이 먹고 뭘 더 배운다고? 대학이라도 가려나? 배부른 티를 내는 거지.' '야간학교 다닌다는 여자

낮이면 함께 농사를 짓다

들, 공부 핑계로 놀러 다니는 거야. 집안 어른과 애들도 돌보지 않고, 점점 마음이 들떠서 허영심만 늘어날거야.'

이런 생각은 어느 정도 이해가 되지만 동의할 순 없었다. 지식은 많을수록 좋은 거잖아? 지금 우리 먀오자이 애들을 예를 들어 보자. 학교에서 아이가 좋은 성적을 따낼 때마다 부모님들 표정이 너무 밝아진다. 여름방학만 되면 마을 사람들 입에 오르내리는 화제는 단 하나뿐이다. '올해 어느 집 아무개가 어느 대학에 갔다' 그럴 때마다 마을 주민들이 너도 나도

'앞으로 큰 일 할 아이임에 틀림없어!'라며 입에 침이 마르도록 칭찬한다.

최종적으로 우리 반에는 30명의 부녀자들이 모였다. 우리는 반급 동창이 되었고, 나와 어머니도 같은 반 동기가 되었다. 묘한 기분이 들었고 공부하는 과정에서 점차 두터운 동문의 정을 키워갔다. 누군가 집안에 도움이 필요하면 동창들은 말 한마디 없이 팔을 걷고 나섰다.

그런데 정말 우리가 도울 수 없는 일이 터졌다. 어느날 밤 량유(梁优)가 강단에서 수업을 하던 중이었다. 갑자기 술에 취한 남자가 우리 교실

(상)학생들이 들고 온 농기구들, (하)야간 수업을 열심히 듣다

문을 박차로 들어왔다. 얼굴이 벌겋게 달아오르고 온몸에서 지독한 술냄새가 났으며, 눈에는 사나운 빛이 번뜩였다. 모두가 어리벙벙해 상황을

파악하기도 전에, 그는 자기 아내의 손목을 잡아채더니 교실 밖으로 끌고 나가려 했다. 량유는 공포에 질려 칠판 앞에 얼어붙었고, 우리는 책상에 앉은 채 누구 하나 말릴 엄두를 내지 못했다. 너무 갑작스러워 모두가 굳어진 틈을 타 그 남자는 이미 아내를 끌고 복도 끝으로 사라져 버렸다. 정신을 차린 우리는 창가로 달려가 밖을 내다보았다. 노란 가로등 불빛 아래, 남편의 비틀거리는 모습과 고개를 숙인 채 그림자처럼 뒤따르고 있는 아내의 모습이 보였다. 땅에 드리운 두 그림자가 어둠 속으로 사라지는 순간, 교실에는 무거운 침묵이 맴돌았다. 마치 우리 마음의 그 무언가도 그림자와 함께 사라지는 것 같았다. 그리고 멀리서 개 울음소리가 요란하게 들려왔었다.

그날 이후로 그 친구는 영영 교실에 모습을 드러내지 않았다. 하지만 매일 밤 그 빈 자리가 눈에 밟혀, 우리는 그녀의 명찰을 여전히 책상 위에 올려놓곤 했다. 마치 그렇게 하면 언젠가 그녀가 다시 돌아올 것만 같았다. 친 서기는 우리를 위로했다. "그녀는 다시 돌아올 거예요." 나는 직접 그녀 집을 찾아가 설득했다. "다시 공부하러 가자. 남편은 그냥 술기운에 그랬던 거야. 빠진 수업은 우리가 다 같이 도와줄테니." 하지만 그녀는 고개를 저으며 "저 이제 안 갈래요"라고 낮은 목소리로 대답하였다. 목소리에는 깊은 슬픔이 스며들었고, 눈동자에서 반짝이던 정기마저 사라진 걸 보니 가슴이 많이 아팠다. 집에 돌아와 이 일을 남편에게 이야기했다.

"걱정하지 마. 내가 그런 짓 할 사람은 아니니까. 당신이 야간 학교에서 공부하는걸 얼마나 행복해하는데, 내가 막을 리 없지. 그런 어리석은 일은 절대 안 할 거니까 시름놓으셔. 내가 못하게 해서 누구에게도 이

득이 없잖아." 남편은 이렇게 위로하며 말을 이어갔다. "집집마다 다 어려운 사정이 있는 법이고 사는 방식 또한 각자 다르니 우리가 남의 집 일에 간섭하는 건 옳지 않다고 생각해."

물론 이만한 도리는 나도 알고 있다. 하지만 그녀가 배움을 포기한 게 너무나 애석했다. '이런 기회가 다시 오지 않을 텐데…'라는 생각이 머릿속을 맴돌았다. 동창들끼리 모이면 이 이야기가 꼭 나왔다. '그 집 남편은 너무 독단적이에요. 아내를 그렇게 대해서는 안 되죠. 집안일에 지장만 안 주면 되는거잖아요? 배우는 게 뭐 나쁜 것은 아니잖아?' '그러게 말이에요. 이제 우리 부녀자들도 외부인과 소통할 수 있게 됐는데, 심지어 량주잉 어머니도 표준어를 하시잖아요.' 모두가 우리가 하는 일이 옳은 일임을 알지만, 정작 그 친구를 도울 방법은 없었다.

결국 친 서기 일행이 그 친구를 다시 교실로 돌아오게 설득하였다. 그들은 열정도 높았을 뿐만 아니라 업무 방법도 뛰어났다. 학생 한 명이라도 더 많이 교실에 앉혀야 했고 선생님도 초빙해야 했다. 이 모든 것이 우리의 발전을 위한 일이었다.

표준어를 배우면서 나에게 가장 큰 감동을 준 학생은 량싱미(梁行迷)였다. 구이저우 타 마을에서 우잉으로 시집온 그녀는 평소 말수가 적었다. 길에서 마주쳐도 인사만 받고 웃음으로 대답할 뿐, 입을 열지 않던 여성이었다. 그런데 마을에 야간학교 강습반이 생기자 그 누구의 설득도 없이 스스로 달려와 등록한 것이다. 길가던 부녀자들에게 "어디 가요? 등록했어요?"라고 물었을 때 사람들은 자신의 귀를 의심했다. 그녀의 얼굴이 붉어진 걸 보고서야 비로소 그녀가 표준어를 한 사실을 확신했다. 그리고 나서 "모두 등록했네, 이제 우린 한 반급 동창이구나"라고 환하게 웃으며 답하곤 했다.

더 충격적인 것은 그녀의 학습 태도였다. 평소 과묵하던 그녀가 교실에선 눈빛이 달라졌다. 매 수업 시간마다 집중하는 모습, 한자 발음 연습할 때의 진지함이 남달랐다. 말이 어눌한 건 여전했지만 실수를 두려워하지 않았다. 우리가 궁금해서 물으니 그녀는 수줍게 웃으며 "무식한 게 더 부끄러운 거잖아요"라고 말했다. 이토록 맑은 그의 미소는 그녀가 마을에 시집 온 후 처음 보는 모습이다. 나도 고개를 끄덕이며 그 말에 깊이 공감했다.

다이스잉(代时英)은 이름이 참 홍미롭다. 듣기만 해도 학식이 느껴지는 이름인데, 정작 그녀도 한번도 학교를 다니지 못했다. 집안 사정이 어려워 마을의 공익성 일자리를 배정받았다. 마을의 기타 열 몇 명 부녀자들과 함께 미화원으로 일하게 된 것이다. 나도 그 중 한 명이었다. 매달 1,000위안이 조금 넘는 보조금을 받는데 생활고를 해결하는 데 큰 도움이 되었을 뿐만 아니라 고향을 위해 조금이나마 기여할 수 있어서 다들 내심으로 기뻐했다. 평소엔 각자 집에서 농사나 가축을 키워 추가 수입을 얻었다. 이렇게 여러 면으로 노력하다 보니 서서히 빈곤에서 벗어날 수 있었다.

우리는 매일 아침 7시 반, 루성소광장(芦笙小广场)을 기점으로 마을 전체를 청소한다. 서로 표준어로 인사하며 일을 시작하곤 했다. 내가 "스잉, 왔어요?" 하면 그녀는 빗자루를 들며 "일찍 왔네, 일찍 왔어'라고 응답했다. 내가 "틀렸어. '일찍 오면 일찍 끝나지요'라고 대답해야지"라고 고쳐주자 그녀가 혼잣말처럼 중얼거렸다. '일찍 오면 일찍 끝나지요.' 이렇게 일도 하고 표준어도 연습하는 일석이조의 일자리였다. 마을 사람들은 우리 영향을 받아 점점 표준어를 쓰기 시작했다. 특히 도시 학교에 다니는 소녀들의 발음은 매우 표준적이고 유창하였는데 우리의 부러움을 한 몸에 받았다. 매일 우리가 청소하는 모습을 본 촌민들은 예전처럼 쓰레기를 아무데나 버리지 않고 지정된 장소에 버렸다. 마을에는 전용 쓰레기 운반차가 있어서 마을의 쓰레기를 한곳에 모았다가 집중적으로 처리한다.

"드디어 우잉의 본 모습을 볼 수 있게 되었네."

친 서기가 만족스럽다는 듯이 말했다. 위생 청결 면에서 먀오자이는 과거와 완전히 달라졌다. 예전엔 곳곳에 쓰레기가 산더미를 이루었지만 이제는 모든 골목이 깨끗하게 정돈되었다. 명절이 다가오면 전날엔 특별 청소를 했다. 마치 묘족 처녀가 외출 전 옷매무새를 단정히 하듯이. 촌민들은 이제 정갈함에 익숙해져서 쓰레기 한 조각이라도 보이기만 하면 얼른 치우곤 했다.

다이스잉 집에선 양을 키웠다. 그녀는 종종 양떼를 몰고 산에 올라 방목하곤 했다. 말썽꾸러기 양들은 길을 걸으며 마구 배설물을 쏟아냈다. 그녀는 표준어로 양들을 혼내 놓았다. '너희들도 위생을 지켜야 해. 우잉의 양이라면 말을 잘 들어야지.' 양들은 알아들었다는 듯이 고개는 끄덕이는 것 같았다. 하지만 대놓고 보란듯이 길에 배설물을 '수놓았다'. 그녀는 치밀어 오르는 화를 참으며 빗자루를 들고 양 똥을 쓸어모았다. 길가 나무 아래에 모아둔 똥은 자연스럽게 거름으로 사용되었다. 그것 뿐이 아니었다. 말썽꾸러기 양들은 묘목을 보고 본능적으로 머리를 쑥 내밀고 물어뜯기 시작했다. 끝내 화가 폭발한 그녀는 "너희 다시 묘목 잎을 뜯어 먹으면 다 입 틀어막을 거야!"라고 매섭게 소리쳤다. 그런데 '막다'라는 단어를 표준어로 어떻게 말하는지 몰라서 글쎄 묘족어로 말하는게 아니겠

다이스잉(代時英)이 딸과 함께 수업을 듣다

는가! 마침 이곳을 지나치던 우리는 터져나오는 웃음을 참고 표준어 발음을 가르쳐줬다. 그러자 다이스잉은 당당한 목소리로 "입 다 막아버릴 거야!"라며 다시 한번 큰 소리로 외쳤다.

그리고 그녀는 말한 대로 버려진 생수병을 찾아 간단한 입마개를 만들어 양들의 입에 씌웠다. 이제 양들은 길가의 풀싹을 먹고 싶어도 어쩔 도리가 없다. 길가의 어린 나무들은 더는 괴롭힘 당하지 않게 되었다. 이런 과정을 거쳐 마을 여성들의 문안 인사마저 변하였다. 간혹 길에서 서로 마주치기라도 하면 가장 즐겨 하는 인사가 '저녁에 교실에서 만나요'였다. 다이스잉은 야간학교에 갈 때마다 늘 딸을 데리고 갔는데 모녀는 더 나은 삶을 위해 함께 노력하고 있었다.

량샹미(梁香迷)에 관한 이야기는 더 많다.

'이중언어와 상호교류' 강습반 홍보가 시작되었을 때, 마을 여성들은 '미리 지정한 사람들만 회의에 참가한다'고 생각했다. 하지만 그녀는 달랐다. 연합당지부 사무실로 뛰어가 당당히 물었다. "나도 공부하러 올 건데 받아줄 거예요?" 당시 그 자리에 있던 나는 그녀 팔을 잡아 당기며 "당연하죠, 마을 여성들은 누구나 환영이에요"라고 반겼고 그녀는 그렇게 강습반 제1기 회원으로 이름을 올렸다.

그녀는 늘 생글생글 웃으며 주위 사람들을 대하는데 얼굴도 예쁘고 머리도 총명하여 자주 선생님의 칭찬을 받곤 하였다. 땅콩기름과 라오쓰펀 등 상품을 여러 번 타가곤 했다. 남편은 눈을 동그랗게 뜨고 상품을 바라보며 "공부하러 가서 이런 것까지 가져오냐?"라고 하자 그녀는 기분좋게 "성적이 좋아서 받은 상이야"라고 답했다. 남편은 그녀와 상품을 번갈아 보다 머리를 긁적이며 더는 캐묻지 않았다고 한다.

'나만의 공부 비법인데, 나는 매일 야간학교에서 돌아오면 배운 내용을 복습해요. 모르는 게 생기면 막내딸에게 물어보고 그녀의 설명을 듣죠. 완전히 이해될 때까지 꼼꼼히 물어봐요. 가끔 그녀도 모를 땐 학교에 가서 선생님께 여쭌 뒤 다시 알려준답니다.' 학습 경험담을 나눌 때, 우리는 종래에 볼 수 없었던 그녀의 자신감과 자부심을 느낄 수 있었다. '막내딸 눈빛을 보면 제가 딸한테 좋은 영향을 주고 있다는 걸 알 수 있죠. 이제 딸애도 열심히 공부에 매진하고 있어요.'

이런 영향력은 미처 예상치 못한 부분이었다. 우리 부녀자들이 아이들의 학습 태도까지 바꿀 줄이야. 어느 날 길에서 그녀의 막내딸을 만나 이야기를 나눈 적이 있었다. "솔직히 어머니가 그렇게 열심히 하는 걸 보니, 내가 노력하지 않는 건 잘못된 일이라는 생각이 들었어요. 이제 제 목표는 대학 가는 것이에요. 다 우잉 먀오자이 엄마들 덕분이에요, 고마워요." 그 말에 나도 모르게 눈시울이 뜨거워졌다. 이제 량샹미의 딸들은 모두 열심히 공부하려고 노력한다.

그리고 량샹미 남편의 태도도 바뀌었다. 예전엔 그녀가 수업 가면 '나이 먹고 무슨 공부냐? 체면 안 팔리냐?'라며 비아냥거리곤 했다. 하지만 이제는 수업 전에 물통에 물을 채워주며 '집안일은 내가 할 테니 마음 편히 공부해'라며 지지한다고 한다. 그런데 배우는 것들이 많을수록 모르는 문제도 많아지기 마련이다. 집에 와서 막내딸에게 묻곤 했는데 초등학생인 딸도 그 해법을 모를 땐 자신의 학교 선생님에게 물어서 가르쳐준단다. 그러니 더 열심히 공부해야 했다. 이렇게 집안 분위기가 점점 학습 분위기로 바뀌었다. 이미 노안이 온 그녀는 칠판과 교과서가 잘 보이지 않자, 도시에서 공부하는 큰딸에게 부탁해 원시 안경까지 맞췄다.

그녀는 수업 시간이 되면 누가 업어가도 모를 정도로 집중했다. 배운 내용을 완벽히 소화해 내는 건 물론, 종종 독특한 문장을 만들어내 우리를 놀라게 했다. 예를 들어 '사랑해요'를 '사랑해 도도(我爱你多多)'로 표현했다. 이제 이 표현이 먀오자이 전역에 퍼졌다. 모두가 이 표현을 좋아했는데, 마음속 깊은 감정을 더 잘 전달하는 것 같다고 한다. 자매의 키가 똑같은 걸 보고 '두 자매가 길이가 같네(两个姐妹一样长)'라고 말하곤 했다. 우리는 들을 때마다 웃음이 터져 나왔다. 그녀가 만든 문구들은 장난스럽지만 생생했고, 한번 들으면 잊혀지지 않았다.

'나는 가마를 팔고 쇠붙이를 팔아서라도 반드시 딸을 학교 보낼 거야.' 그녀 남편이 우리 앞에서 맹세했다. 진심이 가득 찬 표정을 보고 우리는 모두 그의 말을 믿어 의심치 않았어요.

*

야간학교 이야기를 꺼내자 우잉 먀오자이에서 친 서기가 머리 속에 정리해 두었던 내용들을 차례로 설명하였다. '야간학교가 성공적으로 자리 잡을 수 있었던 건 류저우시와 룽수이현의 민족종교국과 여성연합, 문명건설판공실 같은 관련 부처 및 광시 융수이와 구이저우 충장의 현 정협, 그리고 1:1 매칭 협력자매도시인 광둥 랜쟝시(廉江市)의 지원과 도움 덕분이라고 생각합니다. 한마디로 야간학교 뒤에는 당과 정부 그리고 여러 애심 단체와 기업들이 튼튼한 버팀목이 되어 주고 있습니다. 모두가 이 외딴 곳에 있는 먀오자이와 먀오자이 인민들을 잊지 않고 배려해 주심에 감사드립니다.'

야간학교 수업이 있는 날은 우잉 여성들에게 있어 명절보다 더 큰 잔치날이다. 낮에는 산에 올라 온몸에 흙과 낙엽을 뒤덮어 쓰고 농사일을 하는데 머리카락에 끼인 마른 풀잎도 몸에 들씌인 흙먼지도 돌볼 겨를이 없다. 그러다가 수업이 있는 날이면 여성들은 일찍 집으로 돌아가 밥을 짓고 대충 저녁을 먹은 뒤 예쁘게 단장한다. 오랫동안 상자 밑에 박아두었던 새 옷을 꺼내입는다. 예전에는 명절에만 새 옷을 입곤 했지만, 이제 야간학교 수업 시간이 그들만의 명절이 되었던 것이다. 여성들은 약속이라도 한 듯 하나 둘 교실로 모여든다. 행복한 미소가 가득 어린 얼굴마다 말로 표현할 수 없는 기쁨과 감동으로 가득 차있다.

"지식이 그들을 몰라 보게 변화시키고 있어요. 가슴 깊이 묻어두었던 꿈이 이제야 시대의 흐름을 타고 깨어났나 봐요." 친 서기는 흐뭇한 미소를 지으며 말했다.

이어 그는 야간학교 개설 초기에 발생했던 재미있고 어쩔 수 없었던 이야기를 하나 둘 꺼내기 시작했다.

야간학교 설립 초기, 선생님도 모셔오고 교실과 교과서도 마련하였으나 오히려 학생이 몇 명 없었다. 먀오자이 여성들을 수업에 참여하도록 설득하는 게 골칫거리가 되었는데, 어떤 이는 지켜보기만 하고, 어떤 이는 학습의 중요성을 깨닫지 못했으며, 또 어떤 이는 알면서도 공부가 힘들까 두려워했다. 마을 간부들은 '지혜와 용기를 다해' 이런 우유부단한 여성들과 설득전을 펼쳤다. 한번은 반장 량주잉한테서 '공부하고 싶지만 가족의 반대로 마음을 못 정한 여성'이 있다는 보고를 받았다. 친 서기와 황기자는 작전을 짜고 그녀 집 근처에서 카메라를 들고 우연히 지나가는 척 했다. 마을 사람들은 황기자가 사진 찍는 수준이 남다르다는 것을 알고 있던터라 그가 사진을 찍어주기를 은근히 기대하였다. 둘은 돌아가며 마을 여성들을 설득하였다. '내일 밤 야간학교에 선생님 수업 있는데 당신도 참가하면 좋을 것 같구만.' 그 여성은 겉으로는 묵인했지만 그저 겉치레로 대답했 뿐이었다. 다음 날 저녁, 그들은 그녀 집을 찾아가 '심문'하듯 물었다. "약속했잖아요. 선생님도 기다리시는데 어떻게 약속을 져버릴 수가 있어요?" 그녀가 변명하려는 그 때, 둘은 그녀의 팔을 잡아끌며 문 밖으로 나갔다. 남편은 어리둥절했지만 저지하지는 않았다. 이렇게 끌려서 교실까지 온 그녀가 문턱을 넘자마자 전 학급 학생들이 일제히 박수를 쳤다. 량주잉이 얼른 나와서 그녀를 자리로 안내했고, 책상엔 이미 그녀의 이름표가 놓여 있었다. 이름표와 주변의 친절한 동창들을 번갈아 보던 그녀의 눈시울이 붉어졌다.

야간학교의 효과는 확연했다. 먀오자이 여성들의 진지한 노력은 내 상상을 뛰어넘었다.

그녀들은 만날 때마다 서로 표준어로 인사했다. 발음이 어눌하고 표준 발음과 거리가 있을지라도 모두 스스로 만족스러워했다. 그 뿌듯한 표정은 보는 이의 마음을 울렸다.

"정말 사랑스러운 '대' 학생들이에요. 날이 갈수록 더 애정이 가네요."

친 서기가 자랑스러운 표정으로 말했다. 그는 고개를 살짝 들어 먼 산을 바라보았다. 부드러운 시선이 머문 곳은 아마도 산 너머 그리운 고향이었을 것이다. 한 달에 한 번씩 집에 가서 가족들과 만나야 하는 형편임에도 불구하고 그는 평소에 불평 한마디 없었다. 나는 그를 보면서 내심 경의를 표하지 않을 수 없었다. 수많은 파견 간부들이 그이처럼 황폐했던 농촌 땅에 생생한 활력을 불어넣고 있지 않는가!

손으로 쓴 마음

우리의 공부는 일상 회화로 시작됐다. '좋은 아침, 밥 먹었어요?' '오늘 아침 모종하러 갔어요' '오늘 밤에 수업이 있어요' '매일 청소를 해요' '우리 아이는 룽수에서 일해요' '우리 우잉 먀오자이에 오신 걸 환영해요' '우리 집에 다유차 마시러 오세요' '중국 공산당이 없으면 신중국도 없다' '저는 중국인입니다, 조국을 사랑해요' '저는 우잉 사람입니다, 우리 먀오자이를 사랑해요' 같은 말들이다.

보기에는 쉬워 보이지만, 우리에겐 무거운 짐을 지고 산을 오르는 것보다 더 힘들었다. 그래도 모두 포기하지 않고 서로 격려하며 선생님이 가르쳐주시는 글자 하나하나를 진지하게 배웠다. 야학 수업에서 돌아와서 이튿날 날이 밝으면 잊어먹을까봐 한밤중까지 연습하곤 했다. 한밤중이 되어 남편이 기르는 새들이 '짹짹' 울어대는 것이 마치 나를 응원하는 듯했다. 그때 창밖을 보니 먀오자이는 이미 잠들었고, 태양열 가로등만이 길 위에 조용히 서 있을 뿐 발자국 소리는 들리지 않았다.

글자를 읽는 법을 알게 되자 이제 본격적으로 쓰기 공부가 시작됐다. 내 이름을 제대로 쓸 수 있게 된 건 베이징에서 온 이 선생님 덕분이었다. 그분은 우잉에 한 달간 머물며 야학 수업이 있는 날엔 단 한 번도 결석하지 않으셨는데, 가르치는 방식이 특이했다. 수업 전에 항상 우리 이름을 먼저 부른 뒤, 그 이름을 쓰도록 하였다.

'이 선생님, 이름 쓰기 진짜 어려워요'

처음엔 '일' '이' '삼' 같은 간단한 글자만 배우던 우리에게 갑자기 복잡한 획수의 이름자를 가르쳤다. 마음속으로 확신이 하나도 없었다. 선생님은 우리 마음을 읽으시고 이렇게 말하였다. "자기 이름을 익히는 것이 배움의 첫 시작입니다. 자기 이름도 쓸 줄 모르면 마을 사람들이 그냥 놀러 왔구나하고 생각하지 않겠어요?"

우리는 어설프게나마 노트를 펼쳐 놓고 탁자 위 이름표를 보며 따라 써봤디. 그런데 손에 든 펜이 말을 듣지 않았다. 펜이라기보다는 꿈틀대는 벌레 같았다. 아무리 펜을 꽉 잡아도 제 맘대로 움직였다. 왼쪽으로 비틀리다 오른쪽으로 휘어지고, 노트의 칸선을 박차고 나가려고 발버둥치고, 써낸 글자는 종이 전체를 점령한 괴물처럼 보였다. 삐뚤빼뚤한 모양새에 어딘가 빠진 부분이 있는 것 같기도 하고, 총체적으로 도무지 글자라 부르기 민망한 흉태였다.

"처음으로 쓴 글자치곤 참 잘 썼어요!"

이 선생님이 내 책상 옆으로 다가오더니 숙제장을 들어 올렸다. 얼굴이 달아오르며 민망함에 온몸이 움츠러들 지경이었다. 종이를 꽉 채운 괴물 같은 글자들을 두고도 선생님은 계속 칭찬하였다. 분명 내 자신감을 지켜주려는 의도였다. "봐요, 획 하나 빠짐없이 다 썼잖아요? 이게 발전이죠. 연습만 하면 잘 쓸 수 있어요." 그 말이 도리있다고 느껴졌다. 손가락 끝에서 힘이 생기는 것 같았다. 계속해서 종이를 채우다 보니 글자들이 주먹만 해졌다. '량'자는 특히 어려웠는데, 가끔 힘을 너무 주어 종이가 찢어져 절망에 빠지기도 했다. 그러면 선생님은 내 손등 위에 따뜻한 손을 올려 놓고 펜을 단단히 잡으라 하며 '생각의 속도에 펜을 맞추라'고 조언하며 내 손을 잡고 시범을 보여 주었다. 그 손은 따뜻하면서도 말랑말랑했는데 마치 뼈가 없는 듯했다. 마침내 제대로 된 '량'자가 종이 위에 피어났다. 비록 이 선생님의 손길을 빌려 쓴 것이였지만 무척 만족스러웠다. 선생님은 어깨를 토닥이며 주먹을 불끈 내보이며 "봐봐요, 훌륭하지 않아요? 힘내요!" 라며 미소를 지었다. 그 미소엔 무언가 마법이 숨어있는 듯했다. 불안했던 마음이 잔잔한 호수처럼 가라앉더니, 다음 글자를 쓰고 싶은 욕구가 샘솟았다.

"자, 우리 어려운 이름도 써냈잖아요? 그러니 다른 글자쯤이야 더 문제없겠죠? 오늘부터 모두 자기 이름을 쓸 줄 알게 된 것을 축하합니다."

그제야 우리는 선생님의 깊은 뜻을 알 것 같았다. 숙제장을 들고 내 이름을 살펴보니 하나같이 삐뚤빼뚤했지만, 마음속 깊은 곳에서 피어오르는 희열은 감출 수 없었다. '드디어 나도 내 이름을 쓸 줄 알게 됐다!'라는 생각에 필기장 한 장을 뜯어 벽에 상장처럼 붙여놓았다. 남편은 가까이 다가가 자세히 보더니 눈가에 미소를 지었다.

시간이 지나며 마음속 다짐이 중요하다는 걸 깨달았다. '저는 량주잉입니다'라는 문장을 배울 땐 몸속에서 작은 목소리가 올라오곤 했다. '이건 네 이름이야, 량주잉 넌 할 수 있어'라며 마음 속 작은 목소리를 되뇌이며 연습을 거듭했더니 어느새 종이 위에 아름다운 '이름꽃'이 피어났다. 손가락이 종이를 스칠 때마다 가슴이 두근거리며 마치 논밭에서 벼이삭이 영글어가는 듯한 기쁨이 밀려왔다.

이제 어머니도 다른 친구들처럼 이름을 다시 배우고 자기 이름을 알아가기 시작했다. 그리고 우리는 배울 수 있다는 확신이 들었다. 공부가 점점 재밌어지면서 마음속에 피어나는 격동은 그 무엇과도 바꿀 수 없었다. 어느덧 손안의 펜도 말을 듣기 시작했다. 더이상 꿈틀대는 벌레처럼 제멋대로 움직이지 않고, 생각의 흐름에 맞춰 숙제장의 칸선 안에서 자유자재로 움직였다. 글자 모양은 여전히 어설펐지만 이제야 겨우 정해진 칸 안에 담을 수 있게 됐다. 종이 위에 줄지어 선 글자들을 바라보니 마치 햇빛을 받고 자라는 모종 같았다. 바람에 흔들리는 이삭들처럼 생동감이 넘쳤다.

그 뒤 우샤오수(吳小舒) 선생님이 자원봉사자로 우리 학교를 찾아왔고 병음과 글씨체를 가르쳐주었다. '아(a)·오(o)·어(e)'를 따라 읽을 때면 어릴 적 학교 담장 밖에서 엿들던 기억이 되살아났다. 그때 나는 단풍나무 밑에 앉아 교실에서 아이들이 '아·오·어'를 외치는 소리를 들었던 것이다.

(상)우샤오수(吴小舒)선생님이 우리에게 병음을 가르치다, (하)우샤오수(吴小舒)선생님이 학생을 불러서 발음을 교정하다

(상)우샤오수(吳小舒)선생님이 우리 숙제를 채점하고 있다, (하)나와 같은 학급 판메이메이(潘妹妹)가 집에서 글씨를 연습하다

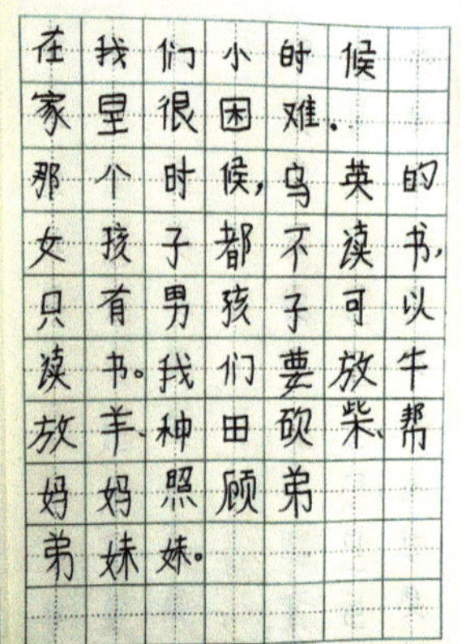

나의 성적표

고작 일곱 살짜리 꼬맹이들이 배우는 것을 이제 와서 배우다니, 가슴 한 구석이 서글퍼졌다.

"남과 비교할 필요 없어요. 자기 자신과 경쟁하세요. 하루하루 조금씩 나아지기만 하면 돼요. 가냘픈 물줄기가 모여서 큰 강이 되듯이 나중에 돌이켜보면 엄청나게 진전되어 있을 거예요."

우 선생님이 이렇게 말하였다. 우리는 쉬는 시간마다 서로 등을 두

판메이메이 성적표

드려주며 격려해 주곤 했죠. 우메이푸(吴妹富)가 숙제장을 머리 위로 흔들며 말했다. “비유를 하나 할게요. 농사짓는 걸 생각해보세요. 곡식이 하루아침에 익나요? 바람에 흔들리고 비에 젖고 햇볕이 말려줘야 서서히 자라나는 법이잖아요. 공부도 마찬가지예요.”

우리는 폭소를 터뜨리며 그 비유가 복잡한 진리를 단번에 환히 밝혀낸 것 같다고 이구동성으로 외쳤다.

'공부하는 건 좋지만 공부 미치광이가 되는 건 좀 아닌 것 같아.'

남편은 밤늦도록 책상 앞에 앉아 있는 나를 보며 항상 이렇게 말하곤 했다. 진지함과 농담의 경계에서 울리는 목소리였다. 글쎄요, 아마도 정말 '미쳤을 수'도 있다는 생각이 들었다. 매일 새벽부터 일밭에 나가 있어도 마음은 '언제 집에 돌아가려나'하는 생각 뿐이었으니까. 밥을 짓고, 씻고, 수업 방송을 기다리는 저녁이면 가슴이 두근거렸다. 야학 수업이 있는 밤이면 태양열 가로등이 비추는 비탈길을 따라 랑부 광장을 지나서 작은 다리를 건너기만 하면 항상 따뜻한 빛이 흘러나오는 교실이 우리를 기다리고 있었다. 그 따뜻함은 몸이 아니라 마음속에서 피어나는 온기였다. 이 마음이 따뜻해지는 순간들은 나한테 각별히 소중한 선물로 간직되었다.

우린 함께 공부하면서 돈독한 우정도 다졌다. 뭘 하든 한마음이 되어 소매를 걷어붙이고 서로를 도왔다. 낮에는 산에 올라 수수밭을 가꾸고 과수원을 지키고 논둑의 잉어를 키웠으며 밤이 되면 함께 교실로 향했다. 마을에 공익사업이 있을 때마다 우리는 '여성은 하늘의 절반을 차지한다'는 말답게 적극적으로 앞장섰다. 풍우교를 짓던 날이 떠오른다. 목재를 산에서 운반해야 하는데 청장년 남자들이 부족하여 촌장과 당서기는 고민에 빠졌다. 외지인을 고용하면 비용이 너무 많이 들기 때문이었다.

'남자들이 모자라면 우리 여자들이 나서야죠!'

우리가 의기투합해 제안하자 촌장은 걱정 어린 눈빛으로 우리를 바라보았다. 그러나 결국 고개를 끄덕이며 남성들 뒤에 우리는 따라붙었다. 밧줄을 나무에 걸고, 목재의 길이와 무게에 맞춰 간격을 조절했다. 모든 밧줄마다 막대기를 걸치고 양쪽에 한 명씩 서서 어깨에 받쳤다. 촌장

함께 통나무를 메어 나르다

이 '퉁-퉁-요! 퉁-퉁-요!' 구호를 외치자 우리는 발걸음을 맞춰 한발짝씩 걸음을 옮기며 산 아래 마을로 향했다. 먼 곳에서 산 쪽을 바라본다면 우리 운반대가 마치 거대한 지렁이가 산길을 기어가는 듯 했을 것이다. 예전엔 남자들이 이렇게 나무를 옮겼는데, 이젠 우리 여자들도 나서야 한다. 우리가 마을에 도착하자 촌장은 '다들 수고했어. 정말 고맙소'라며 안도의 숨을 내쉬었다. 모두 지쳐 쓰러질 듯했지만 입가엔 웃음이 가득했다. 우리가 힘을 보탠 덕분에 풍우교는 목재 걱정 없이 무사히 시공을 마칠 수 있었다.

가끔은 낮에 농사일하러 산에 갔다 오면 정말 지칠 대로 지쳐 쓰러지곤 하는데 신기하게도 교실에 앉는 순간 그 피로가 싹 사라져 버린다. 야학 수업이 우리에게 피로 회복제 같은 존재가 된 것이다. 하지만 솔직히 말해서 우린 정말 '아둔쟁이'들이었다. 아무리 공부해도 병음은 도무지 머리에 들어오지 않았다. 성모와 운모도 구분하지 못했고, 설단음과 후설음, 전비음과 후비음의 차이도 몰랐다. 어머니가 불만을 토로하였다. '말을 왜 이리 복잡하게 만들어가지고…' 아버지가 옆에서 듣다가 "당신 포기하려는 거 아니지?"라고 하자 어머니는 입을 꾹 다물고 침묵으로 강한 의지를 드러냈다. 이제야 아이들이 학교에서 공부하는 게 얼마나 힘든지 깨달았다. 교실에 앉기만 하면 저절로 알게되는 것이 아니었다. 주변에서 종종 시험 성적이 나쁘다며 아이들을 호되게 꾸짖는 부모들을 만나는데, 그건 옳지 않다고 생각한다.

'아무리 어려워도 반드시 견지해야 해요. 첫째는 남들에게 무시당하지 않기 위해서, 둘째는 선생님들의 수고를 헛되이 하면 안 되기 때문이죠.'

우리끼리 만나면 늘 이렇게 서로를 다독였다. 사실은 나 자신에게 하는 말이기도 했다. 꾸준히 노력하면 아둔한 새가 먼저 날 수 있다는 그 말이 떠올랐다. 어디선가 들었던 '아둔한 새가 먼저 난다(笨鳥先飛)'라는 말이 우리에게 정확히 어울린다는 생각이 들었다.

이제는 친척 집을 방문하거나 어디 가서 행사에 참여하거나 할 때, 볼일이 끝나기 무섭게 서둘러 먀오자이로 돌아온다. '집일이 걱정돼서 서두르는가?' 사람들이 놀려대듯이 짓궂게 물어도 그저 미소로 답한다. 사실은 야간 수업을 놓치기 싫어서였다. 밤이면 교실에 앉아 책을 펼치는 게 습관이 돼버렸으니까. 수업이 없는 날엔 오히려 잠자리에서 뒤척이게 된다.

"알고 있어? 교실에서 수업받을 때 당신 눈에서 빛이 난다는 걸."

어느 날 밤 남편이 뜻밖의 말을 꺼냈다. 칭찬하는 것인지 농담하는 것인지 갈피를 잡을 수가 없었다. 그는 입가에 수수께끼 같은 미소를 머금은 채 더 이상 설명하지 않았다. 궁금증이 발동한 나는 남편 몰래 거울을 들고 얼굴을 비춰보았건만 아무런 변화도 찾을 수 없었다. 이 모습을 본 남편이 말했다. "믿기지 않으면 교실에 가서 친구들 눈을 봐. 다들 별빛을 품고 있는 것 같아."

다음날, 수업 시간에 교실에서 수업을 듣고 있는 친구들을 훔쳐보니 지식을 갈망하는 눈빛이 강하게 느껴졌다. 아마도 야간 학습을 시작하면서 우리 마음속의 불꽃이 타오르기 시작하였는가 보다. 문득 아버지가 들려주신 말씀이 떠올랐다. '사람마다 마음속에 등불을 품고 산단다. 다만 어떤 등불은 일찍 밝혀지고, 어떤 등불은 아직 때를 기다리고 있을 뿐이지.' 우리 여인들의 가슴속 등불은 분명히 이미 밝혀진 것 같았다. 어머니 눈동자를 보면 답이 나온다. 따뜻하면서도 광채 도는 눈빛은 이제 겨우 서른 살 갓 넘긴 청년같이 활기로 차 넘친다. 우리 자매들이 가장 원했던 모습이었다. 부모님의 건강이 그 무엇보다 소중하다고 생각하는데, 글공부가 글쎄 어머니에게 건강한 심신을 선물하다니! 참으로 신기한 일이 아닐 수 없었다!

반장이 되다

야학 강습반 초기에는 친 서기가 우리에게 수업을 하였다. 우리는 모두 그의 수업을 좋아하였는데 회의에서 연설하는 것보다 훨씬 멋있게 느껴졌다. 그는 낮에는 마을 사무를 보느라 바빴고 밤에는 또 우리에게 수업을 가르치시느라 쉴 틈이 없었다. 친 서기는 반장인 나더러 책임감을 갖고 학우들에게 시간에 맞춰 수업 일정을 공지하라고 부탁하였다.

반급 위원회를 구성하는 날, 친 서기 주도로 투표가 진행되었는데 뜻밖에도 내가 가장 많은 투표를 얻었다. 나 자신이 어떤 능력이 있는지 나 자신도 잘 모르는 상황인데, 다들 이렇게 나를 신임하다니...... 그들은 반장 자리에 가장 적합한 인물로 나를 선택하였다. 이 표는 분명 그들이 나에 대한 신임과 믿음이었다. "저는 머리가 빠르지 못하고 공부도 잘못하는데요." "량주잉 씨는 학우들에 의해 선출된 반장입니다. 개인적인 이유를 내세우는 것은 우리 학우들을 믿지 못하겠다는 것과 다를 바 없습니다." 친 서기가 조목조목 말했다.

그리고 격려와 기대가 가득 찬 눈빛으로 나를 바라보았다. 학급 학우들도 무한한 신뢰의 눈길을 보내왔다. 어머니는 장하다는 듯 고개를 끄덕이며 웃으신다. 어머니의 웃음 너머로 나는 수수와 과일나무가 자라고 있는 드넓은 땅을 보았다. 우리 형제자매가 바로 그녀가 손수 심은 수수와 과일나무들이다. 이런 생각이 드는 순간 나는 콧날이 시큰거리고 눈물이 나려 했다.

이렇게 나는 야간학교 제1기 강습반 반장이 되고 우메이푸(吳妹富)가 부반장을 맡았다. 우메이푸는 나보다 10살이나 어렸고 총명하고 귀여웠으며 나보다 일도 훨씬 잘했다. 나의 주요 업무는 학생들에게 수업 시간을 알리고 선생님과 협력하여 수업질서를 관리하며 학생들을 조직하여 각종 활동에 참여하는 것 등이었다. 반장 직을 맡기 전까지 나는 반장이 무슨 일을 하는지, 나 자신이 반장 일을 잘 할수 있는지에 대해 전혀 자신이 없었다.

하지만 맡은 일을 책임감 있게 꾸준히 하다 보니 주위에서 인정해주기 시작했다. 그들은 나를 믿고 따르며 가끔 칭찬도 아끼지 않았다. '여러분들이 저를 믿어주지 않았더라면 저 자신도 이 일을 해낼 수 있을 거라는 생각을 평생 못했을 겁니다.' 그리고 새삼스럽게 아버지의 말씀이 떠올랐다. '모든 사람은 각자 자신만의 잠재된 능력이 있단다. 다만 어떤 사람은 일찍 빛을 발하고 어떤 사람은 아직 조용히 때를 기다리고 있을 뿐이란다.'

아버지의 말씀은 황기자의 말처럼 심오했다. 나는 그들이 모두 정확하다고 믿는다. 나는 자신에게도 잠재력이 있다고 믿기 시작했다. 그리고 내 몸속에 보이지 않는 재능이 있다고 생각할 때마다 가슴이 뭉클해졌다.

잔잔하지만 깊은 여운을 남기는 파도처럼 말이다.

나는 반장 직을 맡고 나서부터 매일 저녁 일찍 교실에 가서 바닥은 깨끗한지, 교탁은 제대로 비치되어 있는지 살폈다. 이런 소소한 일들은 누구나 할 수 있어서 선생님의 지시가 필요 없었다. 만약 수업 시간에 결석한 학우가 있으면 나는 전화로 그 이유를 확인한 다음 선생님께 보고하였다.

우리 여성들은 딸린 식구가 있다 보니 집안의 노인과 아이들을 챙겨야 했다. 때로 낮일이 늦게 끝나면 집에 돌아와서 밥 먹기에도 시간이 빠듯했고 수업 시간이 다 되어도 교실에 도착못하는 경우도 허다했다. 어떤 학우는 아예 오늘 수업에 못 참가한다며 마치 다른 집에 손님으로 가는듯 기다리지 말라고 한다. 손님이 늦게 도착하면 이미 볶아놓은 요리가 다 식어 맛이 없게 되기에 늦게 가는 손님이 주인집에 양해를 구하는 그런 식이었다.

그러나 학생으로서 공부하는 것과 손님으로 초대되는 것은 다르다. 선생님은 "우리 우선 복습하면서 다른 학우들을 기다립시다. 다들 공부하러 교실에 왔고 문화지식에 대한 열망 또한 얼마나 높아요? 그러니 그 누구도 뒤쳐지지 않도록 서로 기다려주고 단결 우애하며 함께 발전하는 것이 옳지 않겠습니까?"라고 했다. 선생님은 학생들을 격려하고 위로하며 새로운 내용을 가르치지 않았다. 그는 이미 교실에 온 학생들더러 복습하라 지시하고 한편으로는 지각한 학우들을 기다렸다. 먼저 교실에 도착한 학우들도 한결같이 선생님의 말씀을 따랐고 그 누구 하나 불평불만을 내비치는 사람이 없었다.

모두 날마다 같은 공간에서 공부하다 보니 갈수록 서로에 대한 감정이 깊어졌고 단합도 잘 되었다. 누구 집에 어려움이 생기면 모두가 힘을 합쳐 도왔고 학우들 간의 우정은 갈수록 돈독해졌다. 이전에는 혼자서 감히 엄두조차 내지 못했던 일들을 지금은 여러 사람이 모여 의논하고 충분한 논쟁을 벌인 덕분에 여러 가지 방법을 생각해 내게 되었고, 대담하게 실행에 옮길 수 있게 되었다. 마치 무언의 힘이 우리를 밀어주고 이끌어주는 듯한 느낌이 들었다. 이런 감정은 이전까지 느껴본 적 없는 매우 특별한 것이었다.

반장이라서 그런지 초등학교 옆을 지날 때마다 교실에서 아이들 책 읽는 소리가 들려오면 저도 모르게 가슴이 뭉클해진다. 걸음을 멈추고 바위 뒤쪽의 단풍나무를 바라보노라니 어린 시절 나의 모습이 새록새록 떠올랐다. 그때는 남동생 몰래 교실 옆에 숨어서 강의를 엿들었던 나였다. 그렇게 한참을 엿들어도 무슨 말인지 도저히 알 수 없었고 몹시 속상하였다. 그러나 지금은 숨어서 엿들을 필요가 없고 교실에서 떳떳하게 수업받을 수 있을 뿐아니라 강의 내용도 모두 알아 들을 수 있게 되었다.

"반장님, 학생들에게 강의 좀 해주세요." 길을 가다 우연히 나를 만난 판샌펑(潘先锋) 선생님이 이렇게 말씀하셨다. 내가 혹시 잘못 들었나하는 생각에 그대로 꼼짝않고 있었다. 판 선생님이 재차 귀띔해서야 황급히 손을 흔들며 사양했다. "판 선생님, 저 못할 것 같은데요. 사실 저도 아직 잘 모르는데 어떻게 학생들을 가르칠 수 있겠어요?"

그는 나를 향해 "자신의 이야기를 들려줘도 되고 아이들에게 묘가(苗歌)를 가르쳐줘도 됩니다. 반장으로서 솔선수범하는 모습을 어린 학생들에게 보여드리는 것이 얼마나 멋져요?"라며 격려의 말씀을 주셨다. 이쯤되니 나도 거절하기가 무엇하였다. 집으로 돌아온 내가 남편에게 이 일을 이야기하자 "당신이라면 잘 할 수 있을거야. 난 당신 믿어. 홀로 완성하기 힘들면 아버지와 상의하면서 준비하는 것도 좋은 방법이지."라며 남편은 절대적인 응원을 보내왔다.

나는 곧장 아버지한테로 달려갔다. "아버지, 저 좀 도와주실래요?" 아버지는 웃으시면서 "분명히 너한테 부탁했는데, 내가 너 대신 간다면 말이 되겠어? 실은 별거 아니야. 너 자신이 강단에 선다는 걸 한 번도 생각해 본 적이 없어서 그래." 나는 강단에 올라가 도대체 뭘 말해야 할지 전혀 떠오르지 않았다. 아버지는 내 마음을 눈치채기라도 하셨는지 차근차근 말씀해주셨다. "이렇게 하는 건 어때? 내가 묘족 노래 한 곡을 고를게. 우선 가사를 익히다보면 이해하기 쉬워질 것이야." 그리고 묘족 노래 한 곡을 찾아 붓으로 곱게 가사를 써주셨다.

나는 어머니네서 시범 강의를 준비했고 어머니와 아버지는 잠시 나의 '학생'이 되었다. 조심스런 걸음으로 연못 옆으로 간 내가 '수업 시작하겠습니다.'라고 하자 아버지와 어머니가 의자에서 일어나 공손히 '선생님, 안녕하세요!' 라고 인사했다. 순간, 어머니와 나는 참지 못하고 웃음을 터뜨렸다. 이를 본 아버지가 '웃지 말고 진지하게 해. 지금은 수업 시간이란 말이야.'라고 따끔하게 한마디 하셨다. 나와 어머니는 그제서야 비로소 웃음을 멈추고 긴장을 되찾았다.

나는 아버지가 써주신 붓글씨를 가리키며 '오늘 우리 묘가 한 곡 배울까요?'라고 선생님 모습을 따라하며 말했다. 아버지와 어머니의 얼굴은 불빛에 환하게 빛나고 있었다. '선생님이 한 번 부를께요. 여러분 먼저 들어보세요.' 나는 하마터면 웃음보가 터질 뻔했으나 부모님들의 진지한 표정을 보고 억지로 터져나오는 웃음을 삼켰다. 그리고 열심히 노래를 부르기 시작했다. 어머니는 박자에 맞춰 낮은 소리로 따라 불렀다.

'좋아, 좋아, 이렇게 아이들을 가르치면 돼. 긴장하지 말고. 여러 번 더 반복해 불러주면 되는거야.' 안경알 너머로 아버지의 자애로운 미소가 비쳐왔고 어릴 적 아버지에게서 받았던 따뜻한 사랑이 다시 찾아온 것만 같았다. 어머니는 연신 박수를 치며 매우 기뻐하셨다.

만반의 준비를 마친 나는 판(潘) 선생님께 연락했다. 드디어 강의하러 초등학교에 가기로 한 그 날이 다가왔다. 그날따라 햇빛은 유난히 빛났다. 온 마을이 환하게 빛나는 듯 했다. 골목을 오가는 사람들의 얼굴에는 미소가 가득했다. 경사로를 따라 아래쪽으로 걸어가던 나는 문득 난간에 걸린 새장이 눈에 들어왔다. 새장 속의 새도 마치 나의 마음을 아는듯 끊임없이 날개짓하고 짖어대며 '힘내~!' 라고 응원하는 것 같았다.

내가 학교 문 앞에 도착하자 판샌평(潘先锋)선생님이 벌써 대문 앞에서 환한 미소로 나를 반겨주셨다. 불과 몇 해전까지만 해도 나는 교실문 근처에도 가지 못했다. 그러나 지금, 교실은 물론 교단에 올라 서서 아이들에게 강의를 하게 되었다니, 정말 꿈만 같았다!

교정의 단향 나무는 여전히 평화롭게 제자리를 지키고 서있었다. 이 단향나무들은 어릴적 한 꼬맹이가 학업을 포기하면서 겪어야 했던 아픔을 꼭 기억할 것이고 그 꼬맹이가 성장하여 이제 어엿하게 교단에 오르는 모습도 꼭 지켜볼 것이다. 이런 생각을 하니 나는 울고 싶은 충동을 느꼈다. "모두 기다리고 있어요. 아이들에게 모범을 보여주세요." 판샌평(潘先锋)선생님은 이렇게 말하면서 한 손을 내밀어 교실로 안내하였다.

이때까지 잘 진정되었던 마음이 갑자기 또 긴장되기 시작했다. 얼굴도 뜨거워지고 발도 술에 취한 듯 붕~ 떠있는듯 하였다. 나는 모든 생각을 버리고 교실로 들어갔다. 교실에는 20여 명 아이들이 앉아 있었고 야간 학습반의 동기까지 모두 참가해서 교실을 꽉 채웠다. 오늘 그녀들은 동기이자 나의 학생이기도 하다. 그들은 모두 나에게 응원과 격려의 미소를 보내왔다.

나는 차츰 마음이 안정되었다. 자매들이 있으니 기분이 정말 좋았다. 나는 교단에 올라갔고 아이들의 '기립'소리를 들으며 교단 아래 학생들을 내려다 보았다. 그들은 큰소리로 '선생님 ,안녕하세요!'라고 인사를 하였다. 나도 얼른 '안녕하세요! 반갑습니다.'라고 답했다. 아이들이 자리에 앉은 후, 나는 아버지가 써주신 붓글씨를 칠판에 걸어놓고 말했다. "자, 오늘 시간에는 묘가 한 곡 배워볼까요?"

나는 먼저 표준어로 가사를 읽고 다음 묘족어로 번역하여 설명해주었다. 표준어가 조금 서툴러서 더듬거리기는 했지만 다행히 묘족어를 사용하며 충분히 의미전달을 할 수 있었다. 우선 내가 노래를 한 번 부르고 나서 "어때요? 듣기 좋아요?"라고 물었다. 그러자 아이들이 큰 소리로 "듣기 좋아요!"라고 대답했다. 나는 용기를 갖고 다시 한번 노래를 불렀고 긴장감도 점차 해소되었다. 이 과정에서 수업을 어떻게 해야 하는지에 대한 방법과 기교도 터득하게 되었다.

나는 조금도 당황하지 않고 침착하게 아이들에게 첫 구절을 가르친 후 몇 명의 아이들더러 일어서서 따라 부르게 하였다. 그리고 계속하여 그다음 구절을 가르쳤다. 그런데 한창 시범할 학생을 지명하려고 하는데 갑자기 아이들이 모두 손을 드는 것이 아니겠는가! 나는 그제서야 학교에서는 손을 든 학생들 가운데서 한 명을 지명해야 하는구나라는 생각이 들었다. 수업 시간은 말없이 흐르고 아이들은 노래 한 곡을 완벽히 배워냈다.

학급 아이들이 모두 함께 노래 부르기 시작하자 뒷좌석에 앉아 있던 자매들도 따라 불렀다. 절주있고 우렁찬 노랫소리가 창문 밖 너머로 멀리 울려퍼졌고 나는 나도 모르게 가슴이 울리는 깊은 감동에 빠졌다. 수업이 끝나자 량싱미(梁行迷)가 맨처음 달려와 나의 팔을 잡으며 말했다. “우리 반장 수업 너무 잘했어요!”그녀는 유창한 표준어로 나에게 엄지를 내보였고, 자매들도 떠들썩하며 나를 둘러쌓았다. 반 선생님은 교실 입구에 서서 만면에 미소를 띠고 우리를 바라 보았다. 이때서야 나는 비로소 온몸이 비맞은 것처럼 흠뻑 젖어 있다는 것을 느꼈다.

*

“량주잉(梁足英)이 야간 학습반 반장으로 선출된 것은 우리 모두의 행운입니다.” 친 서기는 웃으면서 말했다. ‘기차가 빨리 달리는 것은 기관차 덕분이고 강대한 팀이 존재하는 것은 강한 리더가 이끌기 때문입니다.’ 자매들은 이 도리를 너무나 잘 알고 있었다. 학급 임원 선거는 사실상 여러 면에서 본보기가 되는 인물을 선출하는 것이라고 생각하였다.

학우들은 약속이나 한 듯 량주잉을 바라보았다. 그는 대인관계가 좋고 열정적이며 명랑하고 부지런하며 조직 능력이 강했다. 가장 중요한 것은 마음씨가 선량하고 일처리가 공정한 점이다. 한번은 친 서기가 수업에 참가하는 여성들에게 어떻게 상품을 분배하는 것이 좋겠냐는 문제를 가지고 몇몇 자매의 의견을 따로 물은 바 있다. 질문을 받은 회원들 모두가 “선생님께서 어떻게 배분하든 의견 없어요”라고 답할 때, 오직 량주잉만이 자신의 의견을 솔직하게 밝혔다. "애심인사들이 우리를 격려하기 위해 가끔씩 샴푸, 세제, 비누 같은 상품을 나눠주셨는데, 비록 비싼 물건은 아니지만 우리에게는 매우 큰 동기 부여가 되었습니다. 하지만 만약 매번 반 인원 모두에게 똑같이 나눠준다면 진정한 의미의 동기 부여가 되기 어렵다고 생각합니다. 출석률이 높은 사람, 성적이 우수한 사람, 발전이 두드러진 학생에게 각각 개근상, 성적우수상, 발전상 등 걸맞는 이름으로 시상하는 방식이 어떨까 합니다. 수상 상품 간 차이는 크지 않되 약간의 차등을 두면 오히려 모두에게 더 동력이 될 것입니다."

친 서기와 지도부에서는 그녀의 의견을 수용하여 매번 상품을 주면서 시상명을 밝혔다. 그리하여 원래대로 학급 학생들 모두가 상을 받을 수 있었지만 예전에 비해 구체적으로 무엇때문에 받은 상인지 더 확실히 알게 되었다. 과연 그 효과는 예상밖이었다.

동기들은 그녀의 이런 장점을 눈 여겨보았으며 그녀를 인정하고 반장으로 추대하였다. 반급 임원이 확정된 후 학우들은 더욱 단합되였고 짬만 나면 한 자매의 집에 모여 유차(油茶)를 먹으면서 공부를 하였다. 내가 두번째로 오잉에 갔을 때, 량주잉(梁足英)과 자매들은 나를 보자 한걸음에 달려와 반갑게 맞아 주었다. 그들은 마치 오랫동안 헤어졌던 옛 친구를 만난듯 이것저것 살뜰히 챙겨주고 미처 짐을 풀기도 전에 유차(油茶)를 대접해야 한다며 나의 손을 끌고 자기네 집으로 향했다.

그들의 표준어는 눈에 띄게 발전하였다. 비록 여전히 표준발음에는 못 미치지만 이전에 비해 훨씬 원활한 대화가 가능해졌다. 저녁 식사 시간이 되자 어김없이 술상이 차려졌다. 나는 이들의 열정과 호의를 거절할 수 없었다.

‘마시고 또 권하니, 오잉에 오신 옛 친구여.’(劝君再饮一杯酒, 来到烏英有故人)

‘오잉까지 백 리 길, 어찌 술 잔에 넘치는 정에 비기랴.’(烏英公路有百里, 不及手里杯中情)

‘귀한 손님께 한 잔 올리오니, 이 술이 내 마음 담아 전하네.’(举杯敬贵客, 米酒酿我心)

그녀들은 개사한 시를 읊으며 나에게 술을 권했고 그 술잔을 사양하기에는 너무 인색하다는 생각이 들 지경이었다. 내가 술잔을 들고 누가 이렇게 개사를 했냐고, 꽤 재미있다고하자 그녀들은 떠나갈듯 웃었다. 다들 대답은 하지 않은 채 량주잉 쪽으로 시선을 돌렸다.

량주잉은 “이 시들은 여러 사람이 함께 고친 것입니다. 고전 시가를 어지럽히고 망쳐버렸지요. 우리 모두 책임이 있어요.” 더 이상 묻지 않았다. 문화와 지식의 세례 속에서 달라진 그녀들의 모습이 기뻤다. 열정적이고 친절하며, 문화 속에 스며든 슬기와 지혜까지 품고 있었다. 나는 그녀들의 성장과 순수한 우정에 한 가슴 가득 뿌듯함을 느꼈다.

밤에는 예전대로 과성여관(跨省客栈)에 머물렀다. 허위칭(何玉清) 부부는 가족처럼 나를 챙겨주었다. 그들은 내가 짐 정리를 끝내고 취침 준비를 다 마칠 때까지 기다렸다가 그제야 집으로 돌아갔다. 그들은 여관에서 살지 않았다. 나는 술기운 때문에 깊은 잠에 빠져들었다가 한밤중 피리소리에 눈을 떴다. 일어나 물 한 잔 마시고 방문을 열고 복도로 나왔다. 달빛이 은은하게 내리비추고 온 마을은 서리가 내려앉은듯 허여스름한 빛을 띠었다. 띄엄 띄엄 울리는 피리 선율이 들판의 개구리 울음소리와 묘하게 어우러지며 먀오자이(苗寨)의 고요와 적막을 깨뜨렸다. 생각해보니 오늘

이 주말이었다. 분명 주말 휴가를 타 집에 온 아이들이 단풍나무 아래에서 피리 부는 연습을 하고 있는 것이리라.

피리 소리가 마을 사람들의 잠을 방해한다고 해도 그들을 탓하는 이는 아무도 없다. 피리를 잘 부는 것은 우잉(烏英) 마을 사람들의 필수적 능력이기 때문이다. 산 속에 자리한 묘족 마을 여기저기에서 여전히 희미하게 불빛이 새어 나왔다. 그 불빛은 고요한 밤 속에서 유난히 따스하고 밝게 느껴졌다. 저 불빛은 틀림없이 수많은 '량주잉(梁足英)들'을 비춰주리라. 그녀들은 목표를 이루기 전까지는 절대 포기하지 않는 끈기와 강한 집념으로 불타고 있었다.

어머니에게 표준어를 가르치다

어머니는 야간 학습반에서 나이가 가장 많은 학생임에도 불구하고 야간 학습반 수업이 시작되어서부터 단 한 번도 빠짐없이 수업에 참가하였다. 나는 어머니가 정말 존경스럽다. 그는 늘 활력에 찬 모습으로 수업에 참가한다. 어머니는 농담 삼아 말하곤 했다. "수업을 안 하면 여든 살 같고, 수업만 하면 열여덟 살 같이 느껴져."

어머니는 수업하러 가는 날이면, 항상 깔끔하게 단장하고 내가 모시러 가기를 기다리거나 아버지가 학교까지 데려다주기를 기다린다. 교실에선 엄마와 내가 한 책상을 함께 썼다. 엄마와 딸이 같은 반, 진짜 친구가 되어버렸으니 정말 신기하고 재미있을 뿐이었다. 나는 어머니보다 나이가 젊은 덕분에 이해력, 습득력도 더 빨랐다.

조카 량유(梁优)가 학교에서 돌아오면 어머니는 '주잉(足英)아, 집에 와서 유차(油茶)를 마셔라'며 늘 나를 귀찮게 했다. 나는 엄마가 또 모르는 것이 있어서 찾는다는 것을 알았다. 그런데 왜 직접 아버지에게 물어보지 않을까? 나는 이해되지 않았지만 어머니 집으로 향했다. 어머니는 이미 유차를 준비해 놓으셨고 향긋한 냄새가 온 집 구석구석 넘쳤으나 아버지는 집안 어디에서도 보이지 않았다.

"찾을 필요 없어, 네 아버지 집에 안 계셔. 간둥향(杆洞乡)에 갔어. 배고프지?" 엄마가 유차를 끓이면서 말했다. 나는 침을 삼키며 "엄마, 배고파, 얼른 한 그릇 줘요."라고 대답했다. 어머니는 고개 들어 나를 보더니 "잘 됐어. 먼저 어제 배운 내용을 복습할 수 있게 도와줘. 한밤 자고 나니 다 까먹었잖아." 나도 모르게 웃음이 나왔다. 알고 보니 어머니의 유차(油茶)는 공짜가 아니었다. 공부를 도와주는 조건부가 붙은 것이었다. 어머니가 벌써 공책을 걸상에 펴놓고 공부할 준비를 마쳤다. 우리는 연못가에 앉아 공부를 시작했다. 마침내 어제 배운 내용을 다 숙지한 어머니가 "자, 이제 유차(油茶)를 마시자, 네가 좀 차려 주렴. 엄마인 내가 대접받는 것이 옳지 않겠니?"라고 말했다. 연못 옆에 의자를 갖다 놓고 대왕마마처럼 태연히 앉아 기다리는 모습을 보고 나는 배를 잡고 웃었다.

정말 흥미로운 일이 아닐 수 없다. 일반적으로 어머니가 자식들을 가르치기 마련인데, 유독 이번 야간 학습만은 자식들이 어머니를 가르치고 있다. 조카딸 량유는 매우 꼼꼼하고 인내심 있게 나를 가르쳐 주었다. 새 단어나 문장을 익힐 때마다 매번 중국어로 대화 연습을 하며 반복적으로 내가 새롭게 배운 내용을 충분히 이해할 수 있도록 도와주었다. 내가 먼저 배우고나서 량유가 집을 비우면 내가 어머니를 가르친다. 나 역시

나와 어머니가 함께 수업을 듣다

량유처럼 인내심을 갖고 어머니가 완전히 숙지할 때까지 정성껏 가르쳤다.

야간 학습반이 개설된 뒤로부터 방학만 되면 집에 돌아온 아이들이 저녁마다 어머니를 모시고 교실로 와서 조용히 옆에 앉아 공부하였다. 그들은 산 밖에서 많은 책을 읽고 덕분에 세상 물정에 눈을 뜨게 되었고 또 다른 세계를 알게 되었다.

어느 날 저녁, 친 서기가 갑자기 공무가 생겨 현에 가봐야 한다며 자신의 수업을 아버지에게 부탁한다고 나에게 알려왔다. 마침 그날 저녁, 당쥬우촌(党鸠村)에서 아버지를 모셔가는 바람에 아버지가 수업을 대신할 수 없었다. 나는 학급 학우들에게 자습하라고 전할 수밖에 없었다.

'제가 한 번 해 볼께요.' 량유가 일어서며 말했다.

사람들의 시선은 일제히 그녀에게 쏠렸고 그녀의 얼굴은 익은 사과

어머니가 글자를 쓰는 걸 도와주다

처럼 빨개졌다. 내가 크게 박수치자 다른 사람들도 정신 차리고 너도나도 따라 박수를 쳐댔다. 그녀는 어머니를 모시고 함께 교실을 찾아왔다. 어머니는 처음에는 나이가 많고 머리도 더이상 따라가지 않는다며 학교 오기를 꺼렸지만 결국 손녀의 설득 끝에 마음을 돌려먹고 함께 교실로 왔다.

량유는 사람들의 박수 소리 속에 강단에 올랐다. 약간 긴장된 표정으로 강단에서 우리를 쳐다보고 또 자기 어머니도 쳐다보았다. 처음이라 무슨 말을 해야 할지 잊은 모양이다. 내가 일어서서 "우리 먼저 노래 한 곡 부르자"고 말했다. 우메이푸가 힘차게 첫 소절을 떼자 전 학급 학생들이 같이 묘가(苗歌)를 부르기 시작했다.

묘가 합창이 다 끝나 갈 무렵, 량우는 눈가에 웃음을 띠고 칠판에 한자 몇 자를 썼다. '왜 수업을 듣는가?' 그리고 지시봉으로 칠판의 글자를 한 자씩 가리키며 우리에게 읽는 법을 알려주고 중국어로 설명한 다음 다시 묘족어로 한 번 더 알려주었다. 우리는 금세 이해할 수 있었다. 우리가 공부하는 것은 단지 어린 시절의 아쉬움을 달래기 위해서만이 아니라, 시대의 발전에 적응하기 위해서라는 것이라고 했다. 어린 처녀가 우리 마음 속 깊이 간직한 생각을 정확히 꿰뚫어 보았다. 역시 대학은 아무나 다니는 게 아니었다. 그녀는 모든 것을 정확히 파악하고 있었다. 그리고나서 그녀는 우리에게 새로운 내용을 가르쳤다.

먀오자이의 학습 분위기는 갈수록 무르익어 갔다. 학교에서 돌아온 아이들 특히 여자애들은 집에 와서 어머니에게 책 읽는 법, 글 쓰는 법을 열정을 다해 가르치고 큰 소리로 함께 낭독하기도 한다. 마을 곳곳에서 흔히 이런 광경이 목격된다. 아이가 손에 책을 들고 꼬마 선생님이 되어 어머니를 가르치는 모습말이다. 의자에 앉은 어머니는 학생이 되어 아이가 읽어주는 한 글자 한 글자를 그대로 따라 읽는다. 잘 이해되지 않는 내용이 나오면 꼬마 선생님이 먼저 묘족어로 설명하고 그다음 표준중국어로 차근차근 설명해 준다. 이 풍경은 마치 얼음이 봄빛에 사르르 녹듯이 보는 이의 마음까지 따뜻하게 안아준다.

이런 풍경은 교실이나 가정집뿐 아니라 들판과 논밭에서도 흔히 볼 수 있다. 어머니는 아이와 같이 밭을 갈거나 제초 작업하러 가면서 의식적으로 표준중국어로 대화를 나눈다. 어머니가 말을 더듬더라도 자식은 비웃지 않고 세심하게 어머니의 발음을 수정해준다. 마을 사람들은 모두 재미있다는듯이 '하-하-' 웃으며 지나치는데 일부 어르신들은 장난삼아 "얘, 이렇게 정식으로 엄마를 가르치면 안 되지. 집에 가서 엄마가 밥 안 주고 굶기기라도 하면 어쩐다냐?" 한바탕 웃음이 터지고 즐거운 웃음소리가 논둑을 넘어 산과 숲속으로 멀리 퍼져나간다. 이런 광경을 볼 때마다

어린 학생 푸유융위앤(卜永遠)이 병음을 가르치다

나는 교실 뒷면에 걸려 있는 '내가 어머니에게 표준어를 가르친다'란 문구가 선명하게 떠오른다. 아마도 이런 이유에서 이 교육 프로그램 명칭을 '내가 어머니에게 표준어를 가르친다'로 지정한 듯하다.

요즘 마을 아이들은 모두 학교에 다니는데 일부는 대학교까지 졸업했다. 책도 많이 읽어 다양한 문화지식을 갖추고 있다. 어머니들이 중국어를 배우고 싶어 하자 대범하게 '선생님' 역할을 맡아 나섰다. 아이들은 누구나 알고 있었다. 어머니들이 표준중국어를 배우면 적어도 산 밖에서 온 사람들과 충분히 소통할 수 있다는 것을.

우잉에 농경문화 거리를 조성하기 위해 아이들은 방학 동안 마을을 돌며 묘족 '골동품'들을 하나둘씩 모았다. 이는 묘족 마을로 놓고 말하면 매우 의미 있는 일이었다. 아버지는 이렇게 말했다. '우리 우잉의 농경문화(农耕文化)는 매우 풍부하고 잘 보존되어 있단다.' 나는 농경문화가 정확히 무엇인지 잘 알지 못했지만 민족 고유의 전통문화를 지킨다는 것은 틀림없이 가치 있는 일이라는 생각이 들었고 마을 촌민들도 모두가 적극적으로 지원에 나섰다.

먀오자이(苗寨)의 아이들은 일찍 철이 들어 고향 건설을 위해 있는 힘을 다해 분투한다. 이를테면 광목천을 짜는 기술을 배워 무형문화유산(非物质文化遗产)을 전승한다든지 동생들을 데리고 마을 청소며 묘목 돌보는 등 힘에 닿는 일들을 찾아다니며 한다. 이처럼 사소해 보이는 일들이 사실은 우잉 마을로 놓고 말하면 큰 의미를 지닌다. 그것은 바로 긍정적인 태도와 기꺼이 나누는 마음, 그리고 고생을 두려워하지 않는 정신을 동생들에게 물려주는 것이다. 이제 우리 우잉 마을에도 농경문화 거리가 생겼고 벽마다 온갖 종류의 오래된 농기구가 걸려 있다. 마을에는 새로운 풍경이 펼쳐지고 있다.

어른으로 성장한 딸

많은 대학생들이 먀오자이에 와서 우리의 선생님이 되었다. 그중 판무즈(潘木枝)선생님이 가장 인상 깊다. 그녀도 구이저우성(貴州省) 먀오자이 처녀였다. 2020년 연초, 판무즈가 대학 1학년 첫 번째 방학을 맞이하여 음력설도 쇨 겸 고향으로 돌아왔는데 마침 코로나(COVID-19) 사태가 터지면서 학교에서 개학 연기를 발표했고, 정확한 등교 시간은 미정이었다. 그녀는 길어진 휴교 기간에 뭔가 할 일이 없을까 하며 부지런히 아르바이트 자리를 찾아보았다. 적은 용돈이지만 얼마라도 학비에 보태어 부모님의 부담을 덜어주고 싶었다. 이 상황을 알게 된 친 서기 일행은 그녀에게 야간학습반에서 어머니들에게 표준어를 가르치는 일을 맡아보지 않겠냐고 제안했다. 그녀는 곰곰히 생각해보았다. 우선 고향에 머물면서 의미 있는 일에 참여할 수 있고 게다가 남을 돕는 보람까지 느낄 수 있는 일이라면 그야말로 일조이석이 아니겠는가? 고등학교 문과 출신에다가 지금은 장쑤성 우시타이후대학(江苏无锡太湖学院)에서 금융학을 전공하고 있는 자신이 어머니들에게 충분히 수업을 진행할 수 있다는 자신감이 생겼다.

첫 수업이 있는 날, 많은 사람이 교실로 몰려왔다. 친 서기는 판무즈더러 강단에 올라 가서 말해달라고 했다. 나중에 그녀는 쑥스러워하며 말했다. '강단에 올라가니 뭘 말해야 할지 아무 생각도 나지 않았어요. 너무 긴장해서 머릿속이 하얘졌죠.' 내 기억 속 그녀의 첫마디는 '아주머니, 이모님, 할머니, 여러분 안녕하세요! 여러분들이 배움에 대해 간절히 열망하는 모습을 보니 제 마음도 벅차오릅니다. 제가 배운 것을 모두 기꺼이 나눠드리고 가르쳐 드리고 싶어요.' 그녀는 처음에는 중국어로, 이어서 다시 묘족어로 다시 설명해주었다. 표준어와 묘족어 두 가지 언어로 수업을 진행한 셈이었다. 따라서 그녀의 강의는 매우 효율적이었고 모두가 잘 이해할 수 있었다.

그 후로 그녀는 방학이 되어 고향에 돌아올 때마다 야간 학습반에서 선생님이 필요하면 언제나 두말없이 대리교사로 강의하러 나왔다. 그리고 자신의 어머니도 설득하여 수업에 참여하도록 하였다. 최근 몇 년 사이 그녀의 가정형편도 점차 나아졌다. 그녀는 자주 자매들과 함께 여행을

(상)2020년 판무즈선생님이 어머니에게 표준어를 가르치다, (하)2010년 학생 판무즈(潘木枝)(왼쪽)가 교실에서 공부하다

떠났고 가끔은 아버지와 어머니도 모시고 함께 떠났다. 그녀의 어머니 판춘미(潘春迷)는 사람들과 소통하는 것은 하나의 학문이라 생각했는데 무엇보다 중요한 것은 중국어 표준어를 익히는 것이라고 여겼다. 그렇게 모녀는 스승과 제자가 되었고, 판춘미는 자연스럽게 우리와 같은 반 동기가 되었다.

판무즈는 아름답고 선량한 처녀였다. 그녀는 우리의 마음을 이해해주었고, 우리가 무엇을 생각하고 있는지 정확히 파악했다. "어머님들을 통해 저는 긍정과 열정, 행복과 희망을 보았습니다. 그것은 마치 어머님들의 눈동자에 반짝이는 빛과 같아서 내일을 훤히 밝혀주지요." 그녀는 우리 눈을 바라보며 말했다.

남편도 그런 말을 했었다. 우리 눈에서 분명 빛이 나온다고. 나는 몰래 판무즈의 눈을 살펴보았다, 그녀의 시선은 깨끗했고 눈빛은 생기를 띠었으며 부드럽고 자애로웠다.

나는 그녀와 이런저런 이야기를 나누다가 대학교에 가게 된 경위에 대해 물었다. 이야기를 듣고 나서야 비로소 그녀 역시 대학에 가기까지 많은 어려움을 겪었음을 알게 되었다. 그녀 집에는 모두 다섯 아이가 있었는데 아버지가 장사에서 손해를 보면서 가정형편이 많이 어려워졌다. 그 무렵 그녀의 언니가 대학교에 합격했다. 아버지는 언니더러 학교를 그만두고 집에 돌아와 동생들이 공부할 수 있도록 일손을 보태라고 설득했다. 가정 재산을 한 사람을 위해 모두 투자할 수 없다고 생각하였던 것 같았다. 그러나 어머니는 그렇지 않았다. 언니가 학교를 접고 집에 돌아와도 큰 도움이 되지 않을 것이며, 오히려 대학을 마치고 나중에 좋은 직장을 구하는 게 더 보탬이 된다고 주장하였다. 드디어 개학일 날이 되자 어머니가 몰래 언니를 불러내 일단 학교에 가서 등록부터 마치라고 했다. 학비 문제는 어떻게든 해결해주마하며 안심시켰다. 나중에야 이 사실을 알게 된 아버지는 생각 밖으로 크게 화를 내지 않았고 그저 길게 한숨을 쉬더니 결국 돈을 마련해 언니에게 보내주었다. 실은 아버지도 무조건 자식들의 공부를 반대하는 것이 아니었다. 실제로 살기가 너무 팍팍했던 것뿐이었다. 언니는 부모님의 고충과 수고로움을 헤아렸기에 스스로 돈을 벌기 시작했다. 그녀는 공부와 아르바이트를 병행하며 마침내 등록금과 생활비를 모두 스스로 마련하여 더 이상 집에 손을 내밀지 않았다. 대학을 졸업한 언니는 지금 난닝(南宁)에서 일자리를 찾았으며, 자신의 월급으로 동생들의 학비를 대주고 있다. 판무즈는 눈물을 흘리며 고달팠던 지난 시절을 이야기했고 나 역시 가난했던 지난날이 떠올라 함께 눈물을 흘렸다. 그리고 이런 생각이 들었다. 그래, 비슷한 경험을 한 사람만이 진심이 통하는 법이야! 마치 판무즈와 나처럼.

'저는 저희 어머니께 가장 깊은 감사를 드리고 싶습니다. 어머니는 사리와 이치에 밝으신 분입니다. 비록 학문적 공부는 하지 못하였으나 교육의 중요성은 누구보다도 잘 알고 있었습니다. 나는 어머니가 정말 대단한 분이라고 생각합니다. 만약 어머니가 아니었었다면 언니도 대학공부를 하지 못했을 것이고 나 역시 학교에 다니지 못했을 것입니다. 부모의 태도가 자식에게 미치는 영향은 정말 크다고 생각합니다'

그녀의 눈빛에는 따뜻한 온기가 감돌았다. 순간 나는 어린 시절의 기억이 떠올랐다. 우리 집에도 5남매가 있었고 집안 형편도 매우 가난하였다. 차이점이라면 당시 우리 집은 가난을 버텨낼 해법을 찾지 못해 공부를 포기할 수밖에 없었던 반면에 판무즈(潘木枝) 일가는 끝까지 버텨내 운명을 개변시켰다는 점이다.

그녀의 어머니도 야간 학습반 등록을 마쳤다. 그런데 공부가 어려워 판무즈가 특별히 수업 후 보충 수업을 해주고 있었다. 판무즈는 늘 농담 삼아 말했다. 엄마는 장난기가 많고 수업 시간에 옆 친구와 속닥거리고 따라가기 힘들어 보충 수업함에도 불구하고 여전히 힘들어하신다고 말했다. 겉으로는 엄마가 '낙제생'(學渣)이라며 툴툴거렸지만 속으로는 자신이 예전에 영어 배울 때 사람들 앞에서 말하는 게 두려웠던 것처럼, 엄마도 단지 창피해서 조심스러워할 뿐이라는 걸 잘 알고 있었다. 때문에 판무즈는 늘 엄마더러 되도록 중국어를 많이 사용해 보라고 독촉하였다. 평생 한 번도 학교에 가본 적이 없는 어머니가 어쨌거나 용기를 내어 교실 문을 떼고 들어간 것만 해도 결코 쉬운 일이 아니었다.

이제 그녀의 부모님은 우잉(烏英)을 떠나 구이저우의 한 양식장에서 일하고 있다. 재미있는 것은 그녀 어머니가 과거 묘족 마을에서 중국어를 배울 때는 수줍어서 말도 꺼내지 못하고 진도도 더뎠는데 구이저우에 가서는 어느새 당당하게 말할 수 있게 되었다는 점이다. 그 이유는 함께 일하는 동료 중 대부분이 둥족(侗族) 사람들인데 서로 소통하려면 중국어 아니면 둥족어(侗族語)를 써야 했기 때문이다. 그녀의 어머니는 둥족어를 할 줄 몰랐기에 어쩔 수 없이 중국어를 선택할 수밖에 없었다. 사실 어머니는 예전에 묘족 마을에서 이미 기본적인 단어와 문장들을 꽤 익혀두었는데 그런 것들이 기본 바탕이 되어 실생활에서 바로 활용할 수 있었다. 어쩌다 판무즈가 어머니에게 전화를 걸어오면 어머니는 유창한 표준어로 주변 사람들에게 자랑한다. '딸이 내게 전화했네요.' 정말 그러했다. 새 환경은 어머니의 학습 성과를 시험하였고 또 어머니의 언어공부에 큰 도움이 되었다.

"방학을 맞아 고향에 돌아올 때마다 마을 모습이나 주민들의 정신면모가 확연히 달라진 것을 느낄 수 있었고 완전히 달라진 고향의 풍경을 느낄 수 있었어요." 판무즈가 활짝 웃으며 말했다.

'환골탈태'(脱胎换骨)란 '본성을 완전히 바꾼다'라는 의미의 성구이다. 나는 이 말의 의미를 잘 이해하고 있다. 말 그대로 태아 때의 살과 뼈를 다 바꿔서 겉모습뿐 아니라 내면까지 완전히 변화시킨다는 뜻이다. 그녀처럼 반년에 한 번쯤 고향에 돌아오는 사람은 말할 것도 없이 우리처럼 먀오자이에서 쭉 살아가는 촌민들마저도 마을의 천지개벽을 매일 실감하고 있는 중이다.

최근 마을에는 청년자원봉사협회가 결성되었는데, 이 협회는 마을의 초·중·고등학생과 대학생들로 이루어졌다. 이들은 방학과 주말을 활용해 도로 옆 묘목에 물을 주거나, 옛 물건들을 수집하고, 마을 순찰과 보호활동을 펼친다. 판무즈는 이 협회의 핵심 멤버로써 방학이 되어 집에 돌아오면 매일 오후 협회 회원들을 이끌고 마을 쓰레기를 줍고 공공시설을 점검하며 임시 도서관에서 책을 읽는 등 캠페인을 벌인다. 그리고 밤이 되면 야간학습반 여성들에게 문화수업을 가르친다. 그녀는 벌써 2년 넘게 겨울, 여름방학을 활용하여 꾸준히 수업을 진행하고 있다. 하지만 마치 끝없는 에너지가 솟구쳐 오르는 듯 한 번도 피곤한 내색을 보이지 않았다.

'10여 년 전, 나는 먀오자이 아이들과 함께 산길을 따라 15km 떨어진 간둥(杆洞) 초등학교까지 걸어서 다녔어요. 매번 세 시간 넘게 걸어야 했고 발이 저릴 정도로 힘들었어요. 또 학교 식당에 바쳐야 할 장작을 줍느라 자주 산에 올라가야 했는데 넘어지면 다시 일어나 장작을 주어야 했지요. 너무 힘들어서 눈물이 저절로 나왔죠. 이제는 시멘트 포장도로가 외부로 뚫려 있어 차를 타고 마을 밖에 있는 학교에 다닐 수 있어서 훨씬 편해졌어요. 요즘 우리 먀오자이 마을을 찾는 사람들도 점점 많아지고 있지요. 나는 그저 우리 마을 사람들과 함께 힘을 모아 우리 마을을 더 아름답게 가꾸어 가고 싶을 뿐이에요.' 그녀는 솔직한 성격의 처녀였다. 마음속 생각을 있는 그대로 보여주는 가식 없는 모습은 모두의 마음을 사로잡았다.

본격적인 수업이 시작되자 판무즈가 큰 소리로 '여러분, 안녕하세요!'라고 말하였다. 그녀는 잠시 침묵하더니 우리를 응시하였다. 우리는 영문도 모른 채 자리에 앉아 서로의 얼굴만 쳐다보았다. 다들 당황한 기색이 역력했고 도대체 뭘 어떻게 해야 하는지 전혀 감을 잡지 못했다. 다시 판 선생님을 올려다보니 그녀도 말없이 제자리에 서 있었다. 우리는 선생님이 왜 갑자기 침묵하는지 또 어떻게 반응해야 하는지 어리둥절해졌다.

한참 지나서 그녀는 수업 시작 전 선생님이 '여러분 안녕하세요?'라고 인사하면 학생들도 '선생님, 안녕하세요!'라고 대답해야 하고 수업을 마치고 나서 선생님이 '얘들아 안녕'이라고 하면 학생들도 '선생님 안녕'이라고 대답하는 것이 수업 예의라고 알려주었다. 그녀는 매번 수업 시간마다 이런 예의를 반드시 지켜야 된다고 하였다.

아, 원래 수업 시간에도 지켜야 할 예의가 있다니! 알면 알수록 교실 안의 세상은 모든 것이 너무나 신기하고 경이로웠다. 우리는 죄송한 마음이 들었고, 동시에 수업에 대한 궁금증과 기대감이 증폭되었다. 절대로 많은 이들의 헌신과 노력이 헛되지 않도록 더 열심히 배워야겠다고 다짐하고 또 다짐하였다.

날이 갈수록 판 선생님과 점점 친해지고 우리는 서로 속마음을 터놓고 이야기할 수 있게 되었다. 그녀는 야간 학습반 학우들을 가르치면서 처음으로 학생들 앞에 섰다며 많이 긴장되었다고 말했다. 하지만 우리 학생들은 전혀 눈치채지 못했다. 오히려 인내심 많고 경험이 풍부한 선생님이라고 오해할 정도로 노련하게 학생들을 잘 가르쳤다.

"첫 수업 시간에 강단에 올라 '여러분 안녕하세요?'라고 인사를 했는데 누구도 응답해 주지 않는 거 있죠, 교실은 쥐 죽은 듯 조용했고 심장 뛰는 소리만 들렸어요. 긴장을 넘어 매우 당황스러웠지요. 교단 아래에서 학생들이 망연한 눈빛으로 나를 바라보는데, 그 상황을 보고 나는 큰 충격을 받았어요. 아주 기본적인 수업 예의조차 경험해 보지 못한 어머님들이구나! 그 순간, 나는 반드시 좋은 수업을 이들에게 선물하리라고 생각했어요."

"솔직히 말하면 포기하고 싶은 순간도 있었어요. 하지만 생각해보니 어머님들이 낮에는 산에 올라 일을 하시고, 저녁에는 피곤한 몸으로 수업에 참여하잖아요. 그 이유는 단 하나 지식에 대한 갈망과 열정 때문이었죠. 그런 어머님들의 모습을 보면서 너무 쉽게 무너지는 제가 한없이 약해 보였어요. 그리하여 마침내 마음을 다잡고 끝까지 견지하기로 하였지요."

판 선생님은 정말 사랑스러운 처녀였다. 그녀는 자신의 마음을 숨김없이 우리에게 보여주었고 우리도 더욱 분발하여 학업에 매진하였다. 우리는 판 선생님을 따라 '안녕하세요, 저는 ***입니다. 저는 우잉 마을에 살고 있어요.'라는 몇 마디를 여러 번 읽으며 간단한 자기소개 방법을 익혔다. 처음에는 말할 때마다 계속 웃음이 터져 나왔다. 그러자 판 선생님이 한 가지 방법을 생각해 냈다. 수업 시간마다 한 명씩 학우들 앞에 서서 자기소개를 하는 것이었다. 더 이상 웃을 수 없었고 수업 시간에 웃은 걸 많이 후회하였다. 한 명씩 일어서서 자기소개를 하는데 다들 말을 더듬고 목소리가 많이 떨렸다. 바깥 날씨와는 대조적으로 이마에는 식은땀이 송골송골 맺혔다.

솔직히 말해, 이건 아주 간단한 몇 마디에 불과하다. 유치원 어린애라도 텔레비전을 조금만 보면 금방 익힐 수 있는 말이지만, 우리처럼 나이 든 아줌마들에게는 그리 쉬운 일이 아니었다. 하지만 판 선생님의 방법은 꽤 효과적이었다. 우리는 마음속으로 쉼없이 연습했고 외부 사람들 앞에서 점점 더 자연스럽게 자기를 소개할 수 있게 되었으며 목소리도 떨리지 않았다. 이제 우리는 예전의 조용하고 수줍음 많은 농촌 아낙네들이 아니었다. 멀리서 온 외지 손님을 만나도 피하지 않고 당당하게 숙련되지 않은 표준어로 인사를 나누고 집으로 모셔 유차를 대접할 수 있게 되었다. 먀오자이에는 내세울만한 선물은 없지만 우리네 삶의 희로애락을 담은 유차가 있었다.

"수업에서 배운 지식을 실제 생활에 적용하는 것을 '학이치용(學以致用)'이라고 합니다. 배운 지식을 실제 생활에 적용해야만 비로소 일상 교류에서 부딪치는 언어적 어려움을 진정으로 해결할 수 있죠. 여러분은 매일 성장하고 있고 이는 그야말로 모두가 축하해야 할 경사가 아닐 수 없습니다."

판 선생님의 격려 덕분에 우리는 공부에 대한 자신감이 한층 더 커졌다. 처음엔 수업이 많이 부담스러웠지만, 이제는 마을에서 이웃끼리 자연스럽게 서로 표준어로 대화하고 심지어 손주들을 데리고 공부하러 오는 할머니, 할아버지까지 있을 정도였다. 야간 학습반은 온 마을의 남녀노소가 모여 함께 어우러져 살아가는 대가족 모임같았다. 우리는 사적인 장소에서 만나도 중국어를 사용하려 노력하였다. 아직 표준어가 매끄럽지 않고 가끔 원하는 표현을 찾지 못해 애가 탈 때도 있지만 이상하게도 우리는 모두 이런 과정을 즐기기 시작했다.

판 선생님은 우리에게 스마트폰 사용법도 친절하게 가르쳐 주었다. 우리는 학습용 그룹 채팅방을 만들고 매일 중국어로 대화를 나누며 서로 학습 의지를 북돋아주고 꾸준히 견지할 수 있도록 격려하였다. 채팅이 시작되면 분위기는 늘 활기로 넘쳤다. '일어났어?' '밥은 먹었어?' '오늘 어디 가는 거야?'…… 낮에 산일을 하다 쉴 틈만 생기면 모두가 제일 먼저 채팅방으로 들어와 수다를 떨곤 한다. 이쯤 되면 우리에게 익숙하면서도 낯설게만 느껴졌던 중국어가 마치 몸의 피로까지 말끔히 씻어내는 듯하였다.

한 번은 판 선생님이 며칠 동안 수업하러 나오지 못하였다. 우리는 그녀에게 무슨 일이라도 생긴 건 아닌가 하는 생각에 가슴이 조마조마했다. 학생들 사이에서는 그녀가 아파서 못 나온 것이라는 추측이 돌았다. 시간이 흐를수록 우리는 그녀를 더욱 걱정하게 되었고, 부디 그녀가 무사하고 모든 일이 순조롭기를 진심으로 바랐다. 선생님이 학교에 나오지 않는 동안 우리는 영상을 찍어 보내기로 했다. 한 명씩 돌아가며 카메라 앞에 섰다. '판 선생님, 저희 선생님 정말 보고 싶어요.' 더 긴 문장을 표현할 방법이 없어 이렇게 간단한 말로나마 마음을 전했다. 우리가 보낸 메시지를 받고 그녀가 어떤 반응을 보였을지 궁금하였다. 시간이 지나고 나서야 그녀가 말해줬다. 우리의 화상 메시지를 받고 눈물을 흘렸다고. 그녀는 참으로 존경스럽고 본받고 싶은 분이었다.

*

판무즈를 직접 만나기 전에 나는 이미 그와 간단히 전화통화를 한 바 있다. 우리 두 사람의 통화 시간은 한 시간 넘게 이어졌다. 그녀는 1999년생 우잉 마을의 새 시대 청년 여성이었다. 입담이 좋아 말을 재미있게 할 뿐 아니라 목소리도 아주 듣기 좋았다. 나는 그녀가 열정적이고 친절하며 진취적이고 긍정적인 성격임을 분명히 느낄 수 있었다. 직접 만나고 보니 소박한 옷차림에 연한 메이크업을 하고 있었다. 예의 바르게 대화를 이어나갔고 사유도 매우 명석하였다. 금방 대학교를 졸업하고 직장 생활을 시작한 사회 초년생이라는 느낌이 전혀 들지 않았다. 현재 그녀는 고향과 가까운 난닝의 한 은행에 취직하고 있는데 자신의 전공과 적합한 직장이었다. 20년 전까지만 해도 우잉 사람들은 누구도 먀오자이의 가난한 소녀가 성 소재지에서 일자리를 구하게 될 것이라고 상상도 못했을 것이다. 지금 그녀와 언니는 둘 다 난닝에서 직장을 찾고 잘 살고 있다. 이는 교육의 힘을 보여주는 좋은 사례가 아닐 수 없다. 산속의 여자들도 교육을 받으면 충분히 이 산골을 벗어나 넓은 세상으로 나아갈 수 있음을 다시 한번 증명하여 주었다.

그녀를 보자마자 나는 그녀 이름의 의미가 궁금해졌다. 그녀는 호호 웃으면서 “사실 제 이름은 먀오자이 마을의 어르신이 지어주신 건데, 우연히도 <나무는 산에서 자라고 가지는 나무에서 뻗어 나갔으나 당신을 향한 이 마음 그대는 모르리라>(山有木兮木有枝, 心悅君兮君不知)는 옛 시

판무즈선생님이 쭈그리고 앉아 설명하다

구의 구절과 맞아떨어졌지 뭐예요. 전 이러한 우연이 너무 좋았어요. 우잉의 산과 물, 울창한 숲을 담았을 뿐만 아니라 민족문화의 향기까지 느낄 수 있으니까요."

우잉의 야간 학습반 이야기를 꺼내자 그녀의 눈빛에 실망이 스쳐 지났다. 이어 힘없이 말했다. "제가 어머니들께 표준어를 가르치는 영상을 온라인에 올렸더니, 한 누리꾼이 제 표준어 발음이 틀렸다면서 가르칠 자격이 없다고 하더군요. 사실 그 말이 맞는 말이라는 것도, 약간의 억양이 있다는 것도 잘 알고 있어요. 어릴 때 매우 한정된 교육 여건 때문에 어쩔 수 없었던 것이었죠. 저는 학교 때 성적이 우수하여 줄곧 중점학교 특별반을 다녔으나 표준어를 배우기 시작한 것은 초등학교 5~6학년이 다 돼서였지요. 마을 아이들도 중학생이 다 되어서야 비로소 표준어를 사용하기 시작하였지요. 우잉 마을 촌민들의 평균 표준어 실력은 그다지 높은 편이 아니에요."

사실 판무즈는 표준어를 꽤 잘했고 발음도 또렷하고 표현 역시 매끄러웠다. 내가 위로하기도 전에 그녀는 얼굴에 미소를 띠며 말했다. "하지만 이런 부정적인 평가는 잠시뿐이었어요. 중요한 건 어머니들이 용기를 내어 첫걸음을 떼고, 진짜로 표준어를 배웠다는 점이에요. 처음 수업에 올 때만 해도 마치 갓 입학한 신입생마냥 눈빛에 자신감이 없었고 쭈뼛쭈뼛 망설이기만 했어요. 그런데 지금은 다들 당당하게 표준어로 대화를 나누고 있잖아요. 비록 발음이 완벽한 건 아니었지만 대체적인 의미는 알아들을 수 있게 되었지요."

판무즈는 사실 자신이 어머니들에게 표준어를 가르친다고 생각하지 않았다. 그저 그녀들이 마을 밖의 세계가 얼마나 다채로운지 알려주고 방향을 제시해 준 것뿐이라고 생각하였다. 그녀는 어머니들과 소통하고 함께 배우고 성장하고자 하는 마음가짐으로 강단에 섰다.

"이 사진 좀 봐요. 판 선생님, 왜 쪼그리고 앉아 어머님들께 수업하고 있나요?" 내가 사진 한 장을 꺼내 보이며 말했다.

판무즈는 미소를 지으며 "다 이유가 있지요. 어머니들은 기초지식이 없다 보니 수업 시간만 되면 엄청 긴장되어 있었어요. 그런데 표준어는 긴장하면 할수록 더 배우기 힘들거든요. 저는 일부러 쪼그리고 앉아서 수업했어요. 그들의 막내딸이 곁에서 도와주고 있다는 친근감을 줌으로써 선생님이 아니라 가족이라는 인상을 남기고 싶었어요. 그리하여 서로 거리감을 좁히고 마음 놓고 편안하게 배울 수 있는 여건을 마련하고자 했어요."

판무즈는 정말 세심하고 마음씨 착한 처녀였다. 게다가 교육심리학까지 완벽히 꿰뚫고 있었다. 나는 판무즈처럼 우잉 먀오자이에서 나서 자란 새 시대 젊은 여성들에 대해 더 깊은 요해를 할 수 있게 되었다. 그들이 고향을 향한 열정을 자신의 어머니들에게 나누어 드리는 모습에 존경을 금할 수 없었다. 그들은 우잉 먀오자이 신세대 여성으로서 전혀 손색없었다.

멀고 먼 배움의 길

"우잉의 '대' 학생들, 저녁 수업 잊지 마세요! 모든 '대' 학생들은 반드시 참석해야 합니다. 식사를 마친 분들은 얼른 오세요!" 수업이 있는 날이면 마을방송을 타고 판 샌펑(潘先峰) 선생님의 익숙한 목소리가 울려 퍼진다.

우잉 소학교에서 교사로 일하는 판 선생님은 야간 학습반 교사가 부족하다는 것을 알고 낮 수업을 마치고 밤에는 야간 학습반 강사로 나섰다. 그는 시험지 채점과 이튿날 수업 준비 등 업무에 지친 몸에도 불구하고 시간을 쪼개서 우리에게 강의를 해주셨다. 그는 자신이 가르치고 있는 초등학생들의 예를 들며 우리가 더욱 분발해야 한다고 격려하였다. "지금 여러분은 우잉의 '대학생'이자 한 가정의 어머니이기도 하죠. 여러분의 학습 태도가 집안 아이들에게 큰 영향을 미칠 수 있어요. 자녀들의 본보기가 되어야 합니다." 그때는 그저 격려의 말이겠거니 생각하고 특별히 신경 쓰지 않았다. 나중에야 우리는 비로소 그의 말의 깊은 함의를 깨달았다.

마을 사람들의 공부에 대한 열정은 점점 더 커져갔다. 아이들을 혼낼 때마다 번번이 우리 사례를 든다. "할머니들은 나이가 저렇게 많아도 열심히 배우는데, 너희는 지금 학교에서 맘껏 공부할 수 있는 나이에 정말 소중히 여기고 잘 배워야 하지 않겠니?" 아이들은 말없이 우리를 지켜본다. 그리고 얼마 지나지 않아 더 많은 소녀들이 직접 어머니를 모시고 야간 학습반에 와 어머니 곁에 앉아 함께 수업듣는다. 딸들이 인내심 있게 어머니를 도와 복습하고, 손잡고 글씨 쓰기를 도와주는 모습을 보며 판 선생님은 강단 위에 서서 흐뭇한 미소를 짓는다. 어느 날 판 선생님은 농담조로 말했다. "여러분 같은 할머니들을 가르치는 게 오히려 어린애들보다 훨씬 어렵다니까요." 새로운 내용을 접할 때마다 늘 진도가 늦춰지고 이해는 더뎠으며 그저 조바심 때문에 마음만 급해졌다. 그런데 마음이 급해질수록 머릿속은 더 혼란스럽고 새하얗게 변해갔다.

"소에게 이 정도로 가르쳤다면 아마 소도 다 알아들었을걸."

학급 동기 판메이우(潘妹屋)가 자조 섞인 어조로 말하였다. 당시 판 선생님은 우리에게 새 문장을 가르치고 있었는데, 서른 번 넘게 반복해 가르쳤으나 여전히 제대로 익히지 못하고 있었다. 솔직히 밭갈이하는 소에게 가르쳤더라도 벌써 훨씬 잘했을 수도 있었겠다는 생가이 들었다. 우리는 모두 참지 못하고 웃음을 터뜨렸다. 그러나 마음 한구석은 왠지 씁쓸하였다. 판 선생님은 우리를 비웃지도 포기하지도 않았다. 되려 계속해

(상)판(潘)선생님이 초등학생들을 가르치다, (하)판선생님이 나이 많은 학생들을 가르치다

서 우리를 격려하였다. “여러분 모두 자신에게 믿음을 가져요. 지금 막 시작 단계이니 당연히 어렵겠지만, 천천히 하다 보면 분명 익힐 수 있어요. 절대 낙심하지 마세요.”

판 선생님은 묘족 마을에서 오랫동안 교육 활동을 하며 효과적인 교수법을 개발해냈다. 바로 ‘이중언어 교수법(双语教学)’인데, 먼저 표준중국어로 설명한 후, 다시 묘족어로 해석해 주고 마지막에 병음(병음 문자)과 함께 익혀가는 방식이었다. 평소에는 동영상 시청 같은 다양한 방법을 활용해 아이들이 중국어 단어와 실제 사물 사이의 관계를 자연스럽게 이해할 수 있도록 도왔다. 아이들은 언어 감수성이 뛰어나기 때문에 시간이 흐르면서 자연스레 중국어를 이해하고 결국 유창하게 말할 수 있게 된다. 그는 이 방법을 그대로 우리에게도 적용해보기로 하였다.

친 서기는 ‘이 방법은 매우 효과적이에요. 모두가 포기하지 않고 열심히 배운다면 못 배워낼 게 없어요.’라며 우리를 격려했다.

우리는 모두 그의 말을 믿었다. 정말로 배울 수 없는 상황이라면, 이렇게 많은 이들이 애쓰지 않았을 것이다. 시 정부와 성 정부는 물론 심지어 베이징에서까지 선생님들을 파견해 이곳을 지원하는 이유는 단 하나, 바로 우리가 스스로 문화와 지식을 익힐 수 있는 능력을 키우기 위해서였다.

친 서기는 여러 번 이렇게 말했다. “여러분이 조금씩 나아지는 모습을 볼 때마다 마음이 뿌듯하고, 이곳에 머물며 함께하는 삶도 더욱 가치 있는 것 같아요.” 우리는 이 말을 들을 때마다 마음속으로 다짐했다. 반드시 중국어를 잘 배우고 스스로 글자를 익혀 언젠가는 두꺼운 책들도 스스로 읽을 수 있도록 노력하리라. 밤낮없이 우리를 위해 헌신하는 선생님들

량샹미(梁香迷)가 생각에 잠긴 표정으로 마카오에서 온 자원봉사자가 학생들을 가르치는 걸 바라보고 있다. 당시 그는 후에 자기도 교실에서 공부하게 될 줄 생각지 못했을 것이다.

의 기대를 저버릴 수 없다.

묘족 마을의 야간 학습반은 점점 소문이 나면서, 갈수록 많은 산 너머의 사람들이 찾아오기 시작했다. 교육 봉사하러 온 자원봉사자들, 인터뷰하러 온 기자들, 민속 조사를 하러 온 학자 등 각계 인사들이 우리의 식견을 넓혀 주었다. 그리고 이들은 하나같이 그림 같은 마을 풍경과 촌민들의 후더운 인심에 깊이 매료되었다.

선생님들은 전국 각지에서 왔는데 광둥(广东), 산시(陕西), 베이징(北京) 출신도 있고, 마카오(澳门)에서 온 젊은이들도 있다. 마카오 젊은이들은 마카오청년예능자원봉사단(澳门青年艺能志愿工作会) 소속 지원자들로서 이미 우잉에서 여러 차례 봉사 교육 및 교류 활동을 펼친 바 있다.

그들이 전한 바에 따르면 '마카오 특별행정구 정부는 학생들의 애국주의 교육을 특히 중시할 뿐만 아니라 청소년들이 중국 내 학교에 입학하여 공부하고 교류하는 것을 적극 권장한다'고 한다.

몇 년 전부터 그들은 이미 광시(广西) 허저우(贺州)의 산간 지역에서 교육 봉사 활동을 시작했다. 그러다 우연히 인터넷에서 황기자가 보도한 우잉 학교에 대한 소식을 접하게 되었는데, '이 학교가 두 개의 성(자치구)에 걸쳐 있다'는 사실을 알고 관심을 갖게 되었다. 2018년 10월, 사업 소조 임원이었던 량추쥔(梁楚君)과 정페이치(郑佩琪)가 강한 호기심을 갖고 우잉을 찾았다. 그녀들은 우잉에 오기 전에 인터넷으로 우잉에 대한 다양한 정보를 상세히 수집했으며 관련된 사전 준비를 철저히 마쳤다. 충쟝(从江)에 도착한 뒤 현지 운전기사를 청해 가이드 일을 맡겼다. 그러나 깊은 산속에 들어가면서 통신 신호가 단절되는 바람에 네비게이션조차 작동되지 않았다. 결국 한참을 이리저리 헤매고서야 현지 주민들을 만날 수 있었고 그들에게 길을 물은 끝에 마침내 산속에 깊숙이 숨어 있는 이 묘족 마을에 도착할 수 있었다.

오후 다섯 시 반, 마을 사람들이 일을 마치고 집으로 돌아갈 즈음에 그녀들이 마을에 도착했다. 얼핏 보아도 외지에서 온 것이 틀림없었다. 말투도 다르고 복장도 특이한 이 두 낯선 사람은 마을 사람들과 언어 소통이 안되었다.

당시 우리는 표준어를 할 줄 몰랐기에 멀리서 온 손님을 만나도 간단한 인사조차 건네지 못했다. 마음속으로는 이것이 우리 묘족의 손님 접대 예의에 어긋난다는 걸 알면서도, 표준어를 모르니 어쩔 수 없었다. 기어이 한마디 하라고 하면 당황해서 손사래 치며 '와마푸'만 연이어 외쳤다. '와마푸'는 '난 몰라'라는 의미인데 그마저도 상대방은 아예 알아들을 수 없었다.

2019년 8월, 량추권은 다시 한번 팀을 이끌고 우잉에서 무상 교육 봉사 활동을 진행했다. 그들은 우잉 아이들에게 빙피(冰皮) 월병 만들기, 노래「칠자지가」(《七子之歌》) 부르기, 연극「마각」(《妈阁》) 공연하기 등 생동감 있고 흥미로운 수업을 제공했으며, 취미운동회, 농구 친선 경기, 만두 빚기, 탕위안(汤圆) 만들기, 오락 예능대회 등 다양한 행사를 기획하고 무대를 꾸며 주었다. 당시 우리 여성들은 그저 부러운 마음으로 옆에서 지켜볼 수밖에 없었다.

교육자원봉사단 단원들은 이뿐만 아니라 학교 리모델링과 루성광장(芦笙广场) 보수 작업에도 팔 걷고 나섰다. 우잉에 갓 도착했을 당시, 그들은 학교 시설과 주변 환경 개선이 필요함을 느꼈다. 그리고 더 밝고 깨끗한 학습 환경을 위해 학교 내 외벽 전체를 새로 꾸미기로 하였다. 페인트 작업 경험이 있는 팀원들이 직접 도색 작업 전 과정을 맡아서 완성했다. 비어 있던 벽면에 아름다운 벽화나 교육 슬로건을 그려 넣어 아름다운 교육 공간을 선물해주었다.

야외 활동을 하던 중 그들은 루성광장 지면이 울퉁불퉁 평탄하지 않아 비가 올 때마다 물이 고여서 아이들과 마을 주민들 통행에 큰 불편을 끼친다는 사실을 알게 되었다. 이에 그들은 마을 사람들과 함께 광장 보수 계획을 꼼꼼히 세우고, 광장 보수 프로젝트를 작성하여 마카오 해당 부처에 제출하였다. 그리하여 마침내 마카오에서 자금을 후원하고 마을 사람들이 노동력을 제공하는 방식으로 광장 보수공사를 성공적으로 마무리하였다. 이 사업은 우잉학교 교육 환경의 실질적 개선은 물론이고 우리 먀오자이와 마카오 친구들 사이의 신뢰와 우의를 더욱 돈독히 하는 계기가 되었다. 마카오 청년예능자원봉사단 소속 단원들은 거의 해마다 우잉을 찾아와 학용품을 전달하고 아이들에게 수업을 진행할 뿐만 아니라, 우리 야간학교에 다니는 여성들에게도 교육 프로그램을 제공하고 있다.

우리는 이제 초보적으로나마 중국어로 자신의 감정과 생각을 표현할 수 있게 되었다. 쉽지는 않지만 계속 연습하며 천천히 익혀나갈 것이다. 마카오의 젊은이들은 우잉을 이해하고, 이곳의 풍부한 민족문화와 소박한 풍속을 더욱 깊이 있게 체험하고 있다. 그들은 우리에게 '사랑해'와 같은 간단한 광둥어를 가르쳐주었다. 우리는 표준어를 통해 또 다른 문화를 체험할 수 있었다.

사업팀 팀장이 감탄하며 말했다. "요즘은 서로 소통하기 정말 편하지요, 모두 직접 대화할 수 있으니까요!"

마을 사람들은 감사의 마음을 담아 광장에 둥근 테이블을 차려놓고 마을 잔치를 벌였다. 여성들은 마치 큰 명절을 맞이한 듯 화려한 전통 의상을 차려입었고, 남성들은 루성(蘆笙)을 불며 흥을 돋웠다. 모두가 함께 묘족 노래를 부르며 흥겨운 시간을 보냈다. 온 마을은 기쁨으로 가득 찼다. 우리의 우의는 지금 여기서 뿌리 내리고 싹을 틔우고 있다. 그리고 언젠가 저 하늘을 향해 높이 높이 성장해 나갈 것이다!

"여러분들이 마카오에 오셔서 공연하는 그날을 기대할게요."

그들은 우리를 마카오에 초대하였다. 그리고 손을 흔들며 작별 인사를 하였다. 우리는 설레는 마음으로 또 하나의 아름다운 꿈을 품게 되었다.

*

우잉소학교 교사 건물은 지상 3층으로 이루어져 있다. 1층과 2층은 시멘트 벽돌 구조이며, 3층은 나무로 지은 마루방으로 바닥도 나무마루를 깔았다. 책상은 놓지 않고 양쪽에는 넓은 창문이 설치되어 유리창으로 햇빛이 교실 내부까지 환하게 비춘다. 벽에는 우잉 여성들이 손수 만든 화사한 전통 의복이 걸려 있다. 원래 이 3층은 무형문화유산 교실인데 묘족의 전통춤, 루성(蘆笙) 연주, 자수 등 다양한 전통 기술을 가르치는 공간으로 활용하였다.

'학교에서 매주 두 시간씩 무형문화재 수업을 합니다.'

판섄펑(潘先锋)선생님이 나를 데리고 3층으로 올라갔다. 그는 몸이 튼튼하고 피부가 검었으며 눈빛은 생기가 넘치고 입담도 좋았다.

무형문화재 수업이 곧 시작될 무렵, 교실에는 열두 명 되는 아이들이 단정히 앉아 있었다. 선생님이 들어오자 일제히 일어나 선생님께 인사를 올렸다. 판 선생님이 자리에 앉은 뒤에야 아이들도 쪽걸상에 다시 앉았다. 수업이 끝나면 의자는 곧바로 정리된다. 각자 손에 작은 루성(蘆笙)을 들고, 눈도 깜빡이지 않고 판 선생님을 바라보는 모습에서 오늘 수업이 루성 연주라느 것을 짐작할 수 있다. 판 선생님은 먼저 경쾌한 곡을 연주한 후, 학생들에게 연주의 요령을 차분히 설명하였다. 아이들이 일어나 루성을 불기 시작했고, 그 자세와 음색은 제법 그럴듯했다. 자세를 고쳐하는 모습은 어른의 진지한 기색이 엿보였다. 평소에도 애착을 갖고 열심히 연습해 온 듯하다. 그들의 눈빛에는 루성에 대한 진심 어린 애정이 가득 담겨 있었다.

무형문화재의 하나로 루성을 배운다는 것은 뜻밖이었지만 너무도

판선생님이 학생들에게 생황(소수민족 악기 일종)을 가르치다

당연한 이치였다.

"낮에는 아이들에게 수업하고, 밤이면 부녀들에게 표준어를 가르치는 것이 힘들지 않아요?"

금방 수업을 마친 판 선생님을 향해 나는 참지 못하고 이렇게 물었다. 그러나 바로 후회가 밀려왔다.

그는 잠깐 생각에 잠겼다가 말문을 열었다. "20년 전, 제가 우잉 소학교에 시험 감독을 하러 왔었어요. 당시 학생들의 성적은 겨우 30~40점에 불과했고, 마을 곳곳에 쓰레기가 널려 있어 위생 상태도 매우 열악했어요. 2020년 9월, 이곳으로 전근 오면서 주로 1학년 수업을 맡았지요. 다른 지역에 비해 이 마을 아이들은 학습 면에서 훨씬 더 큰 어려움을 겪고 있었으며, 학업 수준도 많이 뒤처졌어요. 주요 원인은 지리적으로 깊은 산 속에 자리 잡은 탓에 부모님들이 생계 때문에 부득이 외지로 떠나야 했고 아이들에게 정상적인 교육 환경을 조성하기가 매우 어려웠죠. 그리고 대부분 여성들이 오지에 남아 애들을 양육해야 했는데 그녀들조차도 중국 표준어는 둘째치고 글도 모르는 형편이어서 자녀 교육을 한다는 것 자체가 어불성설이었어요. 사실 그녀들도 공부에 대한 갈망이 컸답니다. 그때 당시 이미 여성 야간 학습반이 개설되었죠. 그러나 수업을 맡아줄 교사가 턱없이 부족하였답니다. 주재 간부들은 정기적으로 교사 채용을 하느라 많은 고생을 했지요. 이런 상황을 전해 듣고 저는 즉시 야간 학습반 강사에 지원하여 지금까지 동참하게 되었습니다. 저의 생각은 매우 간단합니다. 여성들이 야간 학습반을 통해 문화지식을 익히고 소양을 높이며 힘을 합쳐 아이들의 학습을 도울 수 있기를 바랄 뿐이죠. 아이들의 학습에 조금이라도 도움이 된다면 교사로서 이 정도의 수고로움은 아무것도 아니에요."

쉰 살이 훌쩍 넘은 나이에도 불구하고 대묘산(大苗山)에서 30년을 묵묵히 아이들 곁을 지켜온 판 선생님을 보며 나는 절로 존경심이 우러러 나왔다. 그와 동료 교사들의 끊임없는 노력 덕분에 우잉 마을 아이들은 꾸준히 성장하였다. 그가 맡은 학급성적도 크게 향상하여 평균 60~70점대를 기록했으며, 전 향(鄕) 순위에서 상위 3위에 들기도 했다.

"지금 우잉 여성들은 배운 지식을 노동과 생활에서 잘 실천하고 있어요. 농약 살포, 비료 사용, 닭과 양 사육 등 다양한 농업 생산 과정에서 이미 습득한 문화지식을 활용하고 있죠. 저는 저녁 야간 학습반 수업을 통해 그들에게 표준어를 가르쳐 주고 다음 날 낮이면 그들은 직접 휴대폰을 통해 외부와 소통하며 자신들이 재배한 채소 등 농산물을 팔아요. 표준어를 익힌 어머니들은 집에서 아이들과 중국어로 대화를 나눌 수 있게 되어서 자녀들의 성장에도 큰 도움이 되고 있어요."

판샌펑(潘先锋) 선생님은 우잉 마을 여성들의 발전과 크게 달라진 정신적 면모에 진심으로 감개무량해하였다.

묘가(苗歌)와 고전 시가의 만남

'선생님' 하면 나는 아버지를 떠올리지 않을 수 없다. 올해 72세 고령이지만 의연히 건강하시고 정신력도 남달리 좋으셔서 실제 나이보다 훨씬 젊어 보이신다. 야학 반은 정규직 교사가 없었기에 가끔 수업을 진행하지 못할 때가 있었다. 그때마다 마을 이장과 촌장이 아버지를 모시러 집까지 찾아왔다. 아버지는 두말없이 흔쾌히 승낙하였다. 그는 학교 문앞조차 가보지 못한 우리 같은 여성들을 가르치는 일을 매우 즐거워하면서 기꺼이 도맡았다.

지금 돌이켜보면 아버지 마음속에는 늘 교사의 꿈이 자리잡고 있었다. 하지만 당시 어머니 혼자 힘으로 집안의 대소사를 도맡아 하느라 숨돌릴 틈도 없었다. 게다가 어린 자식들은 아직 철부지들이어서 절대 방심하면 안 되었다. 아버지는 오랜 고민 끝에 결국 임시 교사 일을 그만두고 집으로 돌아오기로 했다. 어머니 홀로 가정의 중임을 떠맡게 내버려 둘 수 없었고 또 그렇게 해서도 안 되었다. 가정을 지키기 위해서는 반드시 두 사람이 함께 힘을 합쳐야 했다.

어느 날 문득 만약 아버지가 그때 직장을 그만두지 않고 계속 버텼

더라면 아마도 공립 전직 교사로 재직하지 않았을까 하는 생각도 들었다. 하지만 누구도 알 수 없는 게 인생이 아닌가? 아버지는 오히려 가볍게 넘겼다. '그 시절 우리 모두 너무 힘들었지. 어른은 어른대로, 아이들은 아이들대로 다들 어려웠지…… 이제는 그때의 아쉬움을 최대한 덜어내면서 살아가야 해.' 나는 아버지가 말하는 아쉬움이란 무엇인지 충분히 알고 있다. 우리가 학교 다닐 기회를 놓친 것, 아버지가 전직 교사가 될 기회를 놓친 것, 그런데 지금 그 두 가지 기회가 다시 우리 앞에 돌아온 것이다.

아버지는 수업 때마다 매우 진지한 태도로 우리를 마주하였다. 얼굴에는 늘 미소가 어려있었고 그 미소에는 엄격함과 기대감이 차 넘쳤다. 이 순간만큼 아버지는 진정한 스승이었다. 부엌에 나란히 앉은 나와 어머니, 그리고 여동생은 아버지의 최초의 학생이었고 그가 목숨 다해 사랑한 이 세 명의 '제자'는 그의 기대와 희망이었다. 야간 학습반이 시작된 후 아버지는 예전보다 훨씬 더 분주해졌다. 그러나 나는 그의 눈빛에서 아버지의 행복을 느낄 수 있었다. 수업이 있는 날 밤이면 아버지는 늘 교실까지 어머니를 데려다 주셨는데 어머니로부터 항상 반 발짝 떨어져 걸었다. 어머니가 혹시 미끄러져 넘어지기라도 하면 바로 손을 내밀 수 있는 딱 그 정도 만큼의 거리였다. 아버지 눈에는 오롯이 어머니밖에 없었고 어머니 역시 아버지밖에 몰랐다. 두 분은 마치 한 몸이라도 된 듯 한시도 떨어지지 않았다. 산골 민요 속의 '우리 평생 백년해로하세'라는 구절은 아마도 이런 경우를 두고 하는 표현일 것이다.

어쩌다 기분이 좋을 때면 어머니는 길가에서 잎이 큰 나뭇잎을 두어 장씩 따서 입에 대고 불기 시작한다. 나뭇잎의 종류는 별로 개의치 않았다. 어머니가 조금도 힘들이지 않고 가볍게 입을 모아 불기만 해도 맑고

수업시간에 열심히 공부하는 우리 가족. 아버지, 어머니 그리고 나

깨끗한 소리가 사방으로 퍼져나갔다. 마치 숲속에서 흘러나오는 새들의 지저귐 같았다.

"너희 아빠와 나 사이에는 특별한 암호가 있었단다." 어머니 얼굴에는 수줍은 기색이 감돌았고 눈에는 장난기가 어려있었다. 마치 갓 사랑을 시작한 소녀같았다. "그때 산에 일하러 가면 나는 산 이쪽에 있고 너희 아빠는 산 저쪽에 있었지. 가까워 보였지만 건너가려면 반나절은 족히 걸렸거든. 그렇다고 갔다 오게 되면 그날 일은 지체될 것이고, 그렇다고 큰 소리로 외칠 수도 없고, 그리고 원래 그런 얘긴 조용히 전해야 되는 거잖아? 생각 끝에 나는 나뭇잎을 따다 불었어. 그 소리는 맑고 깨끗했고 멀리까지 잘 들렸지. 그렇게 해서 나뭇잎으로 내 마음을 전했던 거야. 너희 아빠는 처음엔 대꾸도 안 하더니 결국엔 본인도 나뭇잎을 불어 답장을 보내는

게 아니겠어?" 어머니의 말에 아버지는 조용히 미소만 지을 뿐 부정하지 않았다. 사랑으로 가득 찬 따스한 눈빛에서 나는 어머니가 한 이야기가 모두 진실임은 알았다. 두 분이 이토록 행복한 모습을 보니 나는 아버지가 가르쳐주신 옛 시 한 구절이 떠올랐다. '몸은 비록 아름다운 봉황의 날개가 없어 날을 수 없지만, 마음에 감응이 있어 통한다.(身无彩凤双飞翼, 心有灵犀一点通)' 오랜 세월 함께 살아온 두 분은 이미 서로의 마음을 충분히 헤아릴 수 있었기에 이심전심의 묘한 화합도 만들어낼 수 있었던 것이었다.

아버지는 어머니를 학습반 교실까지 데려다주고 자신도 옆자리에 앉아 열심히 수업을 들었다. 그는 어머니를 동행하여 밤길도 걸을 겸 다른 사람들이 어떻게 수업을 진행하는지 매우 궁금하였다. 아버지는 늘 '사람은 살아있는 한 끊임없이 배워야 한다.'고 말씀하셨다. 그는 다른 선생님들의 수업을 들으면서 어떻게 하면 더 좋은 수업을 이끌어나갈지에 대한 고민을 하게 되었다. 그리고 마침내 자신의 특기인 묘가 창작을 찾아냈다. 아버지는 친히 묘족 노래를 만들고 직접 불렀다. 그리고 자신의 취미와 특기를 교수 현장에 녹여서 훌륭한 수업을 만들었다.

아버지는 묘가를 부르는 묘족 사람들은 모두 각자 자신들의 생활 속 시인이라며 묘가와 고전 시는 정감이 풍부하고 아름다우며 감동적이라는 면에서 공통점이 많다고 하셨다.

> '젊은 우리는 나무의 꽃처럼 아름다웠다네. 하지만 나무를 떠난다면 우리는 더는 젊지 않다네.'

아버지가 먀오족 말로 중국 고시(**古詩**)를 가르치다

아버지는 이 묘족 노래는 '세상에서 붙잡아 둘 수 없는 것은 거울 속에서 사라져 버린 아름다움과 나무에서 떨어져 버린 꽃잎이라네.(最是人间留不住, 朱颜辞镜花辞树)'라는 고전 시의 의미와 일맥상통한다고 말했다.

> 깊은 밤, 침대에 누워 잠을 청하던 나, 그리운 임 집에 돌아오는 꿈을 꾸었다네. 다음 날 아침 모처럼 일찍 일어나 설레는 마음으로 화장을 한다네. 나와 그대 영원히 함께하는 행복한 삶 기대해 본다네.

이 민요는 아내가 남편을 그리워하는 이야기를 담고 있다. 옛 시구 '어젯밤 치마끈이 풀리더니, 이른 아침 거미가 모여들었네. 연지곤지 찍고 바르고 꾸며야 하니, 아마도 남편이 돌아올 징조일세(昨夜裙带解, 今朝蟢子飞。铅华不可弃, 莫是藁砧归)'에서 표현된 감정은 묘가 민요의 정서와 잘 어울린다. 아버지는 이런 시구들을 설명할 때면 흥분과 즐거움이 얼굴에 가득 찼다.

아버지 수업 시간이 돌아오면, 그는 당신이 직접 집필한 책자를 들고 강단에 올랐다. 오래전에 놓았던 교편을 다시 잡고 칠판에 쓴 묘족 노래 가사(고전 시를 개사한 것임)를 한 자씩 짚으며 불러 주셨다. 우리는 수업을 들으면서 아주 신기했다. 이렇게도 수업을 할 수 있다니! 아버지의 마음속엔 분명 한 조각의 땅이 있을 것이다. 그 땅에는 분명 씨앗이 심어졌고 씨앗은 새싹을 틔우고 잎사귀를 펼칠 것이라고 나는 생각했다.

나는 엄마와 함께 아버지의 수업을 듣고 있었다. 엄마의 눈은 다시금 반짝이었다. 그것은 분명 남편에 대한 믿음과 존경, 그리고 사랑이었다. 나는 문득 아버지가 젊었을 때도 이런 방식으로 수업을 했을까 하는 상상을 해보았다. 강단에서 진지하게 아이들에게 글을 알려주고 큰 소리로 따라 읽게 했을 것이다. 유일한 차이점이라면 젊은 시절의 아버지는 안경을 쓰지 않았다는 것뿐이다. 사실 안경을 쓴 지금 모습이 훨씬 더 지식인의 기질과 잘 어울린다. 그리고 나는 지금의 아버지 모습이 훨씬 멋져 보인다. 비록 이마에 많은 주름이 생겼지만 현재 아버지의 모습은 유난히 즐겁고 행복해 보이고 덕분에 나까지 행복해지는 듯한 기분이 들었다.

야간 학습반 학생들을 위해 주재 간부들과 선생님들은 시 낭송 자료와 혁명가 등 다양한 학습 자료를 마련해 주었다. 수업 시간에 배웠던 고전 시가는 모두 우리의 실생활과 연결되어 있다. 우리의 생활은 노동과 밀접한 연관이 있기에 선생님은 우리에게 당시 『민농(기2)』(悯农(其二))를 가르쳐주셨다.

锄禾日当午，汗滴禾下土。

谁知盘中餐，粒粒皆辛苦。

해가 중천에 높이 떠 있을제, 김매는 농부의 땀방울 벼 아래 흙으로 스며드누나.

그 누가 알려나, 소반 위 밥 한 알 한 알이 노고인 것을.

우잉은 경작지 면적이 적고 인구가 많기에 마을 사람들은 모두 식량을 구하는 것이 얼마나 어려운 일인지 절실히 느끼고 있다. 이 시는 사람들에게 곡식을 소중히 여기라고 당부하는 것인데 학우들의 깊은 공감을 불러일으켰다.

술을 좋아하는 우리를 위해 선생님은 이백의 시 『장진주』(권주가, 將進酒)를 선택하였다.

君不见黄河之水天上来，奔流到海不复回。

君不见高堂明镜悲白发，朝如青丝暮成雪。

人生得意须尽欢，莫使金樽空对月。

天生我材必有用，千金散尽还复来。

烹羊宰牛且为乐，会须一饮三百杯。

岑夫子，丹丘生，将进酒，杯莫停。

与君歌一曲，请君为我倾耳听。

钟鼓馔玉不足贵，但愿长醉不愿醒。

古来圣贤皆寂寞，惟有饮者留其名。

陈王昔时宴平乐，斗酒十千恣欢谑。

主人何为言少钱，径须沽取对君酌。

五花马、千金裘，呼儿将出换美酒，与尔同销万古愁。

그대는 보지 못하는가, 황하의 물이 하늘에서 내려와 흘러서 바다로 가서는 다시 돌아오지 못하는 것을.

그대는 보지 못하는가, 높다란 마루에서 거울을 보고 백발을 슬퍼하는 것을.

아침에 푸른 실같던 머리가 저녁에 눈처럼 된 것을.

인생이 뜻대로 풀릴 때 마음껏 즐겨야 하니 빈 술잔에 부질없이 달빛만 비치게 하지 마라.

하늘이 내게 재능을 주셨으니 반드시 쓸 곳이 있으리라.

천 냥 돈을 다 써버려도 다시 생기는 것을

양을 삶고 소를 잡아서 한껏 즐기자, 한 번 술잔 들면 삼백 잔은 마셔야 하지 않겠나.

친구여, 술을 마시자, 잔을 멈추지 말고 계속 들어라.

그대에게 노래 한 곡 부니 귀 기울여 들어다오.

음악을 연주하며 좋은 음식을 먹는 것은 대단한 것이 없고, 영원히 취하고 다시 깨지 말기를 바랄 뿐이다.

옛날부터 성현은 모두 외로움 속에 살았고, 오직 음주가들만이 후세에 이름을 남겼노라.

옛날 진왕이 평락궁에서 잔치를 벌일 때, 많은 술을 마시며 마음껏 즐거워하였다.

주인은 어찌하여 돈이 없는 것을 탓하는가?

우선 술을 사다가 그대와 함께 따르리라.

좋은 말과 천 냥짜리 외투를 가지고 아이를 불러 나가서 좋은 술로 바꿔 오게 하여라.

그대와 함께 만고의 시름을 없애고자 하노라.

선생님과 손님들은 우리가 이렇게 긴 시를 유창하게 외울 수 있다는 것에 놀라움을 금치 못했다. 처음엔 시의 뜻을 전혀 이해하지 못했지만 무작정 그냥 따라 읽었다. 시는 입에 착착 감기며, 매번 읽을 때마다 마음속 깊은 곳에서 호기가 솟아오르는 것 같았다. 나중에 선생님이 시구의 의미를 설명해주었건만 여전히 잘 와닿지 않았다. 그러자 아버지가 이 시를 묘족 노래로 옮겨 불러 주었는데 신기하게도 우리는 바로 뜻을 이해하고 오래도록 시문을 기억할 수 있었다. 예를 들어 '군불견황하지수천상래, 분류도해불부회(君不见黄河之水天上来, 奔流到海不复回)'라는 구절을 설명하실 때, 우리 마을 주변의 오잉강(乌英河)을 예로 들면서 오잉 강물이 마을을 지나 쉼 없이 흘러 다시는 돌아오지 않는 것처럼, 사람의 삶도 지나간 날들은 결코 되돌아오지 않는다고 하셨다. 누구나 한 번쯤 하는 탄식 소리가 들리는 듯했다. '만약 그때 이렇게 했더라면 지금은 어땠을까.' 예전엔 이런 탄식을 한 번쯤 들어줄 수도 있다고 생각하였지만, 지금와 보니 다 부질없는 이야기다. 삶에는 '만약'이란 단어가 없다. 지나간 모든 시간은 결코 되돌릴 수 없기 때문이다. 수천 년 전 옛사람들이 지은 시가 이토록 심오한 의미가 있다니! 옛 시가는 오늘날 인간의 삶의 진리를 깨닫게 해주고, 심지어 우리 같은 아녀자들의 깊은 공감을 불러일으키고 있다. 마음에서 저절로 감탄이 터져 나왔다. 그 뒤로도 아버지는 우리에게 많은 시문을 가르쳐주셨고, 우리는 그 시들을 실제에 맞게 사용하면서 생활에 활력소를 불어넣었다. 예컨대 손님에게 술을 권할 때 '권군갱진일배주, 재래오영유고인(劝君更尽一杯酒, 再来乌英有故人)' 라고 원래의 시를 개작하여 읊었고 중추절이 되면 하늘을 올려다보며 감개무량하게 '다만 바램이 있다면 우리 오래도록 살아서, 천리 밖 멀리서도 아름다운 달을 함께 바라보는 것이라네.(但愿人长久, 千里共婵娟)'라며 읊조리기도 했다.

어느 날 밤, 나는 부반장 우메이푸와 함께 교실을 나와 경사진 길을 따라 집으로 가고 있었다. 하늘에서는 가는 실비가 내리고 있었고, 태양광 가로등 불빛 아래에는 미세한 빛들이 반짝였다. 갑자기 아버지가 가르쳐 주신 고시가 떠올랐고 둘은 약속이나 한 듯 이구동성으로 '사풍세우불수귀(斜风细雨不须归)'라고 외쳤다. 우리는 눈앞의 풍경이 바로 위 시구를 그대로 옮겨 놓은 것같이 느껴졌다. 고시를 이용해 생활의 한 장면을 언어로 그려내는 이 순간이 너무나 경이로웠다. 마치 잘 숙성된 미주 한 병 들이키는 그런 짜릿한 기분이었다. 당시 우리는 친 서기와 정 선생님이 뒤에서 따라오고 계신다는 것을 눈치채지 못했다. 우리의 대화를 우연히 들은 두 분은 놀란 표정으로 "이 시구는 한 달 전에 배운 내용인데 이렇게 기가 막히게 사용할 줄이야, 벌써 잊은 줄 알았는데, 참 대단해! 우리 학우들의 발전은 늘 우리 예상을 벗어난다니까."

칭찬을 들은 우리는 뿌듯하고 자랑스러웠다. 그리고 공부에 더욱 매진하게 되었다. 솔직히 말해 나이가 좀 있긴 하지만 글을 배울 수 있다는 자체가 행복이였다. 나는 어머니와 함께 빠르게 실력을 쌓아 지금은

40~50수의 고전 시를 외울 수 있는 정도가 되었다. 아버지는 고전 시를 설명하는 한편 우리에게 묘족의 역사를 알려주셨다. 옛 조상들이 부지런히 땅을 개척하고 금속 가공 기술을 발명하고 형벌 제도를 세움으로써 강력한 부족 집단을 형성하였다. 역사서에서 이 부족 집단을 '구리(九黎)'라고 불렀고, 그 지도자는 치우(蚩尤)였다. 이후 묘족은 끊임없이 이주를 반복하여 일부는 광시와 후난으로, 다른 일부는 구이저우와 윈난 등지로 퍼져나갔다. 아버지는 인류의 이주는 인류 역사만큼이나 오래된 일이라고 말씀하셨다. 나는 '이주'라는 말의 의미를 대충 이해했다. 간단히 말해, 한 지역에서 다른 지역으로 옮겨 사는 것을 뜻한다. 수백 년 전, 우리 우잉 마을의 선조들도 광시와 구이저우의 여러 지역으로부터 이곳으로 이주해 기타 민족들과 어우러져 살아가게 되었다. 나는 이곳으로 이주한 모든 사람들이 그 출신이 광시든 구이저우든 사이좋게 단합하여 지내는 것이 가장 중요하다고 생각한다. 우리는 많은 혁명가곡도 배웠다. 전통 문화를 배우면서 홍군(紅軍)이 겪었던 치열한 투쟁의 역사와 이들의 용맹무쌍함에 대해 더욱 깊이 요해할 수 있었다. 아버지는 홍군 제7방면군이 두 차례나 룽수이대묘산(融水大苗山) 지역을 지나던 이야기도 들려주셨다. 그곳에는 지금까지도 당시 홍군 발자취가 담긴 '홍군교(红军桥)'와 '홍군정(红军亭)'이 남아 있다고 한다. 이런 이야기들을 들을 때면 나는 역사가 바로 내 곁에 살아 숨쉬는 듯한 느낌을 받는다.

날이 갈수록 우리는 아버지 수업이 큰 장점이 있다는 것을 깨달았다. 그는 묘족어와 중국어를 모두 구사할 뿐만 아니라 역사 지식도 해박하였다. 게다가 글공부를 못한 우리 같은 처지의 여성들의 수준도 잘 헤아렸다. 주재 간부들이 아버지가 묘가(苗歌)를 직접 짓고 부를 줄 안다는 사실을 알고, 인터넷에서 엄선한 고시 몇 편을 아버지에게 부탁해 묘가로 탈바꿈시켰다. 그리고 노래 곡조에 맞춰 우리에게 가르쳐 주었다. 이 방법은 매우 효과적이었다. 우리 묘족 마을의 여자들은 다른 것은 몰라도 묘가만큼은 반드시 할 줄 알아야 했다. 아버지는 고전 시를 단순히 그대로 옮긴 것이 아니라, 묘가의 리듬과 가방끈이 짧은 사람들까지 배려해 적절한 재해석을 진행했다. 즉, 아버지는 우리가 가장 익숙하고 쉽게 이해할 수 있는 방식으로 어려운 고전 시를 명쾌하게 설명해주셨다. 번역 작업을 하면서 아버지는 우선 교사들에게 자문을 구해 본인의 이해가 맞는지, 어떤 부분을 수정해야 하는지를 확인한 후, 보완 수정을 거쳐 역문을 완성했다. 그리하여 우리는 새로운 지식을 훨씬 더 쉽게 받아들일 수 있게 되었다.

아버지는 자신의 번역 시 중에서 두 수를 가장 아끼셨는데, 그중 한 수가 청나라 시인 원매(袁枚)의 『이끼(苔)』이다.

> '햇빛이 닿지 않는 곳에서도 젊음은 스스로 찾아온다. 이끼꽃은 쌀알처럼 작지만, 모란처럼 피어난다.'(白日不到处, 青春恰自来。苔花如米小, 也学牡丹开。)

이 시는 햇빛이 닿지 않는 어두운 곳에서도 조용히 피어나는 이끼꽃을 노래한다. 비록 쌀알만큼 작디작은 이끼꽃이라 할지라도 모란처럼 대범하게 예쁜 꽃을 피운다. 아버지는 이것이 바로 젊음의 힘이라고 말씀하셨다. 아버지는 이 시를 묘가로 옮기면서 이끼꽃을 우리 오잉 마을과 연결 지었다. 우리 묘족 마을 사람들은 모두 이 이끼꽃과 같아서, 비록 깊은 산속에 살며 세상에 알려지지 않지만, 책을 읽고 배움을 통해 자연스럽게 젊음의 꽃을 활짝 피울 수 있다고 하셨다.

두 번째 시는 마오쩌둥의『칠언율시·장정』(七律·长征)이다.

红军不怕远征难，万水千山只等闲。五岭逶迤腾细浪，乌蒙磅礴走泥丸。金沙水拍云崖暖，大渡桥横铁索寒。更喜岷山千里雪，三军过后尽开颜。

홍군은 긴 원정의 어려움을 두려워하지 않고 수많은 산과 강들을 넘나들었다네. 오령산맥을 따라 굽이쳐 흐르는 깊은 물길도, 웅장한 우멍산 아래에 질게 깔린 흙탕길도 마다하지 않는다네. 금사강 물결은 구름 높이 치솟은 절벽을 두드리는데, 대두하의 철교는 차갑기만 하구나. 더욱 기쁜 것은 천 리 설경 민산(岷山)의 눈발이요, 홍군이 지나간 곳마다 기쁨의 꽃을 피우는구나.

이 시를 설명할 때, 아버지는 홍군의 업적을 특히 강조하였다. 홍군은 온갖 어려움과 애로를 극복하고 여러 차례 적군의 포위 토벌을 물리쳤다. 기민하게 대도하를 건너고 치열한 교전 끝에 육정교를 점령하였으며 설산 초지를 지나 끝내 홍군 3대 주력부대와 역사적 상봉을 이루었다. 이로써 홍군의 2만 5천리 장정은 성공적인 막을 내리게 되었다. 아버지는 마오쩌둥의 이 시가를 묘가로 개작하면서 그들의 불멸의 혁명 정신을 우리들의 학습 생활에 녹여 넣었다. 이 시가는 어려움을 두려워하지 않고 부지런히 배운다면 마침내 성공할 수 있다는 도리를 일깨워주었고 우리는 자신감으로 충만되었다.

아버지의 이야기를 듣고 나니 나는 오늘날 우리의 행복한 삶은 수많은 호국 선열들이 생명과 피로 바꾼 것임을 더욱 깊이 깨달았다. 현재 당과 정부의 영도 하에 '빈곤탈출돌격전(脱贫攻坚战)' 도 역사적 승리를 거두었다. 주재 간부는 우리에게 이제는 농촌 진흥(乡村振兴) 목표을 실현하기 위해 힘차게 나아가야 하니 우리가 더욱 분발하여 노력하지 않을 이유가 무엇이겠냐고 자신감에 차 말했다.

자원봉사 교사와 우잉(烏英)의 이야기

2020년, 당쥬촌(党鸠村) 에 '95년대생' 정(鄭)씨 성의 젊은 간부가 새로 부임되어 왔다. 그는 어릴 때부터 도시에서 자라 농촌 생활은 전혀 경험한 적 없었다. 하지만 스스로 지원 신청하여 이 먼 묘족 마을까지 온 것이다. 낯설고 힘든 환경에서도 그는 어려운 내색 하나 없이 늘 긍정적이고 열정적이었다. 혹시 길에서 마을 사람들을 만나기라도 하면 언제나 밝게 웃으며 인사를 건넸다. 묘족어를 할 줄 몰랐던 그는 마을 사람들과 친해지고 싶었으나 기본적인 의사소통조차 할 수 없었다. 대화는 종종 엉뚱한 방향으로 흘러갔다. 하지만 언어 소통의 불편함은 정 씨 청년의 일에 대한 열정을 막을 수 없었다.

이 세상 모든 일은 '집념' 때문에 이루어진다. 이는 시골 사람들이 밭농사를 짓는 것과 같은 이치로 성실하게 씨를 뿌리고 꾸준히 잡초와 해충을 제거한다면 가을이 되면 반드시 수확이 있기 마련이다.

정 씨 청년이 바로 정직하고 강한 집념을 가진 사람이었다. 마을에 파견된 후 그는 야간 학습반 강사이면서 '먀오자이강습반' 방과 후 지도교사로 초빙되었고 우잉 마을 여성들과 아이들의 교육을 담당하였다. 우리는 모두 자연스럽게 그를 '정 선생님'이라 불렀다.

먀오자이 여성들은 교육 수준이 낮고 중국 표준어도 잘하지 못하다 보니 자녀 교육에 있어 애로가 많았다. 아이들의 학업 성적은 보편적으로 낮았고 일부 아이들은 공부에 대한 거부감이 심했고 수업 태도도 불량해 수업 도중에 교실을 빠져 나와 놀러가는 현상까지 있었다. 정 선생님은 아이들을 맡으면서 우선 문제의 근원을 분석하였다. 그 결과 학업 성적 향상보다 아이들의 기강을 바로잡아야 한다는 결론을 얻게 되었다. 그는 아이들의 하루 일과를 다음과 같이 정하였다. 매일 아침 7시 10분 기상, 등교 후 아침 독서, 운동장에서 대열훈련 등 순으로 꾸준히 진행하기로 결심하였다. 이를 통해 아이들의 자율성과 규칙성을 길러주려 했다. 촌민들은 너도나도 그의 계획에 찬성표를 던졌다. 그러나 사실 학부모들의 '한번 속는 셈치고 시도나 해보자'는 속내를 그는 잘 알고 있었다. 어쨌거나 정 선생님으로서는 부모님들의 형식적 지지만으로도 충분했다.

매일 아침 그는 마을을 돌며 아이들을 깨우고, 우선 아이들더러 큰소리로 교과서 과문을 낭독하게 한 후, 운동장에 집합시켜 대열훈련을 진행하였다. 어리광이었던 아이들은 한 명 한 명 어린 전사로 성장하였다. 집단에 대한 귀속감이 강화되고 서로 협력하고 서로 돕는 우애의 정이 깊어졌다. 정 선생님은 한 명이라도 요구에 도달하지 못하면 학생 전체가 재훈련하는 방식을 취하였다. 그렇게 되자 아이들 사이에서 자연스럽게 서로 독려하고 함께 진보하려는 의욕이 강해졌다. 한 명이라도 뒤처지지 않도록 서로 이끌고 다그쳤다. 어느 정도 시간이 지나자 아이들은 확연히 달라졌는데 규칙 의식이 강화되고, 이른 아침 스스로 기상하여 아침 독서와 대열훈련 하는 습관을 세우게 되었다. 대열훈련을 꾸준히 하다 보니 정 선생님이 이름만 부르면 학생들은 때와 장소를 불문하고 조건반사적으로 즉시 바룻 자세를 취하며 '넷! 준비 완료!(到位!)'라고 큰 소리로 대답한다.

아이들이 조금이라도 진전을 보이면 선생님은 칭찬을 아끼지 않으셨다. "오늘 참 잘했어요! 아침 일찍 일어나 울지도 않고. 선생님 정말 깜짝 놀랐잖아!"

한번은 정 선생님이 학생 집을 방문했는데, 학생 부슈원(卜秀文)이 특별한 '책상'에서 숙제를 하는 모습을 보게 되었다. 부슈원의 집에는 책상이 없어 두 개의 의자를 나란히 놓고 그 위에 상자 두 개를 겹쳐 올려 임시 책상을 만들었는데, 높이를 맞추기 위해 또 다른 상자를 덧대 놓았다. 부슈원은 작은 의자에 웅크리고 앉아 조심스럽게 숙제를 하고 있었고 이 임시 책상은 조금만 힘을 줘도 무너져 내릴 것만 같았다. 이처럼 열악한 여건 속에서도 공부를 포기하지 않는 모습을 보고 정 선생님은 마음이 찡해졌다. 그는 사비를 들여 학생용 책상과 램프 하나를 부슈원에게 선물했다. 선물을 받은 부슈원이 램프 스위치를 누르자 환한 불빛이 책상 위를 밝게 비췄다. 아이의 얼굴에는 감격과 환희의 미소가 피어올랐다.

정 선생님은 또 아이들과 함께 어린나무에 물을 주고 마을을 순찰하며 구석구석 쓰레기들도 청소하였다. 손에 각각 작은 쓰레기통과 직접 만든 집게를 들고 다니며 자신들만의 구호를 외쳤다. '우리가 매일 우잉을 깨끗하게 관리해야 한다!' 그는 아이들과 함께 야간 학습반에 가서 수업

중인 어머니들을 향해 '어머님, 수고많으셨어요! 어머니, 사랑해요!'라고 외치며 따뜻한 응원의 메시지를 전했다.

밤이면 그는 우리 야간 학습반에 교실에 와서 정식으로 학우들을 가르쳤다. 대부분 학습반 학우들은 꾸준히 수업에 나왔지만, 일부 여성들은 망설이며 결정을 못 내리고 있었다. 그는 기타 간부들과 함께 이런 여성들의 집을 한 집 한 집 찾아다니며 설득에 나섰고 그녀들의 마음을 열어주려 했다. 한 자매의 집에서 그는 천천히, 한 글자씩 표준어로 "저의 집에 오셔서 식사 한번 하시죠"라고 말하였다. 그녀도 한 글자씩 따라 읽긴 했지만, 아직은 제대로 대화할 수 있을 정도는 아니었다. 정 선생은 그녀를 야학반으로 초대하며 말했다. "저희는 진심으로 바라고 있습니다. 자매님이 내일부터라도 하루 일과를 마친 저녁 시간에 야간 학습반에 오셔서 한 시간만이라도 수업에 참여했으면 해요. 괜찮겠죠?" 그녀는 정 선생의 진심 어린 말에 감동을 받았는지 단번에 표준어로 "네, 좋아요."라고 답했다. 하지만 정작 다음날이 되자 마음이 흔들렸다. 정 선생은 다시 찾아가 웃으며 말했다. "어제 우리랑 같이 수업 간다고 약속했잖아요. 자, 우리 같이 가요, 무섭지 않아요." 그러면서 그녀를 안내하여 교실 쪽으로 이끌었다. 주변의 다른 여성들도 응원을 보내왔다. "두려울 거 없어, 그러니 걱정하지 마." 이렇게 모두가 유쾌히 웃으며 교실로 들어갔다. 야간 학습반에는 또 한 명의 새로운 동기가 늘어난 셈이다.

정 선생님은 일 년 동안 거의 하루도 빠짐없이 비가 오나 눈이 오나 매일 학교 교사들과 함께 아이들의 아침 독서를 지도하고 대열훈련을 시키고 마을 순찰과 위생 청결을 진행하였으며 꾸준히 묘목을 돌보았다. 교내에서 민족문화 교육 활동을 활발히 벌여 아이들의 전반적인 소양을 높이는 데 큰 기여를 하였다. 우잉 마을의 겨울 추위는 매섭다. 해마다 많은 눈이 내리고, 들판은 온통 백색 세계로 변한다. 하지만 정 선생님은 칼로 에는 듯한 추위에도 결코 물러 서지 않았다. 어쩌다 우리 아낙네들이 모이면 정 선생님에 대해 얘기를 나누었는데 모두 하나 같이 정 선생님은 저 벌판의 눈도 녹이는 '정열의 사나이'라고 농담조로 얘기한다. 비록 웃자고 한 소리였지만 일면으로는 그에 대한 존경심을 잘 나타낸 사례이기도 하다.

초기에 정 선생님의 숙소는 우잉에서 5km 떨어진 당쥬촌(党鸠村) 마을 위원회가 있는 묘족 마을에 배정되었다. 바쁘게 일하다 보면 종종 늦은 밤이 되어서야 집으로 돌아갈 수 있었다. 500 위안에 산 중고 오토바이가 집으로 가는 도중에 자주 시동이 꺼지거나 타이어가 펑크 났다. 나는 늘 궁금했다. 만약 깜깜한 밤길에 갑자기 차에 고장이라도 생기면 어떡하지? 주위의 어두운 산을 보면 두렵지 않을까? 다행히도 나중에 그는 우리 우잉에 숙소를 옮겨와 '정착'하였다.

정 선생님에게는 우 씨 성의 여자 친구가 있는데, 류저우시(柳州市)에서 교사로 일하고 있다. 두 사람은 학창 시절 동기로 오랜 연애 끝에 2020년에 결혼할 예정이었으나, 정 선생님이 농촌 마을로 파견되어 오면서 결혼식을 미루게 되었다. 마을에 온 후로 정 선생님은 여자 친구에게 아주 간단한 '좋은 아침', '굿나잇' 정도의 문안을 보내는 게 전부였다. 날마다 바쁜 일정 때문에 마음 놓고 전화 통화를 하거나 답장을 할 수 없었던 것이었다.

여자 친구는 처음에는 남자 친구가 왜 자주 연락 두절이 되는지 도무지 이해할 수 없었다. 정 선생님이 본인의 하루 업무 일정에 대해 자세

정(鄭)선생님과 우(吳)선생님이 학생들을 데리고 야외로 놀러가다

히 설명했지만 의문은 여전히 가시지 않았다. 그녀는 직접 묘족 마을을 찾아 진상을 확인해 보기로 마음먹었다. 류우저우에서 고속열차로 구이린(桂林)까지 간 다음 다시 구이린에서 충쟝(从江)까지 차를 바꿔 타야 했다. 정 선생님이 오토바이를 타고 충쟝(从江) 역까지 나와 그녀를 마중하였다. 충쟝(从江) 역에서 우잉 마을까지는 수십 킬로미터 떨어져 있었고 오토바이로 세 시간 넘게 산길을 달려야 했다. 때론 정 선생님이 일 때문에 마중을 나오지 못할 때면, 그녀는 차를 기다리고 환승하기를 반복하며 길에서 열 시간 넘게 보내야 했다. 어쩌다 한 번씩 우리 먀오자이를 찾아오려면 정말 많은 시간과 정력을 허비해야 했다.

우 선생님이 마을에 도착하자 우리는 호기심을 이기지 못하고 가만히 그녀를 훔쳐보았다. 걸음걸이마저 매력적인 아리따운 도시 처녀였다. 성격은 부드럽고 열정적이며 대범하였다. 그녀는 묘족 마을에 직접 와 보고나서야 정 선생님이 얼마나 바쁜 일상을 보내고 있는지 알게 되었고 그런 남자 친구가 안쓰러웠다. 야간 학습반에 정규직 선생님이 안 계신다는 것을 알고 "방학 때 제가 여기 와서 선생님해도 될까요?"라며 정 선생님의 의견을 물었다. 정 선생님은 사랑 가득한 눈으로 그녀를 바라보았다.

방학 때 그녀는 다시 먀오자이 마을을 찾아왔고 우리 선생님이 되어 주었다. 우리는 얼굴도 목소리도 아름다운 그녀를 정말 좋아했고 다들 그녀를 잘 따랐다. 하지만 그녀가 류저우와 우잉을 오가며 고생하는 모습을 보니 마음이 아팠다. 우잉에 머물 때는 정 선생님의 조수 역할까지 자처했다. 매일 아침 정 선생님과 함께 집집이 다니며 아이들이 기상하였는지 아침 낭독은 하는지 독려하고 운동장에서 대열훈련까지 검열하였다. 그리고 저녁이면 정 선생님과 함께 우리 야간 학습반 수업을 챙겼다.

정 선생님은 수업 전에 반드시 숙제와 일기를 확인한다. 사실 수업이 끝나 집에 도착하고 나면 이미 늦은 밤이었지만 다들 숙제만은 열심히 해온다. 다만 일기 쓰기를 견지하는 학생은 많지 않았다. 우메이푸(吴妹富)는 젊은 시절 광둥성에서 일한 경력 덕분에 표준어로 대화할 수는 있었으나 한자는 익히지 못하였다. 그런데 야간 학습반에 와서 공부하면서부터 실력이 눈에 띄게 제고하였다. 그녀는 단지 성실히 숙제를 완성하는 것을 넘어 매일 일기 쓰기를 견지하였고 그 일기를 아름다운 시구로 표현해냈다.

정 선생님은 이를 보고 매우 기뻐하며 말했다. '학생 여러분, 우리는 이미 새로운 시대에 접어들었습니다. 예전에 교육을 받지 못해 자신의 꿈

많은 학생들의 축복 속에서 정선생님이 우선생님게에 프로포즈 하다

을 제대로 이루지 못했던 우리가 이제는 교실에서 맘껏 배울 수 있게 되었어요. 우잉의 '대학생'이 된 셈이죠. 지식과 문화는 우리에게 많은 것을 가르쳐주고 있습니다. 과거에는 이름조차 제대로 쓰지 못했지만, 지금은 이름은 물론 일기와 시도 창작할 수 있을 정도로 큰 진전을 가져왔습니다. 그러니 학생 여러분, 끝까지 배움을 멈추지 말아야 합니다. 이 수업도 앞으로 계속 운영될 것이며, 아무리 바쁘더라도 매일 40분에서 한 시간 정도 교실에서 수업받고 공부하는 시간을 갖도록 합시다.'

정 선생님의 말씀을 모두 알아 들은 나는 크나큰 자긍심에 날아갈 듯이 기뻤다.

정 선생님은 모두를 놀라게 하였다. 아마 그의 여자 친구도 그의 계획에 놀랐을 것이다. 그는 우잉 마을에서 여자 친구에게 프로포즈를 준비하였던 것이다. 나는 아직도 그날을 생생히 기억한다. 방금 소나기가 지나간 땅은 흥건히 젖어 있었으며 나뭇잎에는 물방울이 반짝이고 있었다. 정 선생님과 여자 친구는 새 묘족 전통 의상을 입고 기숙사에서 나와 루성당(芦笙堂) 옆 붉은 단풍나무를 향해 걸어갔다. 소식을 들은 아이들이 너도나도 새 옷을 갈아입고 작은 피리를 손에 들고 두 연인을 둘러쌓다.

정 선생님이 정답게 물었다. "우잉이 무슨 뜻인지 알아?"

그녀는 행복이 가득한 얼굴로 대답했다. "아름다운 신부라는 의미지요."

정 선생님은 한쪽 무릎을 꿇고 결혼반지를 받들며 말했다. "오늘부터 당신이 나의 '우잉'이요. 나와 결혼해 주시겠소?"

그녀 눈가에는 눈물이 맺혔고 손을 내밀고 예비 신랑이 결혼반지를 끼워주기를 조용히 기다렸다. 황기자는 이 아름다운 순간을 카메라에 담았다. 우리 마을 부녀들은 모두 이들의 행복을 진심으로 축복하였다. 심지어 곧게 뻗은 단풍나무들도 말없이 이들을 축복하는 것 같았다.

2021년, 정 선생님과 우 선생님은 베이징으로 초대되어 《백년의 노래》라는 프로그램 녹화에 참여하였다. 이 프로그램이 방영되던 날, 마을 사람들이 모두 교실에 모여 함께 시청하였다. 화면 속 두 분은 평소보다 훨씬 멋지고 아름다웠다. 우리 우잉 마을에 대한 이야기였다. 묘족 마을의 아이들에 관한 이야기, 공부를 간절히 원하고 삶을 사랑하는 여성들의 이야기가 소개되었다. 특히 우 선생님은 아이들을 정말 사랑하고 아꼈다. 시골 밖 도시의 다채로운 세상을 아이들에게 설명해주며 언젠가 꼭 시골을 벗어나 새로운 세상을 만날 수 있기를 기원하였다. 우리는 두 분의 이야기에 담긴 깊은 뜻을 이해할 수 있었고, 마음에서 우러나는 따뜻한 정을 느낄 수 있었다. 진행자가 한 한마디 말에 우리의 가슴은 순간 뭉클해졌다. '삶의 의식(儀式)은 간고한 환경 속에서도 결코 좌절하지 않고 용감히 앞을 향해 나아갈 때만이 비로소 찾을 수 있는 것이지요. 그리고 그러한 태도가 우리를 더 나은 사람으로 만들어 주는 것이 아니겠어요.' 사회자는 또 정 선생님께서 열악한 여건의 먀오자이에 스스로 자원하여 묘족 인민들에게 중국 표준어를 가르쳐주셔서 감사하다는 인사도 전했다. 그리고 언젠가는 외부 관광객이 우잉 먀오자이를 찾는 큰 이유가 될 것이라고 강조하였다. 정말 옳은 말이었다. 우리는 마치 축제를 즐기듯 매일 새로운 옷으로 단장하고 수업하러 왔다. 이것이 바로 그 '의식감이자 태도'였다. 표준어를 배우는 것은 곧 삶의 기능을 익히는 일이기도 하였다. 조용히 화면을 바라보던 우리들의 눈가에는 어느새 눈물이 맺혔고, 평소 익살 많던 우메이푸도 티비 화면에서 시선을 떼지 못하였다.

촬영이 있는 날, 정 선생님과 우 선생님은 새벽 일찍 일어나 국기게양식 보러 천안문광장으로 향했다. 그들은 실시간 영상을 우리에게 보내왔고 우리는 수천 리 떨어진 먀오자이에서 휴대폰으로 위풍당당한 의장대와 장엄한 천안문 그리고 국기게양식 장면을 볼 수 있었다. 모두 경건한 마음으로 영상을 보면서 깊은 감동을 받았다. 나는 어머니 눈가에 맺힌 눈물을 발견했다. 어머니는 나를 발견하자 눈물을 머금은 채 웃으며 말했다. '천안문은 이렇게 멋진 곳이었구나.' 나는 어머니의 감동을 받아 또 한 번 가슴이 뭉클해짐을 느꼈다. 그리고 묵묵히 되뇌였다. '정 선생님, 우 선생님, 정말 고맙습니다!'

*

2020년, 정 선생님은 농촌부흥 프로젝트에 자원 신청하여 농촌부흥 프로젝트 지원자로 임명되어 우잉에 오게 되었다. 산속의 묘족 마을 당쥬촌(党鸠村)에 도착하여 주변의 울창한 나무와 맑고 깨끗한 공기를 마주한 그는 감탄을 금할 수 없었다. 흥분에 찬 얼굴에는 미소가 피어올랐다. 현지 빈곤 퇴치 간부들은 조금은 당황했지만, 그가 그저 낯선 환경에 잠시 심취된 줄로만 알았다.

초기에, 여자 친구는 그가 시골 생활에 잘 적응하지 못할까 걱정이 컸다. 그는 그러는 그녀의 마음 이해되었고 그런 우려가 결코 공연한 것이 아님을 알고 있었다. 도시에서 태어나 자란 정선생님은 시골 생활은 한 번도 해본 적이 없었다. 시골에 관한 모든 지식은 책이나 타인을 통해 간접적으로 얻은 것뿐이어서 실제 시골 생활과는 큰 차이가 있었다. 그러나 중국

사회가 처한 현시점은 거대한 변화의 시대, 새 사물이 탄생하는 시대이다. 그는 이 거대한 역사의 흐름 속에서 자신의 이상을 실현하고 싶었고, 가장 어려운 기층 현장에서 의지를 연마하고 능력을 키우고 싶었다. 그는 역사의 방관자가 되기 싫었고 온실 안의 새처럼 안락한 삶을 살고 싶지도 않았다.

"그럼 여자 친구는 어떻게 설득했나요?" 나는 의아해하며 물었다.

그는 머리를 긁적이며 웃으면서 말했다. "특별히 한 건 없었어요. 그냥 여자 친구에게 '내가 어려움 앞에서 주저하는 사람이기를 바래?'라고 물었죠. 그 순간 여자 친구는 멍하니 한참 나를 바라보더니 오랫동안 말이 없었어요. 눈가에는 눈물이 맺혀 있었어요. 나는 그 눈물의 의미가 걱정과 연민뿐 아니라 긍정과 응원이었다는 걸 알 수 있었죠."

마을에 도착한 후 그가 직면한 가장 큰 문제는 언어장벽이었다. 마을 사람들의 말을 알아들을 수 없었고 표정과 몸짓에서 의미를 짐작해 보려 했지만 부질없었다. 결국 통역사의 신세를 질 수밖에 없었다.

'한번은 이런 웃지 못할 오해도 있었답니다.' 그날 아침, 정 선생님은 삽과 호미를 어깨에 메고 채소밭으로 가던 량주잉과 마을 여인들을 만났다. 당시 그의 머리 속에는 온통 상급에 보고할 서류와 문서 생각뿐이었다. 그녀들이 인사를 건네고 한참 지나고 난 뒤에야 겨우 정신을 차리고 응답하였다. 그런데 반나절쯤 지난 뒤, 량주잉이 마을사무소로 달려와 이상한 눈빛으로 그를 지켜보는 것이었다. 마침 그녀의 아버지인 노당(老党)도 자리에 있었다. 량주잉은 묘족어로 아버지에게 사건의 전말을 설명했고, 노당은 듣자마자 '하-하!' 하고 크게 웃었다. 그러더니 정 선생님을 밖으로 끌었다. 그는 도대체 무슨 영문인지 전혀 알지 못했다. 그제야 노당이 말해주었다. 아침에 그가 량주잉 집에 가서 유차(油茶)를 만들겠노라 약속해서 량주잉네는 이미 유차를 다 준비해 놓고 그가 오기만을 기다리고 있다는 것이었다. 그제야 그는 생각이 났다. 아마도 아침에 인사할 때 그녀들이 유차를 대접한다고 집으로 초대하였고 이를 알아듣지 못한 자신이 무심코 고개를 끄덕인 것이 틀림없었다.

'예전에는 어둠이 무서웠는데, 이제는 무섭지 않아요. 마을에서 생활하면서 자연스럽게 극복되었죠.'

그는 예전에 있었던 잊지 못할 일화를 이야기했다. 묘족 마을 빈곤퇴치 사업을 담당한 이후로 매일 할 일이 산적한 탓에 하루 일을 마치면 늘 심야시간대가 되곤 하였다. 그날도 밤 11시가 넘어서야 일을 끝내고 연합당지부 건물을 나섰다. 칠흑같이 까만 하늘과 산천을 보니 갑자기 두려움이 스멀스멀 밀려왔다. 잠시 당쥬촌으로 돌아가야 하나 말아야 하나 망설였지만 남은 문서 정리때문에 결국 마음을 다잡고 돌아가기로 했다. 그는 이어폰 음악 볼륨을 최대로 올리고 오토바이 시동을 걸었다. 구불구불 이어지는 산길에는 오로지 묵직한 침묵이 내려앉고 가느다란 불빛사이 사이로 나무 그림자가 쓱- 쓱- 지나치는데 등골이 오싹하고 온몸의 털이 곤두섰다. 그는 길옆의 작은 바람 소리에도 극도로 긴장하였다. 달리는 내내 끊임없이 마음속으로 기도했다. '제발 중턱에서 고장만 나지 말아줘.' 그런데 하필 산마루를 지날 무렵, 갑자기 오토바이 시동이 꺼지는 것이 아니겠는가? 숙소까지는 아직 반 이상 남은 상황, 수차 시동을 걸어봤지만 모두 실패하였다. 다행히 산마루를 넘으면 내리막길이라서 살살 미끄러지듯 내려가며 계속 시동을 시도했다. 운 좋게도 약 1키로미터 미끄러져 내려갔을 무렵, 드디어 시동이 걸렸다. 평소에 20분도 채 안 걸리는 거리를 이날은 무려 한 시간 넘게 허비하였다. 숙소에 도착했을 땐 이미 전신이 온통 땀에 흠뻑 젖어 있었다. 이 날 이후로 정 선생님은 더이상 어둠을 두려워하지 않게 되었다.

나는 특별히 그와 우 선생님이 함께 출연한 그 프로그램을 다시 찾아보았다. 그리고 그들이 기울인 노력과 헌신에 다시 한번 깊은 감명을 받았다. 동시에 궁금한 점도 생겼다. "어떻게 국기게양식을 먼저 볼 생각을 하게 됐지요?"

"천안문광장에서 국기게양식을 참관하는 것은 우리 마음속 깊이 간직한 소망이었어요. 베이징에 도착하자 바로 달려갔지요. 게다가 이건 우리 마을 지부 서기장이 특별히 나에게 맡긴 임무이기도 했지요. 지부 서기장이 내 손을 잡는 순간, 맨 처음으로 드는 생각은 혹시 베이징 구운 오리 두 마리 사오라고 하는 건 아닌가?였어요. 그런데 뜻밖에도 국기게양식을 참관하고 그 영상을 찍어 보내달라는 것이 아니겠어요?우리 마을 여성들과 아이들이 더욱 학업에 정진하도록 잘 찍어서 보내달라며 부탁했어요. TV로 보는 것과 현장에서 직접 보고 느끼는 것은 그 차이가 너무 컸어요. 우리는 난간 밖에 서 있었고, 이미 많은 사람들이 질서 있게 모여 조용히 국기게양식을 기다리고 있었어요. 관객들의 얼굴에는 기대와 감동으로 가득 찼어요. 중국인으로서, 젊은 공산당원으로서 천안문광장에서 오성 붉은기가 천천히 하늘로 올라가는 것을 바라보며 나는 이루 말할 수 없는 감동과 자부심을 느꼈습니다."

그의 말에서 나는 그가 얼마나 열정적이고 긍정적인 젊은인지, 또 자신의 의지대로 시골 마을에 부임 되어 왔다는 사실에 얼마나 큰 자부심을 갖고있는지를 느낄 수 있었다. 무엇보다도, 이처럼 조화롭고 새로운 시대를 맞이하게 되었다는 사실에 무척이나 감사해하였다.

선생님의 '선생님' 되기

친 서기와 정 선생님을 비롯한 일행은 묘족 마을의 이모저모를 사진에 담고 마을을 점검하고 마을 사람들을 방문하는 과정을 통해 틈틈이 묘족어를 배웠다. 그들은 중국어를 할 줄 아는 사람들을 골라 물었다. '형님, 집에 놀러 간다를 묘족어로 어떻게 말해요?' '장에 간다는요?' '루성(蘆笙)을 불다는 어떻게 말해요?' 주민들은 인내심 있게 차근차근 가르쳐주었고 그들은 마치 우리가 표준중국어를 배울 때처럼 진지하게 따라 배웠다. 비록 발음이 어색하고 억양도 맞지 않았지만 마을 사람들은 잔잔한 감동을 받았고 그들이 마치 이 마을에서 나서 자란 '아이들' 같이 느껴졌다. 다만 아쉬운 것은 촌민들이 바쁜 농사일 때문에 더 자세히 가르치지 못하고 몇 마디씩 간단히 하고는 바쁘게 일하러 갔다는 점이다.

어느 날 저녁, 우리는 수업이 끝난 줄 알고 책가방을 챙기기 시작하였다. 집에 가려고 일어서던 순간, 정 선생님이 여전히 강단에 서 계시는 걸 발견하였다.

"이제 여러분들이 선생님이 되어 우리에게 묘족어를 가르쳐 주세요."

우리는 망연자실한 얼굴로 서로를 바라볼 뿐 정 선생님이 하신 말뜻을 이해하지 못했다. 정 선생님은 칠판에 두 문장을 써내려갔다. '유차 드시러 저의 집에 오신 것을 환영합니다!' '나는 우잉을 사랑해요.' 그리고는 계면쩍은 듯 손을 들고 말했다. "누가 저의 첫 번째 선생님이 되어줄래요?" 우리는 놀라움에 가득 찬 얼굴로 서로를 쳐다볼 뿐 할 말을 잃었다.

"정 선생님, 제가 먼저 할게요." 우메이푸(吳妹富)가 손을 번쩍 들었다. 얼굴에는 홍조가 어리고 눈빛은 단호하였다.

정 선생님은 그녀더러 강단에 올라가라 하셨고, 자신은 강단 아래로 내려와 첫 줄에 앉았다. 친 서기도 다가와 그 옆자리에 앉았다. 두 사람의 얼굴에는 묘족어를 배우려는 간절함으로 가득 찼다. 마치 갓 학교에 입학한 1학년 신입생 같았다.

우메이푸는 대담하게 평소 선생님이 수업하던 모습을 따라 먼저 묘족어로 따라 읽게 하였다. '유차 드시러 저의 집에 오신 것을 환영합니다!' 여러 차례 반복해서 읽은 후, 그녀는 친 서기와 정 선생님을 번갈아 보다 말했다. "정 선생님, 아니 정 학생, 이 문장을 한번 읽어보세요." 그녀의 말에 우리는 모두 폭소를 터뜨렸다. 얼마 후 교실 전체가 조용해졌다. 모두가 조심스럽게 친 서기와 정 선생님을 쳐다보았다. 두 사람 역시 우메이푸의 호명에 당황한 기색이 역력했으나 친 서기가 먼저 정신을 차리고 정 선생님을 툭 쳤다. 그제야 정 선생님이 자리에서 일어나더니 더듬더듬 말했다. "유차 드시러 저의 집에 오신 것을 환영합니다!" 우메이푸는 이어서 말했다. "자, 이제 다 같이 따라 읽을께요." 우리는 그녀의 목소리가 살짝 떨리는 것을 느꼈다. 그녀에게 힘을 실어 주기 위해 우리는 모두 크게 따라 읽기 시작했다.

"누가 묘족어로 이 문장을 읽어 줄 수 있을까요?" 우메이푸가 우리를 향해 물었다.

그녀가 지원병을 구하고 있다는 걸 눈치챈 나는 바로 손을 들었다. 그녀는 기쁜 표정으로 말했다. "좋아요. 량 반장이 교단에 올라와 이 문장을 읽어주세요." 수십 쌍의 눈동자가 날 주시하고 있음을 느꼈고 저도 모르게 다리도 살짝 떨렸다. 나는 목을 가다듬고 묘족어로 크게 읽었다. "유차 드시러 저의 집에 오신 것을 환영합니다!" 우메이푸는 손으로 지휘하며 말했다. "모두 다섯 번씩 따라 읽어요." 나는 계속하여 선독하였고 모두가 따라 읽기 시작하였다. 가만히 곁눈질해 보니 천 서기도 정 선생님도 매우 진지하게 큰 소리로 따라 읽고 있었다. 마치 우리가 교단 아래에서 수업 들을 때와 똑같은 상황이었다. 내가 다섯 번 선독한 후, 우메이푸가 다시 물었다. "누가 묘족어로 한 번 더 읽어볼래요?" 우리는 모두 천 서기와 정 선생님을 바라보았다. 서로 흘끗거릴 필요가 없었다. 우메이푸의 질문은 분명히 그들을 향한 것이기 때문이었다. 정 선생님이 손을 들더니, 우메이푸가 미처 반응하기도 전에 벌써 자리에서 일어나 묘족어로 그 문장을 읽었다. 발음도 꽤 표준적이었다. 큰 박수가 터져 나왔다. 우메이푸는 두 번째 문장을 가르치기 시작했다. '나는 우잉을 사랑해요' 이 문장을 읽으면서 우리는 아주 특별한 감정을 느꼈다. 일치하고 박력 넘치는 낭독 소리가 더욱 우렁차게 울려 퍼졌다.

그날 우리는 표준중국어를 배웠고, 천 서기와 정 선생님은 묘족어를 배웠다. 처음으로 이러한 교수 방식을 체험한 학생들은 온통 즐거움에 휩싸였다. 정 선생님이 강단에 서서 말했다. "앞으로 우리 수업은 오늘같이 이렇게 하기로 해요. 우리가 여러분에게 표준중국어를 가르치고, 여러분은 우리에게 묘족어를 가르쳐 주는 방식입니다. 모든 학생들은 한 번씩 선생님이 되어보는 겁니다." 교실에는 다시 한번 박수갈채가 터졌다. 끝으로 모든 학생이 다 함께 소리 높이 묘족 노래 한 곡을 부르나니 오늘 하루 수업이 즐겁게 마무리되었다.

나는 우메이푸 곁으로 다가가 "너 진짜 용감하고, 정말 대단해! 완전

최고야~!"라고 칭찬하였다.

자매들도 다가와 그녀를 향해 '너 꼭 선생님 같아!'라고 맞장구를 쳤다. 그녀는 겁에 질린 목소리로 말했다. "나 지금 너무 떨려 죽겠는데, 선생님이라니." 다들 재미있다는 듯이 웃었다. 량싱미(梁行迷)가 오메이푸의 어깨를 토닥이며 말했다. "저녁밥 아직이지? 우리 집에 가서 유차(油茶) 마시자. 그리고 간 김에 수업하는 법도 좀 가르쳐 줘." 모두가 이구동성으로 찬성하였다. 계단을 내려가던 량싱미가 묘족어로 친 서기와 정 선생님을 향해 요청을 보냈다. "두 분, 우리 집에 유차 마시러 가시죠. 환영합니다!" 친 서기와 정 선생님은 수업의 연장선이라고 생각하고 아무런 망설임 없이 묘족어로 답했다. "좋죠, 좋아요!" 우리는 걸음을 멈추고 그들을 기다렸다. 그제야 그들은 연습이 아니라 진짜라는 걸 알아챘다. 정 선생님이 서둘러 "저는 당쥬촌마을로 돌아가야 해요. 아직 할 일이 남아 있어서요."라고 하자 친 서기도 마무리해야 할 자료가 있다며 완곡히 거절하였다. 우리는 괜찮다고 웃으면서 인사드리고 왁자지껄 집으로 향했다. 가면서 중국어로 이야기하다가 말문이 막히면 곧바로 묘족어를 바꿔 쓰며 수다를 떨었다. 우리의 기쁨은 온 마을을 감염시켰다. 그저 창문에서 새어 나오는 불빛만 보아도 마음이 따뜻해졌다.

한번은 룽수이(融水) 현성에 볼일이 있어 갔다가 묘족 전통 마을 멍밍(梦鸣)먀오자이를 지나게 되었다. 이 마을은 빈곤 퇴치 임시거주지로서 깊은 산 속에 거주하던 먀오자이 주민들이 이주하여 생활하고 있다. 멍밍먀오자이는 깨끗하고 잘 정돈되어 있었으며 아름답고 매력적이었다. 각양각색의 상품이 진열된 상점들이 즐비하게 들어섰고 관광객들의 발길도 끊이지 않았다. 나는 문득 우리 우잉 마을에도 언젠가 이렇게 많은 관광객들이 찾아주면 얼마나 좋을까 하는 생각이 들었다. 그렇게 된다면 마을 사람들은 물건만 팔아도 생계 걱정은 없을 것이고 더 이상 먼 타지로 나가 일자리를 구할 필요도 없을 것이다. 따라서 집에 남겨진 어르신들과 아이들 역시 외롭게 가족들을 기다리지 않을 텐데.

친 서기는 수업 시간에 기대감 가득한 얼굴로 이렇게 말씀하셨다. "이것은 완전히 실현 가능한 일입니다. 마을을 잘 관리하여 아름답게 가꾸고 각종 여건을 충족시킨다면 자연스럽게 관광객들의 발길이 닿을 것입니다."

나는 충분히 느낄 수 있었다. 그가 말한 '각종 여건' 중에는 마을 사람들이 표준중국어를 완벽히 익혀 관광객과 원활한 소통을 할 수 있어야 한다는 조건도 포함되어 있음을.

어느 날 친 서기는 우리더러 묘족 마을을 방문한 관광객이 되어 관광 과정에서 생길 실제 상황을 재현해 보라고 하셨다. 나는 외지에서 온 관광객 역할을 맡았다. 처음 이런 역할을 맡다 보니 많이 불안하고 거부감도 들었지만, 이것 또한 배움의 연속이라 생각하니 용기가 생겼다. 그리고 머릿속으로 애써 관광객들의 걸음걸이와 말하는 스타일을 떠올렸다.

나는 준비를 마치고 관광객 연기를 시작하였다. 처음으로 먀오자이 마을을 찾아온 방문객이 낯설어하는 표정으로 길을 걷다가 한 촌민(다이스잉[代时英] 연기)과 묘족 노부인(친 서기 연기)을 만났다. 나는 다이스잉에게 인사를 건넸다. "안녕하세요!" 그녀가 웃으며 대답했다. "안녕하세요!" 그리고 친 서기를 향해 "할머니, 안녕하세요?"라고 인사했다. 친 서기는

"나는 중국어를 할 줄 모릅니다." 다이스잉이 옆에서 번역을 해주자 비로소 고개를 끄덕이며 묘족어로 물어 왔다. "댁은 어디서 오시는 게요?" 나는 옷매무시를 바로 잡으며 말했다. "저는 신문사 기자입니다. 류저우시에서 왔어요." 다이스잉이 다시 그녀에게 번역해 주었다. 친 서기는 다시 물었다. "무엇을 취재하러 왔어요?" 나는 고개를 들어 주위를 둘러보며 말했다. "우잉(烏英)은 정말 아름답네요. 저는 우잉(烏英)의 마을 지부서기와 여러분의 연합 당지부소조를 취재하러 왔어요. 안내 부탁드려도 될까요?" 다이스잉이 먼저 친 서기에게 번역을 마친 후 표준어로 대답하였다. "마을 당지부서기님은 산에 농사일하러 가셨어요. 개의치 않으시다면 저의 집에 가서 유차 드시면서 기다리는 건 어떨까요?" 나는 곧바로 대답하였다. "좋아요, 저 아직 유차를 마셔본 적 없거든요." 나는 그녀 뒤를 따라 걸음을 옮겼다. 그리고 두 걸음도 채 가지 않아 우리는 끝내 웃음을 참지 못하고 웃음보를 터뜨리고 말았다.

친 서기가 자리에서 일어나며 박수 치자 학생들도 따라 힘껏 박수를 쳤다. 그는 만족스럽다는 듯이 머리를 끄덕이며 말했다. "여러분의 표준 중국어 실력이 점점 더 높아지고 있어요." 그러고 다시 한번 묘족어로 번역하여 우리에게 들려주고 마지막으로 자신의 묘족어 공부에 대해서도 잊지 않고 자랑하였다. "제 묘족어 실력도 점점 나아지고 있답니다." 이 말을 들은 학생들은 누구나 활짝 웃었고 자신감도 한층 높아진 것 같았다. 우리는 그 뒤로 수업 시간을 이용하여 자주 이런 상황극을 연습했고 사석에서도 이 방법을 자주 활용하며 공부했다.

때때로 도시나 현성에서 오신 지원자 선생님들도 이런 방식으로 수업을 진행하였다. 그들은 딱딱하게 강단에 서서 강의를 하는 대신, 산가를 부르거나 상황극을 하고, 정답 맞히기 이벤트를 열어 모두가 즐겁게 참여할 수 있도록 하였다. 이렇게 함으로써 자연스럽게 지식도 익히고, 무엇보다 기쁨과 웃음이 가득한 매력적인 수업 시간을 만들 수 있었다. 선생님들이 유익한 교육 영상을 발견하면 단체 채팅방에 공유해 주기도 하였는데, 류우저시에서 개최한 '이중언어·상호소통' 시민 강연 활동 영상은 특히 흥미로웠다. 원래는 다소 딱딱했던 교육 프로그램이 생동감 넘치는 퀴즈 대결로 바뀌었고, 루성연주와 산가 대결같은 다양한 재능 발표가 함께 어우러졌다. 사람들은 지식을 배우는 동시에 노래와 루성 소리가 어우러진 즐거운 분위기 속에서 서로를 가르치며 배워나갔다. 우리 먀오자이에서도 비슷한 학습 동아리를 만들었고 우리는 동아리 활동을 통해 자연스럽게 새 지식을 습득하였다. 가장 재미있었던 건 학습 경진대회였는데, 성적이 뛰어난 사람들에게는 쌀이나 식용유 같은 실용적인 선물까지 보내주었다. 물론 우리가 선물을 위해 공부하는 것은 아니었으나 그래도 선물을 받게 되면 기분이 좋아지는 것만은 사실이었다.

우리를 가장 놀라게 한 것은 마을 간부들까지도 친 서기와 정 선생님처럼 조용히 교실에 앉아 촌민들로부터 묘어를 배운다는 점이다. 학교 대문조차 가보지 못한 먀오자이 여성들이 오히려 '선생님' 노릇을 하고 있다니, 일순간 현실이라는 게 믿기지 않았다. 우리의 학습 열정은 더욱 거세게 불타올랐다. 간부들도 배움을 멈추지 않는데 우리는 마땅히 더욱 분발 노력해야 하지 않겠는가!

*

"그때 그녀들도 울고 저도 울었습니다. 이건 영상을 찍으려고 설정한 것이 아니라 진심으로 우러난 눈물이었어요. 함께 지낸 시간 동안 저는 우잉에 정이 들었고, 학우들도 아이들도 제가 떠나는 걸 못내 아쉬워했죠. 모두 진심으로 정을 나눴습니다. 그들은 저에게 간청했어요. '정 선생님, 저희들 곁에 남아 주실 수 없나요?'하면서 말이죠. 아이들은 아예 제 다리를 꼭 붙들고 놓지 않았어요. 마치 손을 놓으면 영영 저를 떠나보낸다고 생각한 것 같았어요. 그 시각, 저는 어떠한 위로의 말도 찾을 수 없었지요. 그저 아이들의 머리를 쓰다듬어 줄 뿐이었습니다. 저 역시 마음 깊이 너무나도 아쉬웠어요. 야간 학습반 여성들이 써준 손글씨 메모 종이에는 삐뚤빼뚤 간단한 몇 마디만 적혀 있었지만 천금 만금보다 값진 선물이었고 저의 마음을 울렸습니다. '정 선생님, 당신이 그리울 거예요.' '정 선생님, 행복하고 즐거운 삶 보내세요.' 그들은 저를 '정 간부'라 부르지 않고 '정 선생님'이라 불렀어요. 저는 이 호칭 하나가 우잉에서의 저의 생활을 대변해 주고 있다고 생각합니다. 저는 진심으로 그때 생활에 고맙고 지금까지도 가슴 뿌듯합니다."

정 선생님이 우잉 묘족 마을을 떠나던 날, 마을 사람들 모두가 나와 그를 배웅하였다. 그들은 마음속으로 정말 떠나보내기 싫었지만 '천하에 끝나지 않는 잔치란 없다'라는 말로 스스로 위안하며 석별의 정을 나누었다. 찰밥, 채색 계란 등 손수 준비한 선물들을 가방에 자꾸 넣어 주었다. 값진 물건은 아니었지만, 묘족 마을의 가장 아름다운 축복이었다. 마을 여성들은 돌아가며 그와 포옹하며 작별을 고했고, 아이들은 달려와 다리를 꼭 안았다. 그들은 중국어와 묘족어를 바꿔쓰며 작별 인사를 건넸다.

'차는 아직 출발하지 않았으나 마음은 벌써 함께 있다네. 천 개의 산과 만 갈래 강이 우리를 갈라놓아도, 우잉 여성들의 석별의 정은 막지 못할 것이네. 우리의 마음은 영원히 하나라네……' 이별을 앞두고 먀오자이 여성들이 작별의 묘족 노래를 불렀다.

"그 후에도 우잉에 여러 번 다녀갔다고 들었어요. 어떤 이유에서 다시 그곳을 찾게 되었을까요?" 내가 다시 물었다.

그는 웃으며 말했다. "마음속으로 그들이 너무 그리웠고 마을과 산천도 그립더라고요. 비록 제가 시골 마을에 내려간 건 임무를 수행하고 그들을 돕기 위해서였지만, 사실 역으로 저도 그들한테서 많은 걸 배웠지요. 삶의 또 다른 모습을 볼 수 있었어요. 이 경험은 제게 매우 특별하고 소중한 것이에요. 제가 매번 묘족 마을에 갈 때마다, 마을 사람들은 정겹게 저를 집으로 초대해서 미주를 함께 마시며 묘족어로 대화를 나누는데, 정말 옛날 그대로의 느낌이었어요. 요즘 마을이 점점 더 발전되는 모습을 볼 수 있어서 진심으로 기쁩니다."

낙오자는 없다

누군가 우잉 사람들을 화미조에 비유하곤 하는데 결코 과장이 아니다. 우잉 사람들은 노래 부르기를 좋아하며 화미조같이 아름다운 목소리까지 갖추고 있다. 특별한 명절이 아닌 평소에도 우잉 사람들은 늘 노래를 부르는데 여자 몇 명만 모여도 금세 노랫소리가 흘러나오고 분위기가 밝아진다. 산에서 일하다 피곤하여 나무 아래에 잠깐 기대면 저도 모르게 흥겨운 노래가 나오는데 심신의 피로가 싹 가셔진다. 먀오니안(苗年)[2], 포후이(坡会)[3], 신허제(新禾节)[4] 등 중요한 행사 때면 더욱 소리 높여 노래를 부른다.

야간 학습반에 다니기 시작한 후, 선생님들은 우리가 노래 부르는 것을 좋아한다는 것을 알고 특별히 음악 수업을 추가해 주셨다. 우리는 음악 시간을 무척 좋아했다. 표준어를 배울 수 있을 뿐만 아니라 많은 새로운 노래도 접할 수 있었기 때문이었다. 이 노래들은 우리가 평소 불렀던 묘족의 전통가요와는 달랐으나 선율이 아름답고 심금을 울렸다. 우리는 금세 새 노래에 빠져들었다.

> 56개의 별자리, 56송이 꽃, 56개 민족 형제자매는 모두 한 가족, 56가지 언어가 모여 이룬 한 마디, 우리 중화를 사랑하자…

우리가 즐겨 부르던 《중화를 사랑하자》란 노래다. 이 노래는 듣자마자 금방 흥얼거리게 되었고 마음도 즐거워졌다. 당시 선생님은 우리에게 노래를 가르치면서 그 뜻도 해석해주셨다. 중국은 모두 56개의 민족으로 이루어져 있으며, 매 민족은 반짝이는 별 하나, 아름다운 꽃 한 송이와 같다고 하였다. 56개 민족은 형제자매처럼 평등하고 단합되며 화목하게 지낸다. 중화민족은 하나의 대가족으로서 구성원들은 서로 돕고 격려하고 함께 발전해야 하며 그 누구도 서로 떨래야 뗄 수 없는 관계에 있다. 노래

---

2 坐妹, 동족이나 묘족 청년남녀들이 교류와 연애를 하는 방식.

3 포후이(坡会)는 묘족 청년 남녀가 산에서 노래를 주고받으며 사랑을 나누는 전통 축제.

4 신허제(新禾节)는 새로 수확한 곡식 이삭을 놓고 풍년을 기리는 묘족의 추수절.

가사를 이해하고 나니 나는 마음속으로 무척 흥분되고 감격스러웠다. 와, 우리는 이토록 단합되고 행복한 민족 공동체 속에서 살고 있었구나!

선생님은 "시진핑 총서기는 '중화민족은 하나의 큰 가족이므로 가족 구성원 모두가 행복한 삶을 누려야 한다'고 지시하셨다. 빈곤 퇴치의 길에서 어느 한 민족이라도 소외되어서는 안 된다."고 하시며 '이것이 바로 중화민족 공동체 의식을 공고히 하는 구체적 구현'이라고 보충 설명하셨다.

우리는 교단 아래에서 열심히 들었지만, 뒤로 갈수록 잘 이해되지 않았다. 선생님은 우리들의 당황한 표정을 보더니 조금도 조급해하지 않으셨다. 마치 모든 것이 예상된 일이었던 것처럼 말이다. 그는 분필 가루를 툭툭 털면서 웃으며 말했다. "너무 어렵게 생각할 것 없어요. 우리 묘족 마을을 예로 들어보죠. 이 마을에는 광시 출신 촌민도 있고 구이저우 출신 촌민도 있잖아요. 바로 이것이 '너 안에 내가 있고, 나 안에 네가 있다'는 뜻이 아닐까요? 우리 마을 사람들은 광시 출신이든 구이저우 출신이든 서로 단결하고 돕고 협력하면서 함께 아름다운 마을을 가꾸어 나가고 있잖아요. 바로 이것이 '중화민족 공동체 의식을 굳게 다진다'는 말의 구체적인 실천이라고 할 수 있겠지요."

나는 갑자기 깨달은 것 같았다. 작게는 촌민과 촌민 사이에서 시작하여 크게는 마을과 마을, 민족과 민족, 지역과 지역 사이에 이르기까지 모두가 아름다운 미래를 향해 힘을 합쳐 힘차게 나아가고 있다는 의미였다.

우리 마을 상황만 보아도 그러하다. 우잉 마을은 두 개 성(省)에 걸쳐 있기때문에 마을 업무 역시 두 성에서 분담하여 공동 관리하였다. 그리하여 과거에는 골치 아픈 일들도 자주 발생하였다. 촌민 대표대회가 열릴 때면 광시 출신 따로, 구이저우 출신 따로 모여 회의를 하다 보니 마을 장로들조차 매우 난감하였다. 또 논밭 수로 설치에 필요한 건설 자금을 마련해야 했는데, 두 성의 정책이 다르고 신청 절차마저 복잡한 탓에 실행이 매우 어려웠다. 마을 간부들은 문제 해결 의지는 강했으나 현실적인 한계에 부딪히면서 예상대로 추진하지 못하는 경우가 허다했다.

그 무렵 마을에는 크고 작은 어려움과 난제들이 쌓여 있었다. 관리가 잘 안 되었고, 또 제대로 관리할 수도 없었다. 책임 소재를 찾기 힘든 경우가 많았기 때문이다. 예를 들어 마을의 위생 문제 하나만 놓고 봐도, 일부 주민들은 협조를 꺼렸다. 구이저우성은 구이저우의 방식대로, 광시 지역은 광시의 방식대로 홍보하다 보니 각자 서로 다른 요구와 기준, 방식으로 관리할 수밖에 없었다. 그리하여 주민들의 신뢰를 얻기 어려웠다. 마을에서 정한 암묵적 규칙과 약속은 있었지만, 결국 통일된 정책을 실행하기란 거의 불가능했다. 10년 전 우잉 마을은 그야말로 난장판이었다. 아버지조차 농담 삼아 말하곤 했다. '우리 우잉은 멀리서 보면 한 송이 꽃 같고, 가까이서 보면 곰보 얼굴 같아.' 그 말은 결코 과장이 아니었다. 멀리서 바라본 우잉은 정말 아름답지만, 마을 안으로 들어오면 사방에 오수가 흐르고 골목마다 쓰레기가 널브러져 있었으며, 집 앞뒤로는 가축의 분뇨가 여기저기서 악취를 풍기고 있었다. 산 밖에서 온 사람들이 모두 장화를 신고 다녀야 할 정도였다. 누구도 이곳에 오래 머무르려 하지 않았고 다들 사무가 끝나면 한시바삐 떠나기에 급했다. 당시, 사람들이 우리 묘족 마을을 싫어했던 것도 이제 와 생각해보니 충분히 이해된다. 누군들 악취와 오수로 가득 찬 곳에 있고 싶겠는가?

최근 몇 년간, 특히 '맞춤형 빈곤 구제'에서 '농촌 진흥'에 이르는 과정을 걸치면서 우리 우잉 마을은 눈부신 변화를 가져왔다. 마을 사람들은 빈곤에서 벗어나 풍요로운 삶을 살게 되었으니 '천지개벽'이란 표현을 사용해도 전혀 손색이 없다. 이러한 성과는 연합 당지부의 헌신과 노력이 스며들어 있다. 2017년 6월, 광시와 구이저우 해당 지역 촌위원회 간의 협의를 통해 '중국공산당 계전양성/구(中国共产党桂黔两省/区) 우잉둔연합 지부위원회(乌英屯联合支部委员会)'가 설립되었고, 이로써 하나의 묘족 마을이 각각 서로 다른 두 개의 행정 구역의 관리를 받던 시대가 막을 내렸다. 이제 마을 사람들은 더욱 일치단결하여 하나의 목표를 향해 나아가고 있다.

우리 마을은 규모가 작지만 관리체계는 아주 완벽했다. '새는 작아도 오장육부를 다 갖추고 있다' 는 속담처럼 우리 묘족 마을 역시 그러하였다. 마을에는 연합 당지부를 비롯한 여성협회, 청소년위원회, 청년 자원봉사자협회, 루성악기협회 등 다양한 단체와 기관이 설립되었다. 마을의 남녀노소 할 것 없이 자신의 애호와 특기에 따라 알맞은 단체에서 활약함으로써 마을에는 점차 화목하고 조화로운 분위기가 형성되기 시작하였다.

선생님께서 '중화민족 공동체 의식을 강화한다는 것의 의미는 무엇인가'에 대한 사례를 들어보라고 했을 때, 나는 아무런 망설임도 없이 손을 번쩍 들었다. 선생님은 일어서서 말해보라고 하셨다. 나는 연합 당지부에 대한 이야기며 우잉(烏英) 마을의 여성들이 야간 학습반에서 공부하는 이야기며, 사회 각 계층 애심 인사들이 우리에게 도움의 손길을 내밀었던 사례 등등을 조리 있게 설명하였다. 그리고 마을 여인들이 산에서 나무를 지고 내려와 풍우루(风雨楼)와 풍우교(风雨桥)를 지은 이야기도 덧붙였다. 선생님은 매우 흡족해하시면서 '중화민족공동체의식'에 대해 잘 이해하고 있다고 칭찬해 주셨다. 교실에는 열렬한 박수 소리가 울려 퍼지고 반 친구들은 진심으로 축하해 주었다.

중국 공산당 제20차 전국대표대회가 열리던 날, 주촌 간부들은 촌민들을 조직하여 대회 생방송을 함께 시청하였다. 우리는 진지하게 대회 연설을 경청했고 때로는 메모하고 때로는 폰으로 영상을 녹화하면서 수시로 뜨거운 박수를 보냈다. 시진핑 총서기가 농촌 건설에 대한 연설할 때, 내 머릿속에는 그동안 우잉에서 일어난 거대한 변화가 떠올랐고 감동을 금치 못했다. 교실에서 한창 TV를 보고 있는 자매들도 자긍심으로 가득 차 있었다. 어찌 기쁘고 자랑스럽지 않을까? 개막식이 막 끝나갈 무렵, 우리는 감출 수 없는 희열과 격정을 노래《당에게 바치는 산가(唱支山歌给党听)》에 담아 맘껏 토로하였다. 이 노래야말로 당시 우리들의 심정을 가장 잘 대변해 줄 수 있었다. 우리는 박력있는 선율과 깊은 감동을 동시에 전해주는 이런 노래가 더없이 좋았다.

단결해야 승리하고, 노력해야 성공한다. 최근 몇 년 사이 우리 우잉 마을은 실제로 눈에 띄는 변화를 가져왔다. 예전엔 일자무식이던 우리 같은 여자들이 이제는 텔레비전에서 나오는 말도 어느 정도 알아들을 수 있게 되었으니 예전처럼 TV를 보면서도 무슨 내용인지 전혀 모르던 그런 시절은 지났다. 우리에게 이것은 정말 획기적인 발전이 아닐 수 없다.

주재 간부는 우리를 향해 이렇게 격려하였다. '옛날의 우잉은 폐쇄되고 낙후되어 있었지만, 분명 자신만의 특색과 강점이 있습니다. 당의 정책을 적극적으로 활용하여 현대적 농촌 관광 산업을 발전시킬 수 있습니다. 나라의 정책 지도와 적절한 방법으로 우잉의 자원과 장점을 충분히 발굴하여 생태 기반 민족 문화 관광 산업을 적극 육성한다면, 우잉만의 독특한 민족 문화 관광 브랜드를 만들어 낼 수 있고, 마을에 새로운 활력을 불어넣을 수 있습니다. 이것이 바로 20차 당 대회 정신을 실제에 활용한 구체적 체현이 될 것입니다.'

우리는 이야기를 들을수록 감동을 받았고, 우리 우잉 마을의 미래에 희망을 갖게 되었다. 그동안 주재 간부들이 마을을 위해 진행해 왔던 일들을 촌민들은 하나 하나 가슴속 깊이 새겨 두었다. 때문에 마을 사람들은 너나없이 주재 간부들에게 무한한 신뢰를 보냈다.

최근 몇 년간 우잉은 관광 발전의 모델을 끊임없이 모색해왔다. 산속의 나무, 들판의 곡물, 하천의 물고기, 대대로 전해 내려오는 양조 공예와 량부(亮布) 제작 공예 등 예전에는 우리가 별로 주목하지 않았던 것들이 모두 관광 자원이 될 수 있다는 것을 깨달았다. 당의 20차 대회가 성공적으로 막을 내린 후, 새로운 농촌 지원 정책이 다시 펼쳐졌다. 우리는 반드시 새로운 발전 기회를 놓치지 않고 우잉(烏英)을 더 아름답게 건설하리라 다짐했다.

*

이 수년간 나는 동족과 묘족 마을을 오가며 펜으로 시골의 발전과 변화를 기록했다. 그 과정에서 표준중국어를 보급하는 일이 얼마나 중요한지 깨달았다. 오직 언어가 소통되어야만 마음이 통하고 운명 공동체가 될 수 있기 때문이었다.

나는 우잉의 언덕 위에서 울창한 숲을 바라보았다. 그리고 그 숲속에서 뻗어 나와 마을 입구까지 이어진 시멘트 포장도로도 보았다. 순간, 나는 뭔가 깨달았다. 깊은 산속의 묘족 마을이 진정으로 세상과 연결될 수 있었던 것은 포장도로의 크기와 폭의 너비가 아니라, 사람들의 마음과 사상을 담아내는 언어가 작용했기 때문이었다. 언어는 높은 산과 험한 길도 마다하지 않고 물을 건너고 벽을 넘어 마침내 정신적 장벽을 허물고 운명 공동체를 연결하는 다리가 된 것이다.

3

꿈의 신생

- 산악을 가르는 새
- 놀라운 변화
- 재생
- 과성 여관(跨省客栈)의 즐거움
- 묘족 옷에 담긴 민족 역사
- 베일 속의 우잉(烏英)
- 동심원의 루성(芦笙)
- 혀 끝으로 만나는 柳州 음식
- 바닷소리를 듣다
- 세계를 품은 우잉
- 빈집촌(空巢村)의 부활

산악을 가르는 새

요즘 마을에는 중국어를 할 수 있는 사람이 점점 많아지고 있는데 특히 어린이들의 실력이 더욱 돋보인다. 남자애든 여자애든 입학할 나이가 되면 모두 즐겁게 책가방을 메고 학교에 간다. 내가 어릴 적에 그토록 꿈꾸던 풍경이다. 우잉 마을 아이들이 이제 더이상 이런저런 이유로 공부를 그만두는 현상은 근절되었다. 9년제 의무교육 덕분에 학비와 기타 비용은 전액 면제되고 교과서도 무료로 제공된다. 더욱 감동적인 것은 아이들이 학교에서 '무료 급식'까지 제공받는다는 점이다.

친 서기는 야간 학습반 동원 수업에서 이렇게 말했다. "우리 류저우시는 정말 훌륭한 도시입니다. 2008년에 벌써 전국 최초로 '무료 점심' 정책을 시행하여 9년제 의무교육을 받는 아이들에게 하루도 빠짐없이 따뜻한 점심무료 급식을 시행해 오고 있어요. 2011년 말, 룽수이현(融水县)이 국가 시범 지역으로 지정되면서 농촌 의무교육 학생 영양개선 계획을 철저히 이행하는 한편, 지역 실정에 맞는 '룽수이 모델'을 적극적으로 탐색해 나갔습니다. 우잉 마을의 아이들을 돕기 위해 룽수이현 교육부문에서는 특별 자금을 배정해 우잉 소학교 급식소를 재보수했으며, 충장현(从江县) 교육부문에서는 전문 조리사를 고용해 아이들에게 직접 식사를 제공해 주고 있지요. 이렇듯 광시와 구이저우 성 정부는 학생 가정의 부담을 최소화하여 학생들이 걱정 없이 생활할 수 있도록 든든한 버팀목이 되어 주고 있습니다."

친 서기가 언급한 정책의 구체적 내용은 잘 모르겠지만, 아이들이 큰 관심을 받고 있다는 점만은 분명히 느낄 수 있다. 특히 '무료 급식' 제도는 처음에는 학생 일인당 하루 2위안에서 지금은 하루 5위안으로 늘어나 아이들의 영양과 건강을 확실히 보장해주고 있다. 실제로 아이들의 키가 더 커진 것 같은 느낌도 든다. 성장기 아이를 가진 산골 부모들로서는 정말 감사할 일이다. 예전에는 젊은 부부들이 대부분이 외지로 일하러 나가고 집에는 노인네와 어린이들만 남게 되었다. 낮에 할머니, 할아버지가 농사를 지으러 산에 올라 집을 비울 때면, 아이들은 차가운 밥이나 먹다 남은 음식으로 점심을 대충 때우고, 때로는 굶은 채로 다시 오후 수업하러 학교에 가야 했다. 그러나 '무료 급식'이 시행된 후로는 매일 학교에서 정성담긴 따뜻한 식사를 할 수 있게 되었고, 어르신들도 마음 놓고 산업 활동에 전념할 수 있게 되었다. 게다가 류저우시와 룽수이현 소방 부서의 관심 덕분에 우잉 초등학교 아이들은 매일 추가로 3위안 상당의 영양 보조금 혜택도 받고 있다. 당의 정책과 민간인들의 따뜻한 후원 덕분에 산간 마을의 아이들은 단지 지식만 배우는 것이 아니라, 건강과 웃음까지 함께 수확하고 있다.

2015년, 아이들은 새로운 학교 시설을 갖게 되었다. 학습 환경이 크게 개선되어 비가 오든 눈이 내리든 걱정할 필요 없게 되었다. 이제 묘족 마을 아이들은 읍내로 통학할 때 더이상 험한 산길을 걸어 다니지 않아도 된다. 예전에는 세 시간 넘게 걸어야 했던 길을 지금은 차로 30분 정도면 충분하다. 덕분에 점점 많은 묘족 아이들이 도시 학교로 진학하고 대학교에 입학하는 쾌거를 이루어 내고있다.

2009년 여름, 먀오자이 첫 대학생이 나왔다. 그의 이름은 우후이중(吴辉忠)으로 마을 전체가 기쁨의 도가니에 빠졌다. 마을 밭고랑 사이에서, 시냇가에서, 채소밭에서 사람들은 온통 이 소년에 대한 이야기로 시끌벅석하였다. 사실 우후이중의 집은 매우 가난하여 아이를 학교에 보낼 형편이 못되었다. 우후이중도 여러 차례 학업을 포기하고 고향으로 돌아오려 하였지만 가족들이 포기하지 않고 이를 악물고 끝까지 뒷바라지하였다. 그 역시 가족들의 기대를 저버리지 않고 전심전력으로 공부에 몰입하였다. 본인과 가족들의 노력 덕분에 마침내 대학교에 합격할 수 있었다. 마을 사람들은 루성를 불며 묘족 마을의 첫 대학생을 열렬히 축하해 주었으며 이 쾌거를 함께 즐겼다. 이보다 더 큰 경사가 어디 있으랴! 이 경사는 아이들에게 아무리 가난하더라도 노력하기만 하면 산골을 벗어나 새로운 삶을 찾을 수 있다는 희망을 심어 주었다.

아버지는 늘 말했다. '무엇보다 자신감이 중요해. 무엇이든 해내려면 일단 자신감이 있어야 한다.'

첫 대학생이 나온 뒤, 마을은 '대학생 바이러스'에 감염된 듯 대학에 진학하는 아이들이 우후죽순처럼 여기저기서 용솟음쳐 나왔다. 마을 사람들은 점점 이런 상황에 익숙해졌고 한편으로는 묘족 아이들도 결코 남보다 못하지 않다는 믿음이 강해졌다. 그리고 열심히 노력하고 전력으로 매진한다면 끝내는 이루고야 만다는 신념이 맺은 결실이다. 나는 이것이야말로 우잉 사람들 뼛속 깊이 각인된 정신이라고 믿는다.

2013년, 묘족 마을에 최초의 여대생이 탄생했다. 그녀의 이름은 우메이우(吴妹乌)였다. 사실 그녀의 가정형편도 넉넉하지 않았다. 가족들은 그녀 학비를 마련하기 위해 밤낮없이 악착같이 일했다. 내막을 잘 알지 못했던 일부 동네 사람들이 그녀의 부모에게 한마디 했다. "여자아이를 중학교까지 졸업시켰으면 됐어. 할 만큼 한 거야.' 가족들이 힘들어 하는 모습을 보며 그녀는 역시 마음이 아팠다. "나 학교 그만둘래요. 이제 신분

중도 만들 수 있는 나이가 됐고 밖에 나가서 일할 수도 있어요."

"네가 이렇게 공부를 좋아하고 열심히 하는데, 넌 분명 성공한다. 걱정하지 말고 오로지 공부에만 전념해. 등록금 같은 건 신경 쓰지 않아도 돼." 아버지는 응원과 격려를 잊지 않았다.

그 이전까지 마을에서는 여자아이라면 누구도 대학 입시까지 공부할 수 없었다. 성적이 좋든 나쁘든, 집안 사정이 허락하든 말든 간에 여자아이들에게는 대학에 갈 수 있다는 믿음 자체가 없었고, 먀오자이 소녀들도 자신이 대학 갈 능력이 있다는 생각을 아예 하지 못했다. 한마디로 말하면, 먀오자이 소녀들은 중학교만 졸업해도 글자를 읽고 편지를 쓰며 약간의 표준어를 할 수 있으니 충분히 도시로 나가 돈을 벌 수 있었다. 우메이우는 가족의 지지 덕분에 계속 고등학교까지 다녔고, 마침내 대학에 합격했다. '개는 논을 갈지 않고, 여자는 책을 읽지 않는다'는 옛말로 더는 소녀들의 사상을 얽매지 못했다. 묘족 소녀들은 우메이우를 통해 용기를 얻고 희망을 보았다. 그녀들도 열심히 공부하여 대학에 합격함으로써 미래에 훌륭한 사람이 되리라는 목표를 향해 쉼없이 달렸을 것이다.

2017년, 우메이우는 대학을 졸업하고 룽수이현 무형문화재 보호 단위에 취직했다. 나는 무형문화재가 뭔지, 무슨 일을 하는지 잘 몰랐다. 나중에 그녀가 휴가 날 때마다 마을에 오면 붙잡고 물어보곤 하였다. "무형문화재란 우리 나라 여러 민족이 대대로 전해 내려온 다양한 전통문화 표현 방식과 관련된 물품과 장소를 말합니다." 나는 그래도 오리무중이었다. 그녀는 자책하듯 "아, 제가 너무 복잡하게 설명했네요. 쉽게 말하자면, 우리 우잉(烏英)의 량부(亮布)와 루성(芦笙)이 다 무형문화재에 속해요." 그제야 나는 알았다고 미소를 지어 보였다.

요즘 점점 더 많은 묘족 마을 아이들이 대학교에 입학하고 있다. 조카인 량유(梁优), 판무즈(潘木枝) 남매를 비롯해 여러 명이 대학교에 합격했다. 일부는 아직 대학교 재학 중이며, 일부는 이미 사회에 진출해 일하고 있다. 현재 우리 마을에서 전문대나 본과 대학교에 진학한 아이들은 30명 가까이 되며 그중 대부분이 여자아이이다. 이는 10년 전만 해도 누구도 상상하지 못했을 일이다. 이 아이들은 마치 날개라도 돋힌 듯 훨훨 마을을 넘어 산 밖으로 날아갔다. 아이들이 시골을 떠나 산골 밖 세상에서 자신만의 무대를 만들어가는 모습은 우리에게도 큰 용기를 주었다. 비록 우리 세대는 이제 대학을 갈 수 없지만, 야간학교에서 배운 지식으로 삶을 바꾸고 자식들에게 좋은 학습 분위기를 물려줄 수 있다는 것만으로도 큰 성과였다.

*

인터뷰에서 판무즈(潘木枝)는 여러 차례 '관념'이라는 단어를 언급했다. 그녀는 "우리 세대에 와서 9년제 의무교육은 이미 널리 보급되었지만 대학교 진학까지는 여전히 '하늘의 별따기'와 같았어요. 전통적인 사고방식의 영향도 있었고, 당시 생활 형편이 너무 어려운 탓도 있었지요."라고 말했다.

9년제 무상의무교육제도의 정착과 '학잡비 면제 및 생활비, 학교 운영 자금 지원' 정책('两免一补'政策)[5] 시행 이후, 농촌 지역 아이들의 교육

5 两补一免政策: '두 가지 지원, 한 가지 면제' 정책은 중국의 농촌 지역 의무교육(초등학교와 중학교) 단계 학생들을 대상으로 한 교육 지원 정책이다. '두 가지 지원'이란 기숙사 생활이 어려운 학생들에게 생활비 지원하는 것과 농촌 학교의 운영비를 지원하는

문제가 뜨거운 화제로 떠올랐다. 이 정책의 실행은 시골 마을 교육 발전에 큰 영향을 미쳤고 우잉 마을도 예외가 아니었다. 마을 사람들은 교육이 가져다준 변화를 더욱더 깊이 실감하게 되었다.

'가장 큰 변화는 바로 사고방식의 변화라고 생각합니다. 사람들은 교육을 점점 더 중시하기 시작했어요. 우리 우잉에서는 특별히 교육 장학기금을 설립하여 초등학교부터 중학교까지 성적이 우수한 학생들을 대상으로 추가로 격려금을 지급하고 있고 전문대학교 이상 대학교에 입학한 학생들에게는 별로도 지원금도 발급해주고 있습니다.' 판무즈는 생글생글 웃으며 말했다.

2021년, 우잉 마을은 처음으로 교육진흥대회를 개최하고 교육 장학기금을 설립했다. 이 기금은 사회 각계 인사들과 애심 기업인들의 후원을 받아 운영되었다. 열심히 공부하여 뛰어난 성적을 거둔 학생들에게 장학금을 수여하는데 학생들이 장차 사회에 유용한 인재로 성장할 수 있도록 격려하는데 그 목적을 두고 있다. 장학금 수여 대상자 명단이 발표되고 시상이 있는 날이면 마을 전체 주민들이 광장에 모여 파티를 여는데 루성 소리가 마을에 울려 퍼지고 상을 받은 아이들은 동네 사람들의 축하를 받으며 앞으로 더욱 정진하여 더 큰 성과를 거둘 것을 다짐한다.

18차 당대회 이후 우잉 마을은 교육 혜택 정책과 빈곤 완화 정책의 혜택을 누렸으며, 사회 각계 인사들의 도움과 지원을 받았다. 교육 환경과 조건은 예전과는 비교할 수 없을 정도로 크게 개선되었고 묘족 마을 소녀들의 학업의 길은 더이상 험난하지 않았다. 지원팀들이 연이어 산속으로

것이다. '한 가지 면제'란 모든 학생의 학비와 잡비를 면제하는 것이다. 이 정책은 농촌 지역의 교육 격차를 줄이고, 모든 아이들이 무상으로 의무교육을 받을 수 있도록 하기 위해 시행된 국책이다.

들어오고, 점점 더 많은 학생들이 산을 넘어 세상 밖으로 나가는 광경은 우잉 묘아자우의 가장 아름다운 풍경이었다.

놀라운 변화

요즘 우잉 마을은 몰라보게 변해갔다. 우잉을 찾은 관광객들이 가장 많이 쓴 단어는 '놀랍다'였다. 만일 야간 학습반에서 표준중국어를 배우지 않았다면 무슨 말인지 이해하지 못했을 것이다. '농촌 마을 변화가 가장 놀랍네요.' 나는 이 말의 의미를 완벽히 이해할 수 있었다. 왜냐하면 직접 나의 두 눈으로 보고 확인할 수 있었기에 그녀의 말대로 '놀라운 변화'라는 표현을 빌려 쓰고자 한다.

변화는 사소한 것들부터 서서히 시작되었다. 우선 우잉 먀오자이 마을의 환경 변화부터 이야기해보자.

2009년, 우잉 마을은 새로운 포장도로가 개통되었고 옛날 험준했던 산길은 역사 속으로 사라졌다. 덕분에 오랜 시간 고립되고 낙후됐던 이 외진 먀오자이 마을과 외부 세상 사이 소통의 창구가 열리게 되었다. 2015년 이후 우잉 마을에는 빈곤 퇴치를 위한 세 갈래 도로가 추가로 건설되었는데 광시 방향과 구이저우 방향으로 뻗은 고속도로 그리고 산 쪽으로 뻗은 산업용 도로였다. 이제 마을 사람들은 외출은 물론이고 산에 올라 농사일을 할 때도 훨씬 편리해졌다. 새 도로가 개통되기 전, 읍내에 한 번 다녀오려면 엄청난 시간이 소요되었다. 왕복 7~8시간 걷다 보면 두 다리가 아예 감각을 잃을 정도였다. 그런데 새 도로가 개통된 지금은 불과 수십 분이면 해결된다. 가끔 갑자기 찾아온 손님들을 위해 급히 만찬을 준비해야 할 경우, 차로 읍내에 가서 장을 본 후 집에 와 요리를 만들 정도로 매우 편리해졌다.

전기도 공급되기 시작했다. 이는 구이저우성이 우잉 마을을 위해 적극적으로 추진한 농촌 송전망 개조 사업 덕분으로, 우잉은 간둥향에서 처음으로 전기가 들어온 마을이 되었다. 예전에는 밤에 등유 램프나 촛불을 사용했는데, 목조 가옥에서 이런 조명 방식을 취한다는 것은 매우 위험한 일이었다. 전기가 들어오고 나서 먀오자이 밤은 밝아졌고, 마을 사람들은 텔레비전, 냉장고 등 가전제품을 하나 둘 구입하게 되었다.

그 후 광시성에서는 농촌 급수 공사를 추진하여 산속의 약수를 직접 집안까지 끌어와 가정마다 수도를 사용할 수 있게 되어서 더이상 밖으로 물 길으러 갈 필요가 없었다. 방화용 저수지도 조성해 화재 대비도 철저히 했다. 마을 안 골목길은 모두 포장도로로 깨끗하게 정돈되어서 다니기 편리해졌으며 주택마다 '세 가지 개조(三改)'[6] 정책을 통하여 마을 곳곳에 차 넘치던 악취도 사라졌다. 이와 함께 전통 연극무대와 풍우루(风雨楼) 그리고 문화 광장도 새롭게 꾸며졌다. 오늘의 묘족 마을 주거 환경은 그야말로 천지개벽의 변화를 가져왔다고 말할 수 있다.

지금은 병 치료도 예전보다 훨씬 편해졌다. 산골 마을에도 훌륭한 의사들이 많이 생겼는데, 그중 양(梁)의사는 우리 모두의 사랑을 받는 고마운 분이다. 젊은 나이에도 불구하고 간둥향보건원에서 부원장으로 재

6 -农村三改: 농촌 주택 기초 시설 개조 공정으로서 일반적으로 '상수도 개조', '전력 개조', '화장실 개조' 이 세 가지를 가리킨다.

직하셨고 자주 우잉 마을 주민들을 위해 무료 건강검진을 진행하였다. 마을 사람들은 남녀노소 할 것 없이 모두 그를 존경하였다. 그분이 마을에 올 때마다 주민들은 서로 자기 집으로 초대하려 경쟁을 벌였는데 특별한 음식을 차려서라기보다 가족같은 사랑을 느꼈기 때문이었다. 겉보기에 젊은 나이지만 이미 임상 경험이 풍부한 향진 전과 의사이다. 마을 사람들은 누구나 그의 성장기에 대해 잘 알고 있다. 어릴 적 그는 이웃 사람들이 병에 걸려도 제때 치료받지 못하거나 고통 속에서 생을 마감하는 모습을 많이 보았다. 그 기억은 그의 기억 속에 오랫동안 남아 있었다. 주변 사람들이 의사를 존경하는 모습을 보며 그는 자연스럽게 '나도 커서 의사가 되겠다'는 꿈을 품게 되었고 결국 의과대학을 거쳐 고향 보건원에서 임상 전문의(临床医生)로 일하게 되었다. 마을 사람들이 멀리 타지에 가서 병을 보는 수고로움을 덜기 위해 그는 자신의 전화번호를 주민들에게 알려주며 말했다. '여러분, 어디 편찮으시면 언제든 전화 주세요.'

요즘 사람들의 거주 환경 보호 의식은 점점 더 강해지고 있다. 예를 들어, 마을 밖에 조그만 산골짜기가 하나 있는데, 매년 봄과 가을이면 수많은 새들이 날아들곤 한다. 그 새들이 어디서 왔는지, 또 어디로 가는지도 아무도 모른다. 옛날 우리와 같이 편벽한 시골 마을 사람들은 먹고살기가 어려워 산속의 들나물과 야생 과일을 따고 짐승을 사냥하며 살아갔다. 그러다 보니 하늘에 무리 지어 나는 새들도 자연스럽게 우리의 수렵 대상이 되었고, 사람들은 그 골짜기를 '새 고개'라 불렀다. 하지만 요즘은 생활 수준이 크게 향상되면서 굳이 먹을 것을 찾아 헤매지 않아도 된다. 마을에 파견된 간부와 기자 그리고 교육 봉사자들은 늘 '푸른 산과 맑은 물이 바로 금은보화'라고 하며 우리에게 환경 보호의 중요성을 심어주었다. 그리고 이런 관념이 천천히 마을 주민들의 마음속에 뿌리내리기 시작했다. 우리는 산림을 잘 보존할수록 더 가치 있는 경제 작물을 키울 수 있다는 사실을 깨달았다. 예를 들면 패션프루트, 영지버섯, 차나무 같은 것들이다. 친 서기는 '세상에는 돈으로도 살 수 없는 것들이 있는데 우잉의 자연환경이 바로 그 일례다'고 말씀하였다. 이제 마을 사람들은 더이상 새 잡으러 '새 고개'를 찾지 않았고 스스로 '새 보호 고개'라고 이름을 바꿨다. 옛날 새를 잡던 데로부터 오늘날 새를 보호하는 새 시대로의 전환은 우잉 마을의 놀라운 변화를 단적으로 보여주며 세간의 감탄을 자아내고 있다.

'표준어를 배우는 건 마치 날개를 얻는 것과 같아요.' 자원봉사교육자로 온 한 처녀가 우리에게 한 말이다.

나는 그녀의 말에 매우 공감이 갔다. 나 역시 날개를 단 것 같은 마음이었다. 야학반에서 공부를 시작한 뒤로 표준어를 이해할 수 있게 되었고, 스스로 국가의 빈곤 퇴치 정책도 알아볼 수 있게 되었다. 그래서 이제는 굳이 남편에게 번역을 부탁하지 않아도 된다! 너무나 뿌듯하였다. 그리고 마치 시골 마을을 벗어나 하늘 높이 날고있는 한 마리 새와 같았다!

마을의 건축물은 모두 목조 건물로서 방화 등급이 낮아 화재 위험이 컸다. 개조를 통해 방화 통로를 마련하고, 마을의 소방 안전 수준을 높임으로써 주민들이 마음 놓고 거주할 수 있는 환경을 마련하였다. 마을의 화재 방지를 위해 룽수이현 소방구조대는 마을 여성들을 조직하여 자원소방대를 결성하였다. 나는 이 소식을 듣자마자 바로 지원했고, 그 뒤로 여러 명의 자매들도 차례로 가입했다. 입대 전에는 소화전이나 소화기 같은 소방 장비를 어떻게 사용하는지 전혀 몰랐지만, 룽수이현 소방구조대가 마을에 와서 시범 교육을 해주면서 차차 알아가게 되었다. 화재전문

복장을 차려입은 우리는 텔레비전 속 소방관처럼 멋져 보였다. 하지만 소방관처럼 숙련되기까지 긴 시간이 걸렸다. 대부분의 장비는 처음 보는 낯선 것들이라서 그 사용법은 아예 알지 못했다. 다행히 소방관들이 친절하고 인내심 있게 지도해준 덕분에 우리는 마음 놓고 배울 수 있었고, 점차 장비 사용법을 익힐 수 있었다. 그들은 중국어로 각각의 장비의 사용법과 절차를 설명해주면서 직접 시범까지 보여주었다. 따라서 우리는 원만히 사용법을 익히고 천천히 절차를 배워나갔다. 나는 문득 예전 같았으면 중간에 번역해 주는 사람이 필요했을 텐데 하고 감탄하지 않을 수 없었다. 모두가 기뻐했는데 특히 우리가 중국어를 알아듣고 지시를 이해할 수 있다는 사실이 너무나 감격스러웠다. 이후 우리는 스스로 소방 장비를 다룰 수 있게 되었고, 장비에 고장이 없는지도 점검할 수 있었으며 이는 우리의 실전 능력을 점검하는 데도 도움이 되었다. 마을 사람들은 우리를 보고 이렇게 말했다. '이제 우리 마을에 여자 소방대가 있으니 걱정이 없어요.' 이런 말을 들을 때마다 우리는 형언할 수 없는 희열을 느꼈고 최고의 칭찬이라고 생각하였다.

요즘 우리 우잉 마을은 차례로 '중국 전통 마을', '광시민족특색 마을', '류저우시민족단결발전 시범촌', '구이저우(贵州) 체엔둥난(黔东南)주 민족단결발전 시범촌' 등의 칭호를 받았다. 최근에는 우잉이 재차 '광시좡족자치구 민족단결발전 시범촌'으로 선정되면서 온 마을이 기쁨에 들끓었다.

(상)내가 소방용 물총에 물을 넣는 시범을 하다, (하)허위칭(何玉清)이 소방용 물총에 물을 넣는 시범을 하다

재생

'오직 배움만이 삶을 변화시키고자 하는 나의 갈망을 채워줄 수 있었다.'

표준어는 내 삶을 바꿔놓았다. 야간 학습반에 다니기 전에는 표준어는 물론 꾸이류우(桂柳) 방언도 할 줄 몰르고 글자도 쓸 줄 모르는 그야말로 일자무식 문맹이었다. 티비를 보아도 라디오를 들어도 아무 것도 알지 못하였다. 그러니 독서 같은 건 더 말할 나위도 없었다. 손님들이 우리를 찾아와 이야기해도 무슨 뜻인지 이해하지 못했고 어떻게 답해야 할지도 몰랐다. 이제 와 돌이켜 생각해보면 그때는 마치 속이 텅 빈 사람같이 나 자신도 타인도 제대로 파악할 수 없었다. 하지만 이제는 어떤 일에 부딪치더라도 스스로 사고할 수 있는 생각의 힘을 갖게 되었다.

내 삶의 가장 큰 변화가 무엇인지를 묻는다면 나는 '재생'이라고 답하고 싶다. 야간 학습반에서 표준중국어를 배우기 시작하던 그 날을 기점으로 나의 인생은 다시 시작되었다고 생각하기 때문이다.

'책을 읽는다는 것은 단순히 생활의 편리함을 넘어서 자신을 재발견하는 위대한 여정이다.'

이것은 우잉을 찾은 한 여성 기업가의 이야기다. 2020년 5월, 우잉의 사연을 접하고 큰 감동을 받은 그녀는 동료들과 함께 주저 없이 난닝에서 출발하여 먀오자이를 찾아주었다. 그들은 많은 학용품도 갖고 왔다. 세련된 옷차림에 부드러운 인상의 그녀는 강단에 서서 농구공처럼 생긴 물건을 들고 이것저것 설명하고 있었다. 당시 우리는 갓 표준중국어를 배우기 시작한 터라 그녀가 무슨 말을 하는지 전혀 알아듣지 못했다. 하지만 그녀가 얼마나 진심 어린 마음으로 우리에게 다가오고 있는지는 충분히 느낄 수 있었다. 우리도 마음으로는 너무 기뻤지만 충분히 소통할 수 없는 상황이 못내 안타까웠다. 아이들끼리 서로 눈치만 보며 당황한 채 어떻게 반응해야 할지 몰랐다. 우리가 제대로 반응하지 못하자 얼굴에는 당혹감으로 가득 찼다. 아마도 우리가 그의 발언에 부정적인 줄로 착각한 것 같았다. 이때, 친 서기가 급히 나서서 이 난처한 분위기를 전환시켰다. "아이들이 금방 표준어를 배우기 시작해서 아직 잘 알아듣지 못해요." 그제야 그녀는 "네, 그러시군요" 하고 고개를 끄덕이며 우리를 향해 미안하다는 듯이 미소지었다. 그리고 촌장에게 통역을 부탁했다. 그제야 비로소 우리는 그녀 손에 든 것이 지구본이라는 걸 알게 되었고, 그 위에는 세계 곳곳이 그려져 있었으며, 그녀가 손가락으로 가리키던 그곳이 바로 우리 우잉이라는 것도 알게 되었다. 그 순간 나는 가슴 한쪽이 덜컥 내려앉는 듯한 충격을 받았다. 그녀의 말들은 마치 뿌리 내리듯 조용히 내 가슴을 파고들었다.

앞서 말한 그 문장도 촌장이 번역해 준 것이었다. 그 말은 내 마음속에 깊이 새겨져 늘 떠올리곤 했다.

2022년 10월, 그 애심 여성 기업인이 동료들과 함께 또다시 우리 우잉 마을을 찾아왔다. 2년이란 시간이 흐른 뒤였지만, 그녀를 다시 본 순간, 마음은 따뜻해지고 말못할 정겨움이 밀려왔다. 마치 오랜만에 만난 가족과도 같았다. 그녀는 여전히 당당하고 우아한 모습을 하고 있었는데 그저 서 있기만 해도 주변 분위기가 편안해지는 느낌이었다. 2년 전과 달라진 점이라면, 이제는 그녀가 하는 말을 우리는 모두 알아들을 수 있으며 통역 없이 자연스럽게 대화를 나눌 수 있다는 점이었다. 그녀는 매우 기뻐하며 내내 웃으면서 우리 손을 꼭 잡아주었다. "정말 몰라보게 발전했네요! 표준어 실력이 이렇게 뛰어날 줄은 꿈에도 몰랐어요!" 그녀는 엄지를 척- 치켜세우며 함께 온 사람들 향해 말했다. "지난번에 왔을 때까지만 해도 저의 말을 전혀 알아듣지 못했는데……" 우리는 그녀의 축하가 진심에서 우러나온 것임을 분명 느낄 수 있었다. 바로 그녀와 같은 많은 따뜻한 이들의 성원과 후원 덕분에 우리는 큰 발전을 가져올 수 있었고 우잉 마을의 오늘을 볼 수 있었던 것이다.

그러나 솔직히 말하면, 우리는 아직 발음이 정확하지 못하고 억양도 강하다. 심지어 초등학생들보다도 회화 능력이 떨어진다.

"처음에는 당연히 어색할 수 있지. 표준어를 쓰는 데 익숙하지도 않고 아는 단어도 많지 않으니, 말이 좀 어색해지는 것도 어쩔 수 없어. 계속 연습하다 보면 금방 유창해질 거야." 아버지는 이렇게 말씀하시며 나를 격려하며 위로했다.

나는 마음 한편으로는 무척 괴로웠다. 내가 너무 느리고 어눌하게 말해서 그 뜻이 제대로 전달되지 못하는 것 같아서였다. 하지만 다시 생각해보니 쑥스럽게만 생각하면 안될 것 같았다. 오히려 더 열심히 표준어로 대화를 시도했다. 예전과 비교하면 이미 아주 많이 나아졌다는 걸 스스로 느낄 수 있을 정도였다. 우리 자매들은 산 밖에서 온 사람들과 대화한다는 건 곧 세상과 소통하는 길이라는 것을 잘 알고 있었다. 표준어가 아무리 서툴러도 절대 포기하지 말고 끊임없이 시도해야 한다는 것도 알고 있었다. 그 자체가 바로 배움이기 때문이다. 그렇게 우리는 점차 두려움을 극복해 나갔고, 마침내 자신 있게 본인의 생각을 표현할 수 있게 되었다. 마침내 우리는 산 밖에서 온 손님들에게 마음속 이야기를 가감 없이 들려줄 수 있었다.

요즘 점점 더 많은 사람들이 야학반의 존재를 알게 되면서, 기업인, 정부 영도, 학자와 기자들이 마을을 찾아와 견학하거나 조사 연구를 하거나 인터뷰를 진행하곤 한다. 매번 누군가 인터뷰를 하러 오면 어김없이 나를 찾는다. 반장인 내가 반의 상황을 소개해야 하기 때문이다. 처음엔 인터뷰가 두려웠고 거리감도 심했다. 남편은 그런 내 모습을 보고 격려 반 타박 반 일깨워주었다. '저녁마다 왜 공부하러 가는 거지? 결국 타인과 소통하려는 거 아니겠어?' 그래, 맞아! 타인과 소통하려 하지 않는다면 굳이 야학반에 가서 공부할 필요가 있을까? 친 서기와 정 선생님도 끊임없이 나를 응원했고, 친구들도 힘을 실어 주었다. '할 수 있어, 넌 우리 야학반을 대표할 수 있어.' 나는 물러설 곳이 없다는 걸 알고 인터뷰 신청을 허락하기로 하였다. 우선 2명의 〈류저우일보〉 기자들로부터 인터뷰를 받았다. 긴장한 나머지 인터뷰를 시작하기도 전에 마음은 벌써 얼어붙었다. 한 문구를 위해 한참을 고민한 결과 겨우 생각해 냈는데 미처 입 밖에 내기도 전에 문장은 온데간데없이 사라져버리는 황당한 상황에 직면해야 했다. 답답하고 땀이 줄줄 흘렀다. 그러자 기자가 위안해 주었다. "아주머니, 너무 긴장해 하지 마세요. 저희를 딸이라 생각하세요." 그 말을 듣자 나는 진짜로 딸이 떠올랐다. 지금쯤 딸은 뭘 하고 있을까? 그렇게 생각하니 긴장이 차츰 풀리기 시작했고, 마침내 말을 꺼낼 수 있었다. 비록 여전히 더듬거렸지만 말이다. 시간이 흐르면서 외부인들과 대화하는 일이 잦아지자, 더이상 긴장하지 않게 되었고, 매번 마음을 터놓고 대화하려고 노력했다. 다만 어쩌다 한 번씩 아무리 노력해도 생각했던 했던 바를 정확히 표현하지 못한 것 같아 안타까울 따름이었다.

'매일 조금씩 나아지고 있으니까, 앞으로는 이렇게 긴장하지 않을 거야.' 남편은 늘 나를 응원해주었다. 내가 틀리게 말해도 비웃지 않았고 덕분에 나는 실수하는 것이 그리 두렵지 않았다. 천천히 고쳐나가면 되는 거니까.

아버지는 나에게 대화의 비결을 알려주셨다. '사람과 이야기할 땐 서두르지 말고, 생각을 정리한 후 천천히 말해라. 말하는 속도를 최대한 늦추는 게 좋아. 그래야 실수가 줄고, 논리정연하게 전달할 수 있지.' 나는 아버지의 방법대로 사람들과 대화를 시도했고, 신기하게도 대화를 할수록 더 쉬워지고 유창해지는 것을 느꼈다. 몇 차례 인터뷰하다가 감정이 북돋아져 이야기를 하다말고 눈물까지 흘린 적이 있다. 인터뷰를 진행하던 기자는 나를 나무라는 대신 예의 있게 티슈를 건네주었다. 또 한 번은 한 여 학자의 인터뷰를 받았는데, 내가 주체못하고 눈물을 흘리자 그녀도 눈물을 보이며 내 어깨를 두드리며 말했다. "앞으로 삶이 점점 나아질 거예요." 나는 고개를 끄덕이며, 그녀의 말이 진실일 것이라고 확신하였다.

예전에 병원에 갈 때면 꼭 번역할 사람을 대동하였다. 그렇지 않으면 의사와 제대로 된 소통을 할 수 없었기 때문이었다. 의사에게 어디가 아픈지 제대로 설명할 수 없었고, 번역사가 도움을 준다고 하더라도 자신의 증상과 통증에 대한 정확한 정보를 전달하기에는 무리가 있었다. 하지만 지금은 달라졌다. 나는 직접 의사와 대화할 수 있고, 나의 증상을 있는 그대로 전달할 수 있다. 아울러 의사는 나의 상태를 정확히 파악하고 약 처방도 훨씬 편하고 할 수 있었다.

특히 아이가 아픈 경우에는 더욱 그러했다. 아이는 고통스러워했고, 우리는 그저 아픈 아이를 병원에 데려가는 것 외엔 달리 방법이 없었다.

병원에 갔지만 나는 마치 미로에 들어선 것처럼 어디로 가야 할지 우왕좌왕 헤매였다. 만약 묘족어를 할 줄 아는 의사를 만나지 못했다면 나는 의사의 말도 알아들을 수 없었고, 치료 방안도 전혀 알 수 없었을 것이다. 애간장만 태우다 뒤돌아서 눈물만 흘렸을 뿐이었다. 어디서도 도움을 구할 수 없었던 그때의 무력감은 아픈 기억으로 남았다.

표준중국어를 배운 뒤로는 직접 의사와 대화하며 아이의 상태에 대해 물어볼 수 있게 되었고 의사의 자세한 설명도 완벽히 이해할 수 있었다. 아이와 관련된 모든 문제를 정확히 요해하고, 어떤 치료 방법이 가장 효과적인지 알고 싶었고 하루라도 아이가 고통에서 벗어나기를 바랐다. 그동안 나는 여기저기서 정보를 수집하고 의료 간호 지식을 습득하며 다양한 실용 의료 방법과 간병 호리에 관한 기본 지식을 익혔다.

병원에 다녀온 날이면 나는 의사가 했던 말을 남편에게 전해주곤 했다. 남편은 내가 무슨 말을 하려는지 짐작하고 있었다. 아무 말 없이 조용히 듣던 남편이 눈시울을 붉혔다. 나는 남편이 무슨 생각을 하고 있는지 알았기에 순간, 참았던 눈물이 주르륵 흘러내렸다. 부모로서 아이를 한없이 사랑했지만 병마 앞에서 너무나 무기력한 자신이 안쓰러웠다. 만약 우리의 살과 피가 약이 된다면 우리는 추호의 주저함도 없이 기꺼이 내어줄 것이다. 오직 아이의 건강만 바랄 뿐이다. 나는 남편의 눈물 속에는 학업을 견지한 자신에 대한 긍정과 찬사가 담겨 있다는 걸 알고 있었다. 만약에 공부를 하지 않았더라면 이처럼 간단한 일조차 제대로 해내지 못했을 것이다.

과성 여관(跨省客棧)의 즐거움

표준중국어를 배운 후 우리 묘족 마을의 여성들은 삶에 대해 새로운 깨달음과 미래에 대한 기대감이 커졌다. 그리고 비로소 '빈곤 퇴치에 앞서 지혜를 길러야 하며, 지혜를 기르기 위해서는 언어 소통이 선행되어야 한다.' 는 말의 의미를 진정으로 이해하게 되었다. 야간 학습반에서 몇 년간 배우면서 느낀 점은 교육과 지식을 갖추면 마음이 서서히 열리고 시야가 점차 넓어져서 더 이상 이 산골짜기에 갇혀 살지 않는다는 것이다. 외부 사람들과의 교류 속에서 우리는 많은 격려와 계시를 받았다.

허위칭(何玉清) 부녀 주임에 대해 말하자면, 그녀의 배움에 대한 갈망이 가장 나의 마음을 흔들었다. 처음에는 아버지가 집에서 식구들에게 중국어를 가르친다는 사실을 알고 시간이 날 때마다 같이 수업을 들었다. 갓 왔을 때는 다소 부끄러워했으나 막상 배우기 시작하자 자신감에 찬 소학생처럼 자연스럽게, 진지하게 수업에 참여하였다. 야학반이 열린다는 소식을 듣자마자 곧바로 지원하였을 뿐 아니라 마을 자매들을 찾아다니며 수업에 동참하기를 권유했다. 그녀는 이렇게 말했다. "요즘 같은 시대에 지식이 없으면 성공하기 힘들어요. 예전에 공장에서 일할 때도 많이 속았고, 지금 장사 일도 마찬가지에요. 문화지식이 없으면 눈먼 소경이나 다름없지요." 야간 수업이 있을 때마다 그녀는 꼭꼭 참석하였는데 단 한 번도 지각하거나 조퇴한 적이 없었다.

그녀와 남편은 작은 가게를 운영하고 있었다. 남편 우신런(吴新仁)이 집을 비울 때면 그녀는 아예 가게 문을 닫고 공부하러 갔다. 이 때문에 남편은 불만이 많았고 가끔 부부 사이에 말다툼도 있었다. 남편은 '가게 문을 닫으면서까지 수업을 들어야돼? 그렇게 중요해?'라고 따졌고 그녀는 한 걸음도 물러서지 않았다. '앞으로 장사를 더 잘하고, 더 나은 삶을 살기 위해서는 반드시 공부해야 해요. 당신도 짧은 지식 때문에 고통받지 않았나요? 지금이라도 늦지 않았어요.' 배움에 대한 그녀의 확고한 태도와 열정을 보며 남편은 원망으로부터 서서히 묵인으로 태도가 바뀌더니 언젠가부터 그녀의 말에 공감하며 적극적으로 그녀를 응원하고 나섰다.

그녀는 매우 열심히 공부에 몰두하였다. 심지어 가게에서 물건을 팔면서도 항상 손에서 책을 놓지 않았고 진열대의 상품들을 보며 한자씩 한자를 익혀나갔다. 그러다가 모르는 글자라도 나오면 바로 적었다가 수업시간에 선생님께 물어본다. 머리도 명석하고 성격도 밝고 학습 능력도 뛰어나 주변 친구들의 좋은 본보기였다.

2019년 10월, 룽수이 현 정부의 공무원들이 우잉 마을을 찾아와 마을의 발전에 대해 논의했다. 그리고 '관광 산업과 농업 산업의 결합'이라는 모델을 채택하고 사회 각계의 힘을 빌려 우잉의 번영을 위해 함께 노력하기로 결의하였다. 이 소식을 들은 마을 사람들은 매우 흥분되었다. 비록 '관광 산업과 농업 산업의 결합'이라는 모델이 의미하는 바를 완벽히 이해하지는 못했으나 정부 부처에서 내린 결정이기에 무한한 신뢰와 지지를 보냈다. 지난 몇 해 동안 우잉의 천지개벽과 같은 변화들이 정부의 지원과 도움 없이 어찌 가능할 수 있었단 말인가? 정부에 대한 주민들의 신뢰는 깊게 뿌리내렸다. 그 이전만 해도 마을 사람들은 일 년이 가도록 산 밖에서 온 사람은커녕 그림자도 볼 수 없었다. 이토록 외지고 깊은 산속에서 관광업을 발전시킨다는 것은 상상조차 할 수 없는 일이었다. 그러나 지금은 어떤가? 점점 더 많은 사람들이 우잉을 알게 되고 이 특색 있는 묘족 마을에 관심을 보이기 시작했다. 심지어 룽수이현 정부의 여러 부서도 우잉에서 현장 회의를 열고 관광 산업 활성화 방안을 논의할 정도였다. 직접 경험하지 않았다면 그저 영화 속 한 장면이라고 여기고 그쳤을 것이다. 마을 사람들은 하나 같이 앞으로의 삶이 갈수록 더 나아질 것이라는 믿음을 갖게 되었다.

마을 사람들이 이 정책에 대해 긴가민가 망설이고 있을 때, 우신런 부부는 우잉 마을의 농촌 관광 성공 가능성을 보았다. 허위칭은 기쁨을 감추지 못하며 말했다. "지금 농촌 관광이 점점 더 인기를 끌고 있어요. 우리 부부는 마을 입구에 민박집을 하나 차리려고 해요." 나는 '민박'이 무엇인지 정확히 잘 몰랐지만, '여행'이라는 단어는 알아들었다. 하지만 솔직히 의문도 들었다. 도대체 누가 이런 산골 오지에 관광을 오겠는가? 여기엔 오래된 성곽도, 거대한 강이나 바다도 없는데, 굳이 이곳까지 와서 여행할 가치가 있을까?

"물론 가치가 있죠. 도시에선 느낄 수 없는 자연환경과 민족문화가 도시 사람들이 이상적인 관광지로 생각하는 매력적인 요소이지요. 게다가 정부의 지원이 더해지고, 주민들의 교육 수준도 갈수록 높아지고 있으니 관광 산업은 무조건 발전할 수밖에 없어요." 친 서기가 이렇게 말했다.

친 서기의 예언대로 관광객들이 물밀 듯이 먀오자이에 찾아들었다. 하지만 마을에는 충분한 숙소를 제공할 여건이 안되었고 여행객들은 숙박할 곳을 찾지 못해 애를 태웠다. 당시 우신런네의 민박은 공사 중이어서 손님을 받을 수 없었다. 물론 열정적인 먀오자이 주민들이 충분히 손님을 집으로 모실 수도 있지만 여행객의 입장에서 남의 집에 머문다는 것은 아무래도 불편한 점이 많았다. 2022년 7월, 우신런네 민박집이 본격적인 영업을 시작하기도 전에 타지의 관광객들이 연이어 찾아와 미리 임대를 신청하였고 그중 일부 사람들은 1500위안의 예약금까지 지불하면서 쟁탈전을 벌였다.

우신런과 허위칭 부부는 자기들이 운영하는 민박을 '과성민박(跨省客栈)'이라고 명명했다. 민박은 교실과 가까운 거리에 있었고 1층 공간은 특별히 넓었는데 우리들의 둘도 없는 모임의 장소가 되었다. 우잉을 방문한 대부분 관광객들이 민박에 머물렀다. 우리는 농담조로 손님을 향해 '여기서 잠잘 때 조심해야 돼요. 한 번 잘못 뒤척이면 다른 성(省)으로 넘어갈 수 있어요.' 고 말하곤 하였다. 이곳은 광시와 구이저우의 경계 지역에 위치하였기에 결코 과장된 말이 아니다. 마을에는 부부끼리 각자 서로 다른 성에 소속돼 있는 사례도 있다. 이전에는 이런 말을 들어도 특별한 느낌

우신런(吳新仁)이 '두 성에 걸친 여관'의 깃발을 정리하다

이 안 들었지만 지금은 이런 장면이 떠오른다. 한 사람이 한밤중에 잠결에 뒤척이다 어느결에 다른 성으로 넘어가는 장면 말이다. 왜 이런 생각이 드는지 잘 모르겠다. 책을 읽어서 그런가? 나는 이런 느낌이 좋았다.

우리는 늘 이곳에서 손님들을 맞이하였는데 공간이 편안하면서도 접근성이 좋았다. 술을 한 잔씩 하고 더 즐기고 싶다면 바로 몇 발자국 떨어진 문화 광장에 가서 마음껏 노래하고 춤 출 수 있었다. 손님들은 멀리에서 구불구불 산길을 몇 시간씩 달려왔으니 당연히 많은 피로가 쌓였을 것이다. 먀오자이는 화려한 요리는 없지만 손수 정성 담아 빚은 미주와 과일주를 손님을 위한 연회 석상에 올리는 것으로 이들에 대한 예의를 갖추었다. 고전 시를 배운 이후로 손님께 술을 권할 때 전통 묘족 주례가만 부르는 것이 아니라 고전 시를 개사하여 불렀다. '외지고 편벽한 이곳에 아름다운 술이 저절로 흘러나온다네. 그대여, 한 잔 더 비우게나. 다음에 우영(乌英)에 오시거든 옛 벗이 기다리고 있으리라.'[7] 손님들은 깊은 감동에 빠지고 분위기는 한껏 무르익는다. 사람들은 마음껏 술을 마시고 즐거운 웃음소리로 온 마을이 왁자지껄하였다.

여기에는 맛있는 술뿐만 아니라 독특한 과일차도 있다. 이 차는 위를 따뜻하게 해줄 뿐만 아니라 소화를 돕는 기능이 있어 손님들에게 큰 인기를 끌었다. 손님들이 여행이 끝나고 마을을 떠날 때면 다들 몇 봉지씩 챙겨갔다.

묘족 마을의 많은 특산물이 여관을 통해 판매되고 있다. 나는 중국어를 배우고 나서 위챗 사용법도 익혔다. 주재 간부들은 위챗으로 장사를 할 수 있다고 알려주었고 나와 허위칭은 위챗으로 장사 과정을 연습하였

---

7 白日不到处，美酒恰自来。劝君更尽一杯酒，再来乌英有故人。

다. 그녀는 사장 노릇을 하고, 나는 손님 역할을 했다. 내가 '허 사장님, 야생 영지버섯 있나요?' 라는 음성 메시지를 보내자 그녀도 음성으로 답했다. '네, 있고말고요. 500g에 200위안인데, 얼마나 필요한가요?' 내가 다시 음성을 보냈다. '좀 더 싸게 해줄 수 있나요?' '최저가가 180위안이에요, 더는 못 깎아줘요.' '좋아요, 그럼 1kg 주세요.' 나는 위챗 입금 바코드를 찍고 그녀에게 '돈'을 치렀다. 주재 간부들이 우리에게 위챗으로 돈을 주고받는 방법을 가르쳐 주었기에 우리는 은행 카드를 연결한 위챗 계좌로 송·입금하는 법을 익히게 되었다.

우리는 이 영상을 학습용 그룹에 공유했고 위챗을 이용한 장사의 시범 사례가 되었다. 마을의 많은 여성들이 이를 보고 따라하기 시작했다. 그 후로 외지 사람들은 위챗으로 허위칭과 직접 연락해 농산물을 구매하였다. 어떤 제품을 원하는지, 가격은 얼마인지 모두 위챗으로 간편하게 처리되었다. 허위칭은 주문받은 농산물을 읍내까지 운반해 갔다. 가끔은 나에게 고객을 연결시켜 주기도 했는데, 위챗을 통해 고객이 무엇을 필요로 하는지, 우리 마을에서 어떤 농산물이 생산되는지에 관한 정보를 실시간 공유하였다. 스마트폰 한 대만 있으면 외부세계와의 연결이 이토록 편리해질 수 있다니! 이러한 방식은 간편하고 신속하게 정보를 교환함으로써 시간과 노력을 크게 절약할 수 있었다. 예전 같으면 누구도 이런 방식으로 손쉽게 장사 할 수 있으리라고 상상하지 못했을 것이다.

이러한 변화와 발전은 우리가 학습에 참여하고 문화를 갖게 된 후에야 비로소 이루어질 수 있었다. 한자도 몰랐던 과거에서 벗어나 지금은 문화지식을 전수 받고, 표준중국어를 사용하여 대화는 물론 비즈니스까지 할 수 있게 되었다. 우리는 마음 깊이 우러러 도움을 주신 모든 분께 감사드린다.

"'부모님이 계시면 멀리 떠나지 않는다'는 말이 있듯이 고향에서 일자리를 찾으면 부모님도 돌볼 수 있고 수입도 생기니 일거양득이 아닌가요?"

이것은 우신런이 가장 자랑스럽게 여기는 일이었다. 그는 결혼 초 아내에게 했던 언약을 하나씩 지켜나가고 있는 중이다.

미래 계획에 대한 구상을 이야기하면서 우신런은 '과성 여관' 간판을 바라보며 말했다. "우선 민박부터 시작해보지요. 수입이 좋다면 마을 사람들 함께 힘을 모아 민박, 농가체험, 가축 사육 등 산업을 육성함으로써 관광업을 크게 발전시켜 촌민들과 함께 수입을 늘릴 수 있으면 좋겠습니다."

나뿐만 아니라 우리 먀오자이 촌민 모두가 그의 제안에 공감했고 기쁨을 감추지 못했다.

*

마을 입구에 새롭게 지어진 삼층 짜리 교각주택(吊脚楼) 은 멀리 산능선이 보이는 시야가 탁 트인 건물이다. 집 마당은 완만하게 비탈진 경사지로, 아래쪽으로는 계단 모양의 논밭이 펼쳐져 있고, 그 너머로 우잉강이 흐른다. 밤이 되면 창밖에서 속삭이듯 '졸-졸-' 흐르는 물소리가 평안한 잠결로 이끌어준다. 집 옆으로는 산허리를 따라 굽이굽이 아득히 도로가 뻗어 있으며 불과 십 미터 떨어진 곳에 문화 광장이 자리하고 있다.

이 건물은 2022년 우신런 부부가 지은 '과성여관(跨省客栈)'이다.

1층은 식당이고, 2층과 3층은 객실이다. 객실 안에는 에어컨, 온수기, 단독 화장실이 마련되어 있다. 침대 위에는 베개 두 개가 나란히 놓여 있는데, 베개에는 각각 '계(광시성의 약칭, 桂)' 자와 '전(구이저우성의 약칭, 黔)' 자를 수놓았다. 우신런의 말을 빌리자면, 이 침대에서는 잠결에 몸을 뒤척이기만 해도 하룻밤 사이에 두 개 성(省)을 넘나들 수 있다. 식당 테이블 젓가락 통에도 '계(桂)' 자와 '전(黔)' 자가 새겨져 있다. 젓가락마다 이 중 한 글자를 새겼는데 각자 같은 글자가 새겨진 젓가락 통에 꽂혀있다. 사용할 때 두 통에서 각각 하나씩 꺼내 합치면 '계전(桂黔)'이 되는 셈이다. 벽에는 우잉(烏英)과 관련된 사진 작품들이 걸려 있다. 묘족 마을의 아름다운 풍경화거나 전통 민속 명절을 담은 장면들이다. 이러한 사진들은 한 번만 보아도 오랫동안 기억 속에 남는다. 여관 전체는 먀오자이의 진한 문화적 정취로 가득 차 관광객들의 발길이 끊이지 않았다. 하나하나의 소품과 작품들은 그저 대충 갖다 놓은 것이 아니라 문화 장인의 엄선을 거친 것이라는 확신이 들었다.

우신런은 네모 테이블 옆쪽에서 정성껏 과일차를 우려냈다. 이 차는 현지에서 나는 야생차로, 마시는 순간 시원하면서도 달콤한 맛이 입안 가득 퍼진다. 그는 차를 권하며 조용히 아내와의 이야기를 풀어놓았다.

1996년, 그는 우잉을 떠나 외지에서 일을 시작했다. 그가 처음으로 대묘산(大苗山) 지역을 벗어나 이웃 룽안현(融安县) 목재가구 공장에서 일하게 된 것이다. 월급은 200위안이었다. 그는 그중 20위안만 자신에게 쓰고 나머지는 모두 부모님께 드렸다. 당시 그의 가정은 기본적인 의식주 문제를 해결하지 못한 상황이었다. 몇 년간 꾸준히 자아 개발에 힘쓰면서 어떠한 고난과 역경에도 굴하지 않고 성실히 일한 덕분에 그는 금세 공장에서 능력 있는 기술자로 인정받았다. 그의 탁월한 업무 능력과 성실한 태도를 높이 산 공장 사장은 곧 그를 관련 부서의 관리자로 임명하였다.

2002년, 허위칭도 이 가구 공장에 취직하게 되었다. 그녀는 룽수이현 안타이이향(安太鄕) 출신으로 비교적 넉넉한 가정에서 성장하였다. 그렇게 두 사람은 우연히 만나게 되었다. 우신런은 기술이 능숙했기에 매일 한 시간 이상 남보다 빨리 일을 마칠 수 있었다. 그는 남은 시간을 이용하여 허위칭을 도와주곤 했다. 일하는 과정에서 서로 점점 마음이 끌리게 된 두 사람은 자연스럽게 가까워졌고 결국 결혼까지 하게 된 것이다.

2003년, 하위칭은 우신런을 따라 우잉 마을로 왔다. 룽수이 현성에서 간둥향(杆洞)까지 6~7시간 버스를 타고, 다시 트랙터로 당쥬촌(党鸠村)까지 이동한 후, 다시 당쥬촌에서 세 시간 내내 산길을 걸어 우잉에 도착했다. 산마루에 다다라 멀리 우잉 먀오자이가 눈앞에 펼쳐졌다. 그때에야 비로소 그녀는 이렇게 편벽한 시골이 존재한다는 것을 깨달았다. 순간적으로 그녀의 눈빛이 흐려졌고, 우신런은 그녀의 마음이 동요하고 있음을 직감적으로 알아차렸다. 산 밖에서 예쁜 여자 친구를 데려온 아들을 보며 우신런의 어머니가 걱정에 찬 목소리로 말했다. "우리 동네가 이렇게 가난한데, 정말 시집올까?" 그는 어머니의 말에 대답할 수 없었다. 그 자신도 확신이 없었기 때문이다.

며칠 후, 허위칭이 우신런를 보고 말했다. "화로가 고르지 못해 쓰기 영 불편하네요. 우리 내일 화로를 새로 고치는 건 어때요? 당신이 돌을 주워오고 나는 집에서 흙을 매질할게요." 그녀는 마치 한 가정의 생활을 책임진 여주인 같았다. 불안했던 나의 마음은 그제야 진정되었다. 우신런의 어머니가 산에서 일을 마치고 돌아와 보니 그들이 정성스럽게 고쳐 만든 새

화로가 눈에 들어왔다. 어머니는 몰래 눈물을 훔치며 우신런에게 말했다. "이 며느리가 정말 마음에 드는구나. 너 앞으로 정말 여자 친구한테 잘 해줘야 한다." 우신런은 힘주어 고개를 끄덕이었다. 가슴 속에는 격동과 미안함이 동시에 밀려오는 것 같았다.

"본래 그녀는 나한테로 시집와 함께 힘든 생활을 할 필요가 없었어요. 하지만 그녀는 '당신이 아무리 가난하고 힘들어도 나는 평생 당신 곁을 떠나지 않을 거예요.' 라고 나에게 말했지요."

우신런은 추억에 잠겼고, 눈가에는 아침 해빛처럼 따스한 빛이 맴돌았다. 2004년, 두 사람은 혼인 신고를 했다. 그때부터 우신런은 꼭 아내에게 더 행복한 삶을 선사해야겠다고 생각했다. 결혼 후 두 사람은 다시 함께 돈을 벌러 타지로 나갔고, 2009년 우잉 마을에 도로가 뚫리자 함께 고향으로 돌아왔다. 외지에서 일하면서 모은 돈으로 우링차(五菱车, 화물을 운반할 수 있는 7인용 SUV)을 구입해 당시 묘족 마을에서 가장 먼저 운송업에 종사한 유일한 1인이 되었다.

'도로가 개통된 후 마을 사람들은 숯이나 닭, 오리를 시장에 내다 팔기 시작했고, 하루에도 수차례씩 왕복하다 보니 교통비만 해도 매일 백 위안은 훌쩍 넘겼지요. 전 이것이야말로 절호의 비즈니스 기회라는 것을 직감하였어요.'

자신의 장사 철학을 이야기하는 우신런의 눈빛에서 영민함과 예리함이 느껴졌다.

그는 웃으며 말했다. "그때는 이른 아침에 나가 늦은 밤에 돌아와야 해서 참 힘들었지요. 하지만 두 부모님과 아내, 그리고 아이들 누구 하나 떨어지지 않고 온 가족이 다 함께 모여 살 수 있다는 것이 무엇보다 좋았어요."

운송 수입만으로는 가족을 부양하기에 턱없이 부족했다. 다음 해, 그는 24제곱미터 남짓한 작은 가게를 열었다. 그는 날마다 밖에서 운수업에 종사하고 허위칭은 가게를 운영했다. 덕분에 더이상 햇볕과 비를 맞으며 농사일을 할 필요가 없었고, 집안 형편도 점차 나아졌다. 그들은 두 명의 자녀를 두었는데 나이 차가 십여 살이나 되었다. 이런 경우는 묘족 마을에서 매우 보기 드문 현상이었다.

"옛날 외지에서 일할 때는 아이를 키울 정신적 여유가 없었어요. 한꺼번에 두 아이를 돌보는 건 정말 어려운 일이니까요, 첫째가 어느 정도 자란 뒤에야 둘째를 갖기로 했죠. 그래야 비로소 여유를 가지고 제대로 된 양육을 할 수 있잖아요." 허위칭이 네모 탁자에 마주 앉아 차를 마시며 말했다.

나도 어린 시절을 우잉과 같은 마을에서 보냈기 때문에 그녀를 이해할 수 있었고, 또 그녀에게 존경심을 느꼈다. 산골짜기 마을에서 그녀처럼 생각하는 여성이 드물었을 뿐만 아니라 그녀처럼 행동하는 이는 더욱 찾아보기 힘들었다. 이것은 다음 세대에 대한 깊은 배려심과 책임감이 아닐 수 없다. 이로부터 나는 그들이 장기적인 안목을 가지고 있으며, 계획적이고 체계적으로 살아가는 사람이라는 것을 알 수 있었다. 바로 이러하기에 일을 많이 벌여도 모두 다 성공적으로 해낼 수 있었던 것이다.

나는 과일차 한 모금 다시 마셨다. 그제야 이 차가 왜 이토록 달콤한지 조금은 이해할 것 같았다.

묘족 옷에 담긴 민족 역사

성에서 온 손님들이 묘족 마을 소녀들의 복장을 보고 감탄했다. '정말 아름답네요! 여러분이 입은 것은 그냥 옷이 아니라 묘족의 역사를 몸에 두르고 있다는 생각이 드네요.'

나는 이 말이 마음에 들었다. 듣기 좋은 것을 넘어 묘한 느낌마저 든다. 외지 사람들이 이렇게 말해 주지 않았다면, 우리는 결코 이런 생각을 해보지 못했을 것이다.

아버지는 이 말을 듣고 나서 말했다. '표현이 정말 시적이구나. 묘족의 옷과 장신구, 언어뿐만 아니라 옛날부터 전해 내려오는 풍습들, 예를 들어 먀오자이 사람들이 특별히 루성(芦笙) 불기를 좋아하는 것 등이 모두 생생한 묘족 역사 그 자체란다.' 나는 아버지의 말을 반쯤 이해하고 반쯤 이해하지 못했지만 그의 논리를 따라 생각해보았더니 정말 그런 것 같기도 했다. 한번 생각해보자, 우리 묘족 조상들이 이 땅에 와서 살기 시작했을 때부터 이미 묘족어를 썼고, 지금도 후손들이 그대로 쓰고 있지 않는가? 조상들은 이미 이 세상에 없지만, 그들이 사용했던 말은 자손들이 계속해서 사용하고 있고, 설사 우리 세대가 사라진다 해도 묘족어는 계속 전승될 것이다. 이것이 바로 역사인 것이다. 참 흥미로웠다. 우리가 입은 옷, 몸에 단 장신구도 마찬가지로 모두 역사의 일부분인 것이다.

세월이 흐를수록 외부세계와의 소통이 잦아질수록, 나 역시 우리 묘족의 전통 의복에 대한 이해가 깊어졌다. 우리 우잉 지역 여성들의 복장은 룽성(龙胜)과 삼강 지역(三江地区)과 매우 비슷해서, 모두 량부(亮布)[8] 상

---

8 량부 '亮布': 묘족 민족 복장 상의 옷감으로 사용되는데 10여 개 공정을 거쳐 만든 광택

의와 어두운색 바지 혹은 주름치마를 즐겨 입는다. 그리고 화려한 은장신구도 착용한다. 나는 텔레비에서 첸둥난(黔东南) 마을 처녀들이 명절 때 성대한 민족 복장 차림에 은 장신구를 온몸에 두른 것을 본 적이 있다. 태양 빛이 내리쬐자 눈부시게 반짝이는 은 장신구 사이로 예쁜 처녀들의 얼굴이 한결 아름다웠다. 나도 여자이지만 그녀들의 황홀한 모습에 저도 모르게 넋을 잃고 말았다. 어찌 이리도 아름다울 수 있단 말인가!

'예전에는 닥나무 껍질을 삼아 천을 만들었으나, 지금은 비단과 마를 원료로 사용하고 이를 오색으로 염색하여 꽃 비단과 꽃 천을 짜서 옷을 만든다. 남녀 모두 커다란 은귀걸이를 착용하고 맨발 차림이다.'

산 너머에서 온 여행객들이 갈수록 량부(亮布)에 관심을 보이자, 아버지는 묘족 의복에 관한 자료를 찾아냈다. 야간 학습반 강단에 다시 서게 된 아버지는 학문에 대한 열정이 대단하셨다. 그는 재차 량부에 대해 설명하기 시작하였다. 먼저 중국어로 설명한 후 묘족어로 우리에게 하나하나 자세히 풀이해 주셨다. '우리 묘족 조상들은 처음에 '닥나무(楮木)' 나무껍질로 옷을 만들었지. 나중에 비로소 비단과 마를 사용하였고 이를 채색으로 염색한 다음 꽃무늬를 수놓았지. 그렇게 서서히 발전하여 오늘날 우리가 입는 옷의 형태에까지 오게 된 거야.'

량부는 룽수이 일대 묘족 사람들이 전통적인 방법을 이용하여 손수 만든 수제천으로, 우잉도 예외가 아니다. 이 천을 만드는 과정은 우잉의 여성이라면 누구나 다 장악하고 있다. 어릴 적 나는 어머니가 직접 만드

나는 천을 가리킨다(全程10余道工序、20余次循环，靠日晒、手捶、蛋清、牛皮胶与蓝靛共同作用，才得到闪闪发亮、可穿 10-15 年不破的苗族亮布上衣面料)

는 것을 보았고, 나중에는 어머니로부터 기술을 전수받기도 했다. 량부는 인디고풀(藍靛草)을 원료로 사용하는데, 먼저 나무통에 인디고풀을 담가 즙을 우려낸 후, 그 즙으로 천을 염색하고 풀을 먹인다. 천이 색을 먹으면 강가로 가져가 깨끗이 헹구고 말린 다음, 매끄러운 돌판 위에서 두드리며 다진다. 마을 어딘가에서 '뚝딱-뚝딱'하는 소리가 들리면, 사람들은 누군가가 천을 두드리고 있음을 바로 알 수 있다. 그리고 난 다음, 닭알 흰자를 한 번 칠하고 다시 염색하며, 또 두드리고, 그리고 한 번 더 이 과정을 반복하고 나서 마지막으로 찜질 과정을 거친 후 걸어 말린다. 이 공정은 어느 한 단계도 건너 뛰어서는 안 되며 수개월에서 1년에 이르는 오랜 시간 반복적이고 정성 어린 작업을 거쳐야 비로서 량부가 완성된다. 완성 과정이 정교할수록 천은 오랫동안 윤기를 잃지 않으며 광택이 많이 날수록 그 기술이 뛰어나다는 것을 증명한다.

"량부의 제작 과정은 지나치게 복잡하고 시간이 오래 걸리기 때문에 전통 량부는 이미 사람들의 일상에서 점점 사라지고 있지요. 그러나 최근 관광을 통한 빈곤 퇴치 정책과 전통문화에 대한 관심이 높아지면서 전통 량부 제작 기술도 다시 세간의 주목을 받고 있습니다. 이는 우리 우잉 마을의 관광 산업에 좋은 발전 기회를 제공하였습니다."라며 친 서기가 희망찬 어조로 말했다.

친 서기가 귀띔하지 않았다면 나는 이런 것들을 눈여겨보지 못했을 것이다. 하지만 그의 말을 듣는 순간, 마치 눈앞이 환해지는 느낌이 들었다. 요즘 외지로 나가 일하는 젊은이들은 거의 전통적인 묘족 의상을 입지 않고, 모두 현대식 옷차림을 한다. 어쩌면 그럴 수밖에 없다. 요즘 옷은 값도 저렴하고 실용적이기 때문이다. 그래서 사람들의 량부(亮布)에 대한 수요도 점점 줄어들고, 자연스럽게 량부를 만들려는 사람들도 줄어들고 있다. 물론 묘족 마을에서 처녀가 시집갈 때만큼은 반드시 묘족 전통 의상을 입어야 한다. 그것도 아주 화려하게 차려입어야 하는데, 묘족의 예복보다 더 아름다운 예복은 없기 때문이다. 정 선생님이 우잉 마을에서 우 선생님에게 프러포즈할 때도 두 사람은 특별히 묘족 의상을 골라 입었다. 스스로 진정한 묘족 구성원으로 인정한 것도 있지만 분명 화려한 묘족 의상에 마음을 빼앗긴 것이 틀림없었다. 프러포즈하던 날, 비가 조금씩 내려 산속은 안개비로 흐릿했으나 그들이 입은 전통 의상은 마치 한 줄기 뜨거운 해빛처럼 전체 마을을 따뜻하게 감싸 안았다. 이제 점점 더 많은 손님들이 이곳을 찾아 우잉 마을의 량부를 발견하고 사랑하게 될 것이다.

외지 시찰을 마친 마을 당정위원회 간부들과 주재 간부들은 돌아오자마자 바로 우잉 먀오자이에서 량부문화제(亮布文化节)를 기획하기 시작했다. 소문을 들은 마을 사람들은 다소 믿기지 않았다. 평소에 입고 다니는 복장이 외지 관광객들에게 인기 문화재로 주목받는다니. 과연 성공할까? 하지만 주민들은 의심하지 않았다. 당정위원회에서 결정한 사안이라면 반드시 해야 할 일이며, 가치 있는 일이며, 일심전력으로 추진해야 할 일이다는 것이 촌민들의 한결같은 마음이었다. 그동안 당정위원회는 주민들과 함께 수많은 개혁을 이루어 냈고, 마을도 점차 변모하기 시작하였다. 그리고 마을 사람 모두가 그 변화를 똑똑히 지켜봤다. 사람 마음이 다 똑같듯이 일을 바르게, 잘해나가기만 하면 자연히 사람들의 지지를 받게 되는 것이다.

2020년 10월, 우잉 마을에서는 '계전우잉묘족마을 제1회량부문화제'가 열렸다. 그날 집집마다 창과 문 앞에 반짝이는 량부 수 폭을 걸었고, 100여 폭의 량부를 골라 루성광장에 전시했다. 날씨는 화창하고 햇빛은 눈부셨다. 마을과 마을을 감싼 산 전체가 환하게 빛났다. 묘족 마을에는 현 성을 포함한 손님들이 끊임없이 찾아왔다. 마을 사람들은 마치 설날을 맞이한 듯 들뜬 기분으로 손님들에게 유차를 대접하고 루성을 불며 건배의 노래를 불렀다. 요즘 우리는 건배할 때 예전처럼 그저 전통 묘족 노래만 부르는 것이 아니라, 아버지가 옛 시를 개작하여 만든 독특한 산가(山歌)도 함께 부른다. 손님들은 떠가 나고 밤은 조용히 찾아왔다. 가로등은 하나둘씩 불을 밝혔다.

나중에 상급 부서에서는 우잉을 위해 특별히 량부 광장을 만들어 주었다. 이 광장은 학교 옆에 위치하였으며 루성광장과 연결되어 있다. 광장에는 다섯 그루의 높이 약 5미터의 량부 타작 막대가 세워져 있는데, 삼나무로 만들어졌다. 이 막대는 양 끝은 두껍고 중간부는 가늘게 생겨 있으며, 량부 제작 과정에서 없어서는 안 될 필수 도구이다.

량부가 정식 완성되기 전까지 반드시 량부 방망이로 두드려야 한다. 그래야만 천이 단단해지고 오래 쓸 수 있다. 실제 현장에서 사용되는 량부 방망이는 보통 1미터 정도여서 여성들이 다루기에 편리하다. 그러나 광장에 세워진 거대한 방망이는 량부광장의 상징이 되었다. 광장 안에는 연못도 있는데, 이는 단순한 경관용뿐만 아니라 화재 시 비상 소화용 저수지 역할도 한다. 량부광장 근처에는 할머니들 몇 분이 작은 접이식 의자를 들고나와 나란히 앉아서 수다를 떤다. 그들의 얼굴은 평온하고 눈빛은 따뜻하며 관광객이 카메라를 들이밀어도 전혀 불쾌한 내색을 하지 않

(상)큰나무 아래에 앉아 스스로 작사한 산가(山歌) '량부(亮布) 노래'를 부르다, (하)'량부 축제'에 모여 서로 교류하다

으며 조용히 미소를 짓는다. 일부 손님들이 찍은 사진을 건네주면, 그들은 활짝 웃는 얼굴로 고개를 끄덕이며 가끔 표준어로 '예뻐요'라고 화답한다. 량부광장 옆에는 '풍우루'라 불리는 전통 누각이 있다. 이 건물은 일반 집보다 훨씬 높아 마을 전체의 랜드마크가 되었으며, 위층은 마을 행사와 공연을 위한 무대가 마련되어 있다. 풍우루는 높은 목공기술을 요구했기에, 마을에서 가장 손재주 있는 목수를 초빙하여 지었다. 오늘날 량부광장은 마을의 대표적 관광 명소가 되었으며, 우잉을 찾아온 관광객이라면 누구든지 반드시 들러 기념사진을 남기는 인기 '명소'로 부상하였다.

마을에서 최고의 량부 제조기술을 가진 사람은 웨이메이리(韦妹丽)였다. 그녀는 성급량부 제조기술 무형문화유산 전승 인물로 지정되었다. 량부에 대해 알아보고자 하는 방문객들은 자연스럽게 그녀를 찾았으나 유감스럽게도 그녀는 중국어를 하지 못하였다. 나는 그녀가 언어 소통 때문에 애태우는 모습을 여러 차례 목격한 바 있다. 급한 나머지 빨갛게 상기된 얼굴로 손짓 발짓 다 동원하며 묘족어로 장황하게 해석하였지만 상대방은 결국 이해하지 못하고 통역의 도움을 받아야 했다. 2016년 룽수이(融水)현에서 무형문화유산 전승자들을 대상으로 한 류우저우(柳州) 교류 활동에 워이메이리를 요청하였다. 그러나 한 번도 집 문밖을 벗어나 본 적 없던 그녀는 말도 통하지 않으니 떠날 엄두조차 못했다. 나는 그 마음이 충분히 이해되었다. 나 역시 옛날에는 꼭 밖으로 나가야 하는 일이 아니면 절대 집을 떠나고 싶지 않았다. 산 밖의 세계로 나가는 것이 늘 두려웠다. 중국어도, 문자도, 버스 탑승법도 아무것도 몰랐으니 먼 류저우까지 간다는 것은 무리가 아닐 수 없었다.

이 사정을 알게 된 그녀의 딸이 나섰다. "엄마, 이런 기회는 자주 오

웨이메이리(韋妹麗)(오른쪽)가 전통적인 방법으로 량부를 짜다

지 않아요. 제가 모시고 가드릴게요."

마침 류저우에서 공부하던 딸이 여러 차례 어머니를 설득하고 행사 전 과정을 함께 하겠다고 약속한 끝에야 웨이메이리는 류우저우행을 결정하였다. 아마도 막연한 두려움을 안고 버스에 오른 나의 첫 나들이와 같았을 것이다.

"일자무식인 난 눈먼 사람과 같아."

그녀가 류저우에서 돌아와 우리에게 한 첫마디였다. 지금도 생생히 기억나는데 그때 당시 그녀의 얼굴은 약간 창백했고 마치 큰 병에 걸렸다가 갓 회복된 사람 같았다. 나는 그녀의 마음을 충분히 이해할 수 있었다. 나 역시 처음 도시에 왔을 때 그랬으니까. 거리에 늘어선 고층 건물들, 끊임없이 흐르는 차들을 바라보며 신기함이 아니라 깊은 두려움이 앞섰다. 마치 우충충한 저 숲속에서 어둠을 가르고 튀어나온 맹수가 수시로 날 덮칠지도 모른다는 공포, 뼈 한 조각 남기지 않고 삼켜버릴 것만 같은 그런 두려움 말이다.

*

내가 웨이메이리의 집을 찾았을 때, 그녀는 한창 방에서 량부를 두드리고 있었다. '퉁-퉁' 둔중한 소리가 리듬을 이루며 울려 퍼졌다. 그 리듬에 맞춰 화미조 몇 마리가 따라서 지저귀었다. 그녀는 나를 보더니 놀란 듯 눈길을 아래로 떨구며 나의 시선을 피했다. 내가 그녀 옆에 다가서서야 비로소 다시 얼굴을 들고 나를 바라보았다. 그녀 약간 붉어진 얼굴에 어색한 미소를 지어 보였다. 그녀의 표정은 햇빛 아래 눈부시게 빛나는 량부와 선

군인위인(滚銀雲)(왼쪽에 서 있는 사람)이 웨이메이리에게 표준어를 가르치다

명한 대조를 이루었다.

그녀가 일어나며 말했다. "유차 드릴까요?"

나는 서둘러 손을 흔들며 말했다. "아니요, 괜찮아요. 그냥 여기서 얘기 좀 나누죠."

그녀는 어색한 듯 다시 자리에 앉아 다시 량부 방망이를 집어 들었으나 아무것도 하지 않았다. 긴장한 것이 분명하였다.

긴장한 분위기를 완화하기 위해 나는 가벼운 화제로 인터뷰를 시작하였다. "알고 있나요? 자매님 이름을 표준어로 옮기면 '아름답다'는 단어의 발음과 아주 비슷해요."

그녀는 예상 밖이라는 듯 잠시 어리둥절해 있더니 곧 미소 띤 얼굴로 반겼다.

"어떤 이유로 야간학교에 가서 공부하기로 결심했나요?" 나는 곧장

본론으로 들어갔다.

그녀는 내 뒤를 흘끗 돌아보더니 아무도 없는 걸 확인하고 되물었다. "반장은 안 왔나요? 사실 반장이 저를 설득하였어요. 처음엔 무서웠죠. 제가 총명하지 못해서 배우는 것도 느리고 제대로 따라가지도 못하면 사람들의 웃음거리가 되지 않을까 하는 걱정이 컸거든요. 그래서 솔직히 가고 싶지 않았어요. 하루는 량주잉이 저에게 이런 말을 해주었어요. "지금 공부 안 하면 나중에 더 큰 조롱거리가 될 거야." 나는 그의 말에 일리가 있다고 생각되어 따라나서게 되었죠."

"학습 과정에서 가장 어려웠던 점은 무엇이었나요?"

웨이메리가 웃으며 대답했다. "다른 사람은 몰라도 저는 처음으로 표준어를 입 밖에 꺼내는 것이 제일 힘들었어요. 맨 처음 한마디를 하고 나니 그 뒤로부터는 두렵지 않았어요."

"제 생각보다 조금 의외네요. 그 후로 포기하고 싶었던 적은 없었나요?"

그녀는 고개를 저으며 말했어요. "네, 그런 경우는 없었어요."

나는 다시 물었어요. "무엇이 당신을 바꾸게 했을까요? 맨 처음 배우기 꺼리다가 결국 포기하지 않고 견지하게 된 계기는 뭐였을까요?"

"처음엔 왜 거부하다가 나중엔 꾸준히 하게 되었는지 궁금해요." 그녀는 반짝이는 량추 방망이를 들어 몇 번 두드리고 말했다. "처음엔 신기하고 재미있었죠. 그러다 보니 어느새 표준어도 할 수 있게 되어 사람들과 대화도 하고, TV도 보고 라디오도 알아들을 수 있게 되었어요. 갈수록 다른 사람과 차별 없이 소통하면서 살아갈 수 있다는 걸 깨닫게 되니 자연스럽게 더 배우고 싶어졌어요. 모르는 게 있으면 반장한테 영상 통화를 했죠.

그 친구들은 손에 들었던 일들을 다 제쳐놓고서라도 제 질문에 꼭 답해줬어요. 정말 마음씨 착한 친구들이에요."

인터뷰가 끝나자 그녀는 꼭 함께 식사하고 싶다며 나를 붙잡았다. 그리고는 표준어로 반장과 영상 통화를 하였다. '우리 집에 큰 손님이 오셨어, 얼른 와봐.' 나는 그녀의 호의를 거절하기 어려워 결국 남아서 식사하기로 하였다.

우잉 마을은 세 차례에 걸쳐 량부 문화제를 성공적으로 개최하면서 갈수록 많은사람들의 관심을 받고 있다. 웨이메리는 이제 통역 없이도 직접 외지 손님들에게 량부에 대해 소개할 수 있고 자유롭게 대화도 나눌 수 있다. 단순히 량부에 대한 설명뿐 아니라 마을 전체의 상황까지 자세히 소개할 수 있게 되었다. 많은 손님들이 그녀의 설명을 듣고 기념품이나 선물용으로 량부 수 벌씩 구매해 간다.

마을 여성들은 갑자기 눈앞이 탁 트인 것 같았다. 전통적인 량부(亮布)도 이렇게 시장에 진출할 수 있다는 것을 깨달았다. 그들은 시장의 수요에 맞춰 옷과 기념품, 선물용 상품들을 만들기 시작했다.

차를 타고 우잉 마을을 떠나는 날, 비탈진 언덕과 우거진 관목을 바라보며 나는 문득 이런 생각이 들었다. 역사 속에 묻혔던 전통 량부가 비로서 긴 잠에서 깨어나 우잉 마을에서 새롭게 탄생하였다. 햇빛 아래 찬란한 빛을 발하고 있는 량부와 우잉 마을의 빛나는 미래를 기원해 본다.

베일 속의 우잉(烏英)

우잉하(乌英河)가 묘족 마을의 어머니 강이라면 마을 뒤쪽에 우뚝 솟은 충량산(冲靓山)은 아버지 산과도 같다. 해발 1,300m가 넘는 이 산은 겨울만 되면 꼭대기까지 두꺼운 눈으로 쌓여 있다. 멀리서 보면 늘 구름과 안개가 맴돌고 은빛 옷을 두른 듯 신비로운 풍경을 자아낸다. 마을 사람들은 충량산을 신성한 산으로 모시며 오랜 세월 동안 보살핌과 은총을 받아왔다고 믿고 있다.

산에서 흘러내린 암반수는 맑고 달콤한데 염소는 둘째치고라도 마을 사람들도 목이 마르면 개울가에서 그대로 손으로 물을 떠마신다. 이 물로 재배한 찹쌀은 품질이 매우 뛰어나다. 나무통에 찹쌀을 쪄서 뚜껑을 열면 온 집안에 찹쌀 향이 가득 퍼진다. 밥을 입에 넣으면 부드러운 식감과 함께 고소한 맛이 마음 깊숙이 스며든다. 이런 자연 먹거리는 갈수록 많은 사람에게 인기를 얻고 있다. 사실 학교를 다니면서 그제야 '친환경 식품'이 무엇인지 알게 되었고, 우리 마을 농산물이 모두 소중한 자원이라는 걸 깨달았다. 요즘엔 매년 손님들이 전화나 문자로 농산물을 주문하는데 일부 손님들은 제품 매진을 걱정하며 직접 마을까지 찾아와 현장 구매한다.

시골의 논밭에서는 물고기도 기를 수 있는데, 붕어, 메기, 초어 등이 대표적이다. 묘족 마을 사람들은 구운 생선 요리를 특히 좋아한다. 가끔 밭일하다가 배가 고프면 논둑에서 바로 고기를 굽는다. 생선을 익힌 후 향긋한 허브 조미료와 함께 양념하면, 사람들이 하나같이 즐겨 먹는 요리가 완성된다. 산 밖에서 온 손님들조차도 이 요리를 맛보곤 모두 반해 버린다.

내가 가장 이야기하고 싶은 것은 바로 묘족 여성들의 아름다운 머릿결이다.

마을 여성들은 모두 머리를 얹어 묶고 빗 하나를 꽂는다. 이 빗은 마을 여인들에게 없어서는 안 될 소중한 물건으로, 단순히 머리를 빗는 도구가 아니라 일종의 머리 장신구 역할도 한다. 우리 나이대나 연장자들은 모두 머리를 기르는 습관이 있다. 그들은 긴 머리를 둘둘 말아 틀어 올린 다음 빗으로 고정한다. 묘족 여성들은 매우 청결한데 밭일을 하다 보면 머리카락이 쉽게 흐트러지고 더러워지기 마련이다. 그런 경우 바로 머리에 꽂아둔 빗으로 간편하게 손질할 수 있다. 그래서 이곳에서 살아가는 여성들에게 빗은 필수품이나 다름없다. 여성들의 머리에 꽂힌 그 빗 하나만으로도 먀오자이만의 독특한 풍경을 만들어낸다. 그러나 요즘 젊은 세대의 여성들은 예전처럼 머리를 기르지 않고, 굳이 머리를 올려 빗을 꽂는 일도 없다. 생활 수준이 점점 나아지면서 은세공품을 활용하여 머리 장식을 하는 사람들이 늘고 있는데, 실용적이면서도 아름답다.

"우잉 마을의 여성들은 특별히 머리카락이 검고 윤기 있어 머릿결이 참 아름다워요. 그 비결을 널리 보급한다면 상당히 가치 있는 사업이 될 수 있어요." 성에서 온 과 (过)교수가 이렇게 말했다. "이것은 우잉 마을의 산과 물, 기후와 관련되겠지만, 가장 큰 원인은 묘족 여성들의 두발 관리에 있는 것 같아요."

그제야 나는 우리 우잉 마을 여성들의 머리카락에 주목하였다. 과 교수님 말대로, 정말 모두 머리카락이 무성하고 새까만 색을 띠고 있었다. 나이가 많든 적든 심지어 70세가 넘은 어머니조차도 백발 한 올도 찾아볼 수 없을 정도로 풍성한 검은 머리를 자랑한다. 정말 흥미로운 현상이 아닐 수 없었다. 왜 이렇게 좋은 머릿결이 되었는지 누구도 설명하지 못한다. 요즘 TV나 인터넷에 두모나 두피 관리 제품이 차 넘치지만, 그런 머리 세제를 쓰기보다는 차라리 우리 마을에서 머리를 기르는 게 더 낫지 않을까 싶다.

"나는 평생 샴푸를 써본 적이 없어요. 옛날엔 돈이 없어서 못 썼고, 지금은 돈이 있어도 굳이 사지 않아요. 나는 늘 항아리에 받아둔 물로 머리를 감았는데, 지금도 머리카락이 검고, 흰 머리 하나 찾아볼 수 없잖아요. 비결은 바로 그 항아리 속에 숨어있어요!" 어머니는 활짝 웃으며 말했다.

비로소 나는 머리카락을 가꾸는 비결이 바로 이것이라는 걸 깨달았다. 우잉 마을에서는 집집이 화로 곁에 도자기 항아리를 하나씩 두고 있는데, 밥을 지을 때마다 쌀 씻은 물을 그 안에 붓는다. 화롯불의 열을 받아 발효되면서 자연스럽게 머릿결을 보호해주면서 은은한 쌀 향기까지 품은 두피보호 영양물로 변한다. 우잉 마을 여성들은 세세 대대로 직접 보관한 쌀뜨물을 이용해 머리를 감는데, 덕분에 누구나 검고 윤기 있는 긴 머리를 자랑한다. 심지어 80~90세가 되어도 흰머리를 거의 찾아볼 수 없다.

늘 산속의 샘물로 머리 감는 것도 아마 머리카락이 좋은 이유 중 하나일 것이다. 검고 윤기 나는 긴 머리는 마을 여인들의 아름다움을 상징한다. 우리는 머리카락이 장수와 부, 행운을 가져다준다고 믿는다. 머리가 더 길고 검을수록 행운도 더 찾아온다고 생각한다. 아버지는 늘 이렇게 가르치셨다. '그 어떤 샴푸보다도 긍정적이고 낙관적인 삶의 자세와 언제나 젊은 마음을 간직하는 것이 훨씬 중요하단다.'

'이런 두모 관리 방법은 원시적인 것 같지만 과학적인 면도 있습니다. 따라서 널리 보급하고 발전시켜서 더 많은 사람들이 요해할 수 있도록 두발 보호 문화제를 정착시킬 필요가 있습니다.' 친 서기가 이런 제안을 내놓았다.

마을 사람들은 정말 좋은 생각이라며 기뻐하였다. 연합 당지부의 주도로 마을 주민들이 함께 모여 축제 명칭을 두고 논의를 벌였지만 뚜렷한 결론이 나지 않았다. 친 서기가 "우리가 쌀뜨물을 담은 도기 항아리를 떠올릴 수 있게 '개단절'(开坛节)이라고 이름 짓는 것은 어때요?"라고 제안했다. 모두 이구동성으로 이 명칭이 입에 잘 오르고 울림도 있고 무엇보다 이미지를 생생하게 떠오른다며 찬성표를 던졌다. 그리고 본격적으로 축제 준비에 들어갔다.

봄과 여름이 교차하는 시절, 바로 깊은 산속 온갖 생명이 왕성하게 자라 나는 호시절로서 항아리를 열어 머리 감기에 가장 좋은 계절이다. '개단 머리감기 문화제'가 열리는 날, 사람들은 집에서 도자기를 안고 시냇가로 모여든다. 강가에 줄지어 혹은 서거나 혹은 앉거나 하며 늘어선다. 예전엔 아무도 눈길을 주지 않던 그 도기들이 어느 날 갑자기 사람들 사이에서 인기 있는 존재가 되었다니 상상도 할 수 없는 일이다. 우리는 도기에서 쌀뜨물을 퍼내 머리에 얹으며 익숙한 손놀림으로 한참 마사지하고 나서 다시 시냇물에 헹군다. 깨끗이 씻겨진 머리는 한결 검고 윤기가 흘렀으며 햇빛을 받아 반짝거렸다. 우리가 표준어를 사용하며 관광객들과 두모 관리 비법을 나누자 행사에 참석한 손님들은 예상 밖이라는 듯 놀라움을 금치 못했다.

그날, 마을 간부들의 주관으로 우리는 긴 머리 빗기, 머리 감기 및 모발 관리, 머리 묶기, 산가 합창 등 다양한 행사를 진행했다. 우잉의 전통적인 머리 감기를 선보였고 흥겨운 오락 행사를 곁들어 즐거운 분위기를 조성하였다. 어머니는 대회에서 2등상을 수상하시고 매우 기뻐하셨다. 그리고 앞으로 매년 이런 축제가 열렸으면 좋겠다고 말했다.

"우잉 마을은 오랜 전통의 명절은 물론, 량부절과 개단절처럼 새로 기획된 축제도 많아요. 게다가 요즘은 여성들도 모두 표준중국어를 익혔기에 우잉 마을은 마치 아리따운 처녀가 깊은 산속에 숨어만 지내던 데로부터 이제 베일을 벗고 세상 앞에 그 아름다운 모습을 보여줄 때가 왔어요. 즉 관광 자원을 본격적으로 개발할 시기가 도래한 것입니다." 과 교수님이 과성여관(跨省客栈)을 뒤로 하고 이같이 말했다.

이 말을 들은 순간 내 머릿속엔 한 장면이 떠올랐다. 베일을 벗은 미모의 신부 --'우잉' 처녀가 세상 사람들 앞에서 아름다운 자태를 드러내는 모습 말이다. 나는 희미하게나마 과 교수님이 우잉을 위해 좋은 발전 방향을 제시하고 있음을 느꼈다.

*

마을 축제는 묘족 사람들에게 매우 중요한 의미를 지니며, 그들이 가장 기대하는 행사다. 매년 묘족 사람들은 신화절(新禾节), 생선구이축제(烧鱼节), 파후이축제(坡会)[9], 묘년(苗年)[10], 설날 등 다양한 명절과 행사를

9 坡会: 파후이, 묘족산장축제(苗族山场节)로 광시 룽수이현 묘족 사람들이 음력설 전후에 산비탈에 올라가 민족 전통루성인 루성을 불고, 제사를 지내며 대창(对歌), 말싸움(斗马), 배우자 선택(择偶), 장마당 개장(集市)등 여러 활동이 펼쳐진다. 즉 '산장민속축제(山坡上的民俗庆典)'로 불리는 묘족 설날 경축 행사이다.

10 苗年:묘족어로 "能央"(nongx yangx)라 부르며 묘족들의 1년 중 가장 중대한 명절로서 대표적 민족전통 명절이다. 중국인들의 음력설에 상당하다. 2008년 중국 국가급 무형

성대하게 치른다. 그들은 축제의 크기나 규모와 상관없이 모든 행사를 진심으로 즐기며 전체 마을이 환락의 도가니에 휩싸인다.

먼저 신화절부터 말해보자. 이 축제는 '새로운 수확을 맛보는 날'이라고도 불리며, 농작물의 풍년을 기리는 전통적인 명절로 주로 음력 6월에서 7월 사이에 열린다. 축제 당일, 가정마다 소량의 갓 수확한 벼 이삭(덜 익은 것도 상관없음)을 집에 가져와 절구에 찧고 그 쌀로 밥을 짓는데, 온 가족이 처음으로 수확한 곡식으로 함께 식사한다. 시간이 흐르면서 오늘날의 신화절은 단순히 수확의 기쁨을 넘어 친인과 마을 간의 친목과 교류를 위한 '친구 맺기'(打同年)잔치로 발전했다. 사람들은 찹쌀밥, 신맛 생선과 오리 요리, 중양주(重阳酒) 등을 준비해 야외에서 함께 음식을 만들고 루성(芦笙)을 불며 채당무(踩堂舞)[11]을 즐긴다.

묘족 마을의 모든 축제 중에서도 놓쳐서는 안 될 최대 행사가 바로 '파후이'입니다. 파후이는 특히 명절 분위기가 한껏 고조되는 춘절 기간에 열리며, 각 읍면끼리 서로 시간을 조율해 가며 차례로 개최됩니다. 행사장은 온통 사람들로 붐비고, 새 싸움이나 말싸움 같은 전통놀이가 빠지지 않고 등장하지요. 무엇보다도 많은 미혼 청년 남녀들이 자리를 함께해 단순한 오락을 넘어 만남과 교류의 장으로서의 역할도 한몫하고 있지요.

파후에 대한 화제를 꺼내자 량주잉의 눈에는 흥분과 기쁨이 감돌았다. 그녀는 여느 마을 사람들과 마찬가지로 진심으로 파후이를 좋아하고 있는 것이 틀림없었다.

문화재 목록에 올랐다.

11 踩堂舞: 채당무(일명 루성채당"芦笙踩堂")는 광시 룽수이 등 지역의 묘족, 뚱족 등 소수 민족 사람들이 파후이 축제 등 중대한 명절 때 필수로 추는 민족 집단 무용이다. 2006년 중국 국가급 무형문화재 목록에 올랐다.

"우잉 지역에는 이런 풍습이 있어요. 정월 동안, 첫날은 루성(蘆笙)을 불지 않고 외출하지 않으며, 둘째 날에는 루성은 불 수 있어도 마을 밖으로 나가서는 안돼요. 본격적인 공동체 행사 기간은 정월 초삼일 날부터 정월 17일까지인데, 이 기간 동안 각 마을의 남녀노소가 모두 가족 단위로 산비탈에서 열리는 '파후이(坡會)'를 찾아다녀요. 마지막 파후이가 끝난 18일이면 마음을 추스르고 일상으로 돌아가 농사일에 집중한답니다. 루성은 잘 보관해 뒀다가 가을 수확이 끝난 후에 다시 꺼내 불지요. 현재 룽수이 일대의 파후이는 대체로 정월 초삼일 날에서 17일 사이에 집중되어 있어요. 한 지역의 행사가 끝나면 곧바로 다른 지역에서 이어서 시작함으로 축제의 흐름과 분위기가 끊기지 않아 활기찬 파후이 군락이 형성되지요." 량주잉은 계속하여 설명하였다. "저도 처녀 적에 매년 파후이를 무척 기다렸어요. 그날이면 멀고 가깝고 할 것 없이 각 마을 사람들이 모여들어 정말 인산인해를 이루지요. 언덕에는 온통 사람들로 새까맣게 덮였고 모두 명절 복장 차림이었어요. 특히 꾸미기를 좋아하는 처녀들이 가장 아름다웠어요. 그녀들은 미혼 남성들의 눈길을 끌기 위해 자신의 가장 아름다운 모습을 보여주려고 애썼지요."

역사 기록에 따르면, 룽수이의 묘족 파후이(坡会)는 오랜 역사를 지니고 있으며 풍부한 문화적 함의와 다양한 기능을 갖추고 있다. 각각 다른 나이대와 욕구의 사람들이 모두 파회를 통해 기쁨을 맛볼 수 있기에, 이 행사는 수천 년 동안 이어지며 성행할 수 있었다. 각 지역에서 열리는 묘족 파후이는 그 내용과 형식이 매우 다양하다. 전통적으로 제사 의식과 경연·오락 활동이 포함되며 루성 연주와 채당무, 말싸움, 말달리기, '망가오(芒

篙)'[12] 분장 등은 언제나 빠지지 않는 항목이다. 오늘날 파후이는 여러 민족 사람들이 함께 어우러져 사기를 북돋우고, 풍년을 경축하며, 정감을 교류하고 우의를 돈독히 하며 심신의 희열을 가져다주는 대규모 축제로 자리 잡았다.

수많은 관광객이 이런 축제 행사에 흥미를 갖고 모여들었다. 2023년 1월 21일부터 2월 5일까지 룽수이현 여러 마을에서 크고 작은 '파후이(坡会)' 행사가 연이어 열렸는데 지역 주민들과 외지 관광객들이 함께 어우러져 노래하고 춤추며 즐거운 명절을 보냈다. 독특한 민족적 정취와 생동감과 박력 넘치는 행사들로 파후이 문화는 지역 관광 산업 발전을 한 단계 발전시켜 총 71만 명 이상의 관광객이 찾아오고 관광 이익 약 5억 위안을 달성했다. 현재 우잉 마을도 명절 문화 축제를 과학적으로 통합해 농촌부흥 사업에 일조할 수 있도록 전력으로 노력하고 있다.

동심원의 루성(芦笙)

'루성'은 우잉(烏英)의 가장 중요한 악기이다.

2019년 겨울, 생활 형편이 좋아진 우잉 마을은 광장 한가운데에 있던 루성주(蘆笙柱)를 새로 바꾸기로 하였다. 예전에 세웠던 루성주가 오랜 세월을 지나면서 십여 년 전에 이미 파손되었다. 광둥성 래앤장시(广

12 芒篙: 망가오는 묘족의 수호신이다. 행사당일 날, 사람들은 '망가오'로 분장하고 손에 대나무 장대를 쥐고, 징과 북, 루성의 리듬에 맞춰 공연장에 입장한다. 그리고 화려한 복장의 루성 연주팀과 함께 춤을 추며 새해를 맞이했다.

东廉江市)와 류저우시 민족종교위원회의 도움으로 마을 사람들은 목공을 청해 높이 20미터 새 루성주를 제작했다. 꼭대기에는 새, 용, 소뿔 등 정교한 도템(圖騰) 조각들이 새겨져 있다. 새로 만든 루성주를 안장하는 날짜는 마을 사람들의 고심을 거친 길일이었다. 사람들은 좋은 술과 음식을 준비하고 '백가연(百家宴)'을 베풀며 새로운 루성주의 탄생을 축하했다. 정해진 시각이 되자 남자들이 곧장 기둥을 세웠고, 기둥이 서자마자 마을 최고 어른인 채노(寨老)가 사람들 앞으로 나서서 축복의 말을 전하며 파후이(坡會)의 성공과 새해 만복을 기원하였다. 그리고 이어 선두자가 소루성(小芦笙)을 들고 한 곡조를 세 차례 반복하여 연주하며 루성 채당무의 서막을 열었다. 이어 남자들이 루성주 주위를 에워싸고 루성을 불기 시작했고, 여자들은 그 음악에 맞춰 춤을 추며 온 마을이 흥겨운 분위기에 휩싸였다.

우잉 마을의 남자라면 루성(蘆笙)을 불지 못하는 이가 없고, 여자라면 춤을 추지 못하는 사람이 없다. 주재 간부의 말을 빌리자면, 우잉 사람들의 피 속에는 루성 소리가 흐르고 있다고 한다. 참으로 아름다운 표현이다. 이런 비유는 오직 책 읽은 사람만이 할 수 있을 것이리라. 얼마나 정확하면서도 시적인 표현인가!

우잉 마을도 다른 마을들과 마찬가지로 축제가 무척 많다. 음력 12월 1일이면 묘년을 맞이한다. 젊은이들은 루성(蘆笙)을 불며 마을과 마을 사이를 다니면서 '친구 찾기'를 즐기는데, 이 활동은 음력설까지 계속된다. 그리고 음력 12월 6일이 되면 마을 사람들은 단풍나무 아래 루성당에 모여 루성을 불고 춤을 추며 밤새도록 잔치를 벌인다. 우잉 사람들의 루성은 다른 마을과는 조금 다르다. 음율이 풍부하고 곡조가 길어 곡마다 깊은 감정을 담은 묘족의 이야기를 진하게 전한다. 지금은 마을에서 중요한 행사가 있을 때면 언제나 루성 연주가 빠지지 않는다. 루성이 울려 퍼질 때에야 비로소 마을의 영혼이 살아나는 것 같은 느낌이 든다.

2020년 말, 룽수이현에서 현 설립 기념일을 맞아 루성 경연 대회를 열었다. 대회는 성대하게 치러졌고, 많은 팀들이 참가했다. 주재 간부들이 촌민들을 조직해 연습을 거듭한 끝에 현 성에서 열리는 대회에 출전하게 되었다. 이것은 우잉 마을 루성팀이 처음으로 산골을 벗어나 대외무대에 진출한 것으로 촌민들은 설렘과 불안함 등 복잡한 감정이 교차하였다.

예전에는 나와 어머니가 멀리 나갈 일이 거의 없었지만, 지금은 달라졌다. 시내가 아니라 더 먼 곳이라도 갈 수 있고 새로운 친구들도 많이 사귈 수 있게 되었다. 현 성에서 루성 대회가 열리던 때, 우리는 대회에 참가하기 위해 하루 전부터 차를 타고 시내로 향했다. 시내에 도착해서도 예전처럼 길을 몰라 헤매지 않고 어디로 가야 할지 알았다. 설령 잘 모를지라도 표준중국어로 길을 물어보아 해결하였다. 사람들은 친절하게 설명해주었고, 우리가 제대로 이해하지 못할까 봐 손으로 지도를 그리는 흉내까지 내며 알려주었다. 정말 묘한 기분이었다. 우리는 더이상 보이지 않는 벽에 막혀 있는 느낌이 아니었다. 그 보이지 않는 벽은 이미 우리가 표준중국어를 사용하면서 사라져 버렸다.

시합을 대하는 우잉 사람들의 태도는 매우 진지하였다. 처음으로 산골을 벗어나 대외 시합에 참가한 팀원들은 모두가 한마음으로 우잉의 가장 훌륭한 면모를 세상에 알리고자 하였다. 깊은 산골짜기에 숨겨진 보석 같은 이 작은 마을의 매력을 세상 사람들에게 알리고, 그들의 긍정과 찬사를 바랐다. 넓게 트인 대회장으로 화려한 전통 의상을 입은 루성(蘆笙)

연주단들이 저마다 루성을 손에 들고, 미소를 머금은 채 지휘자의 뒤를 따라 입장하였다. 맨 앞에 선 지휘자가 경쾌한 루성 악보를 연주하자 현장은 마치 성대한 루성 합동 공연장을 방불케 하였다. 요란한 폭죽 소리와 함께 수십개의 연주팀들이 곧바로 지정된 위치를 향해 씩씩하게 걸어가 줄지어 섰다. 이어 젊은 여성들이 커다란 원 모양을 그리고 손에 든 꽃을 흔들며 힘찬 루성 소리에 맞춰 우아한 채당무를 추기 시작했다. 몸에 두른 은장신구들이 춤사위에 따라 반짝거렸고 '당-당-' 청아한 소리를 내며 축제의 분위기를 최고조로 끌어올렸다. 환희와 환락의 기운이 사방으로 가득 퍼져나갔다.

축제에서 생황을 열심히 불다

우잉 루성팀도 아낌없이 연주 실력을 발휘하였다. 우잉의 루성 연주 기법은 수년간의 교류와 연습을 통해 광시와 구이저우의 민족문화를 융합하면서도, 동시에 우잉만의 독특한 스타일을 간직하고 있다. 멀리서 들려오는 듯 선율이 유려하고 감미롭게 감돌았다. 그래서 늘 하이라이트를 장식하곤 하였다. 우리가 한 번씩 우승할 때마다 모두가 환호성을 질렀고, 남자들은 겉옷을 벗어 하늘 높이 던지며 기쁨을 표현했다. 주변 관중들도 열광했고, 우승하지 못한 상대팀도 다가와 축하를 보내왔다. 나는 비로소 사람들이 승패보다 참여 그 자체의 즐거움을 더 소중히 여긴다는 것을 깨달았다. 이 순간, 나는 눈앞의 세계에 완전히 녹아들었다.

경기 결과 우리 팀은 5위를 차지했다. 우리는 기쁨을 감추지 못했고, 돌아오는 내내 루성(蘆笙)을 불며 경축하였다. 아무리 불어도 날아갈 듯한 기쁨을 표현할 수 없었다. 그날 밤, 촌장은 축하연을 벌여 우리를 맞아 주었다. 나는 터져 나오는 눈물을 참을 수 없었다. 단지 대회에서 좋은 성적을 따냈다기보다도 중국어를 통해 먀오자이 밖의 세상과 소통할 수 있게 된 점에 감사하였기 때문이었다. 처음으로 이 대회에 참가했지만 별로 긴장하지 않았다. 지금 확정할 수 있는 것은 우리가 다른 사람들의 말을 알아듣고 전혀 소외감을 느낄 수 없다는 점이다. 이튿날, 집에 도착한 나와 어머니는 다시 일상으로 돌아와 낮에는 일하고 밤에는 책을 읽었다.

나는 진작에 밤마다 울려 퍼지는 독서 소리에 익숙해졌다.

*

루성은 묘족에게 있어 가장 중요하면서도 가장 사랑받는 전통 악기이다. 루성은 묘족뿐 아니라 중국 남서부 지역의 요족(瑶族), 둥족(侗族) 등 여러 민족들이 사용하는 전통 악기이기도 하다. 지역마다 제작 방식은 거의 비슷하지만 연주 기술에는 차이가 크다. 루성의 주요 구성 부분은 생두(笙斗), 생관(笙管), 황편(簧片), 공명관(共鸣管)으로 이루어져 있다. 크기와 형태에 따라 루성은 대형, 중형 지통(地筒)으로 구분된다.

마을 남자들은 루성(蘆笙)에 푹 빠져 살다시피 한다. 루성은 그들의 삶의 일부로 자리 잡았고 평생 루성에 열광한다. 명절이나 행사가 있을 때면 남자들은 아침 일찍부터 루성을 꺼내 닦고 음을 맞추며, 축제의 시작을 기다린다. 광장에서 마음껏 연주할 수 있는 그 순간을 위해 정성스럽게 준비하는 것이다. 이웃 마을 사람들이 찾아오거나 이웃 촌에서 열리는 대회에 참가할 때면 이들의 사기는 더욱 고조된다. 루성 경연은 '울림'의 크기에 따라 승패가 결정된다. 즉, 어느 팀의 루성이 더 울림이 크고 웅장한 소리를 내는가를 가리는 것이다. 시합이 시작되면 남자들은 온 정신을 가다듬고 루성의 음률에 빠져든다. 음색은 조화를 이루며 몸은 리듬에 맞춰 움직인다. 평소에는 감춰뒀던 힘과 기운이 바로 그 순간 폭발하듯 분출되어, 루성의 소리는 하늘을 찌를 듯 울려 퍼진다. 그 소리를 제대로 해석하는 사람이라면, 음색에서 감미롭고 매혹적인 선율을 느낄 수 있다. 때론 치솟는 듯한 고음으로, 때론 깊고 우수 어린 저음으로, 때론 여유로운 흐름으로, 또 때론 급한 박자로 인생의 기쁨과 슬픔을 토로한다. 명절도 대회도 아닌 평범한 농한기일지라도 특히 맑은 달밤이면 남자들이 삼삼오오 단풍나무 아래에 모여 루성을 연주하며 서로의 기량을 겨룬다. 달이 뜰 때부터 질 때까지 불어대다가 동녘 하늘이 밝아오면 아쉬운 마음으로 흩어지곤 한다.

전하는 바에 따르면 옛사람들은 명절과 풍년을 기리기 위하여 루성이라는 악기를 만들었다고 한다. 동네 어르신들은 또 다른 이야기를 들려주었는데, 그건 바로 괴물로 간주하던 '년(年)'을 쫓아내기 위해 루성을 만들었다는 설도 있다. 괴물 '년'은 루성이 크면 클수록 더 두려워했고, '년'이 사라져야 마을 사람들이 평안을 되찾고, 작물도 풍년이 든다고 하였다. 루성은 마을의 모든 불운을 바람에 실어 멀리 날려 보내고, 사람들의 건강과 곡식의 대풍작을 불러왔다.

루성은 마을과 마을을 이어주는 가장 효과적인 교류 방식이다. 한 마을 사람들이 다른 마을을 방문할 때면 루성을 꺼내 들고 말문을 연다. 함께 모여 연주하고 소리의 웅장함을 비교하며 멜로디의 아름다움과 은은함,

더 나아가 음악 속에 담긴 깊은 정감을 나눈다.

루성은 마을 남자들과 닮았다. 겉보기에는 강철같이 단단하지만, 때로는 부드럽고 다정한 모습을 보이기도 한다. 루성 경연을 벌일 때면 매우 기세 있게 부는데, 그 소리는 산과 바다를 삼킨 듯 모든 것을 압도한다. 옛날 묘족 남자들이 추호의 망설임 없이 결연히 전장에 나설 때처럼 말이다. 노당이 말하길 당년에 산적과 싸울 때 사람들은 루성을 신호 연락용으로 사용했었다. 이 산에서 불면 저 산에 있던 사람들이 바로 상황을 파악할 수 있었다. 산적 무리가 마을을 침범하려 하면, 주민들은 이미 대비하였는데 함정을 파 길목을 막고 산적 무리를 포위해 반격을 가하고 마침내 마을을 지켜내었다.

소녀들의 우아한 채당무가 곁들여지자 루성은 더욱 감미로운 멜로디를 뿜어 내온다. 루성 채당무는 묘족 사람들이 설날에 즐기는 가장 큰 볼거리이다. 이 날이면 소녀들은 전통 민속 의상을 입고, 청년들은 루성을 들고나와 성대한 묘족 문화의 향연을 펼친다. 이 행사를 통하여 인연이 닿은 젊은이들은 종종 백년해로를 기약하기도 한다. 루성 채당무는 사랑을 전달하고 젊은이들의 마음을 움직이는 매력을 갖고 있어 사람들은 자연스럽게 루성에 더 깊은 애정을 갖게 된다.

마을 축제 특히 명절의 진풍경을 좌우하는 핵심은 루성이다. 우잉 마을의 어린이들은 어릴 때부터 루성 연주를 배운다. 이는 우잉 사람들의 유전자 속에 스며든 전통으로, 대대로 전해 내려온 문화 코드였다.

혀 끝으로 만나는 柳州 음식

우잉(烏英)의 야간 학습반은 점점 더 외부의 관심을 끌게 되었고 많은 기관, 기업 및 사회적 자원봉사자들이 우리에게 큰 지원을 아끼지 않았다. 정책적 편의를 제공하여 우잉(烏英)의 발전과 야간 학습반의 장기적 운영을 위한 기반을 마련해 주는가 하면 먼 길도 마다하지 않고 우잉(烏英)을 찾아와 문화 수업을 가르쳐 주기도 하였다. 비록 짧은 시간이었지만 그들은 우리에게 문화 지식뿐만 아니라 미래에 대한 기대와 희망을 심어주었다. 그리고 일부 인사들은 우리 우잉(烏英)에 기부금과 물품을 보내주어 어려운 처지의 촌민들을 도왔다.

2020년 8월, 뜨거운 여름날, 우잉 마을에 특별한 손님들이 찾아왔다. 그중에는 니(倪) 씨 성을 가진 선생님도 있었는데, 그는 류저우 수제 뤄스펀(螺螄粉) 기술 무형문화유산 전승자였다. 그는 우리에게 어떻게 뤄스펀(螺螄粉)을 산업화하여 빈곤에서 탈출했는지에 대해 설명해주었다. 그때만 해도 우리는 통역을 거쳐야만 겨우 알아들을 수 있었다. 그는 요즘 뤄스펀이 엄청난 인기를 끌고 있어 전국은 물론 해외까지 수출되고 있으며, 포장 제품만으로 연간 백억 위안이 넘는 매출을 올린다고 말했다. 맙소사, 백억 위안이면 도대체 얼마나 많은 돈인가? 그 돈다발을 한층 한층 차곡차곡 쌓아 올린다면 아마 우리 마을 뒷산보다 더 높을 것이다! 순간, 입이 쩍 벌어졌다. 설명을 마친 후 그는 우리 마을에 뤄스펀(螺螄粉) 한 박스를 선물로 기증하였다. 그날 우리는 함께 처음으로 뤄스펀을 먹어 보았는데, 기름에 튀긴 부죽과 땅콩, 아삭한 목이버섯과 시큼하게 절인 죽순이 쫄깃한 국수와 어우러져 깊은 풍미를 담고 있었다. 겉으로 풍기는

냄새는 시큼했으나 입에 넣는 순간, 신선하고 깊은 맛과 함께 쫄깃하고 부드러운 식감이 혀끝을 즐겁게 한다. 이처럼 시큼함과 상쾌한 맛을 모두 갖춘 면 국수는 난생처음 맛본다.

나중에 정부와 뤄스펀 기업 측에서 우잉 지역의 토양과 기후 등에 대한 조사를 실시한 결과, 이곳이 뤄스펀 재료의 재배와 양식에 적합하다는 결론이 내려졌다. 우잉 촌위원회에서는 곧바로 뤄스펀 기업과 원재료 공급 계약을 체결했다. 즉, 뤄스펀 기업은 우잉 촌위원회과 협력하여 '뤄스펀+기업 사슬' 발전 모델을 추진하기로 하였다. 한마디로 요약하자면 우잉 주민들이 뤄스펀의 주요 재료인 찰수수쌀과 민물 달팽이 등을 직접 재배·양식한 후 직접 뤄스펀 기업에 납품하는 방식이다. 한순간에 촌민들의 마음을 사로잡은 아이디어였다. 농작물 재배와 달팽이 양식은 마을 사람들에게 있어 손바닥 뒤 집듯 쉬운 일이다. 마을 주민들은 이제 잘 키운 농산품의 판로를 걱정하지 않아도 되었다. 뤄스펀 기업 측에서 직접 마을에 와서 농산품을 수거해간다니 촌민들의 큰 고민거리를 해결해 준 셈이다. 이는 먀오자이의 농업 산업 발전 개연성을 열어주었으며, 주민들의 소득 증가와 재부 창출을 위한 길을 제시하였다. 이 지점에서 우리가 주목해야 할 한 사람이 있다. 바로 란썽쿠이(蘭生葵)라는 류저우시 농업과학 연구소에서 은퇴한 농업 품종 개량 전문가이다. 그는 협동조합과 기업의 지원 아래 우잉에서 수수 씨앗 시범 재배를 진행하였다. 시범에 성공하자마자 바로 대규모 보급에 나섰고 그해 잘 익은 수수쌀은 성공적으로 수확할 수 있었다. 나는 란썽쿠이 선생님을 우리 집에 모셔서 붉은 수수로 만든 뤄스펀을 함께 맛보며 기쁨을 나누었다.

2021년 10월, 우리 야간 학습반 여성 회원들은 류저우로 견학을 다녀왔다. 이 행사는 류저우시 민족종교사무국과 여성연합회, 그리고 뤄스펀 기업의 애심 후원으로 이루어 지었다. 당시 대부분 회원이 처음으로 대도시를 방문하였다. 그들은 현대적인 도시 풍경에 감탄하며 부러움을 감추지 못했다. 고층 빌딩이 즐비하고, 상점에는 온갖 상품이 없는 게 없이 진열되어 있었다. 거리는 차량과 인파로 북적였고, 밤이 되면 가로등 불빛이 대낮처럼 환히 거리를 밝혀주었다. 우잉 마을과는 완전히 다른 세계였다. 류저우의 거리에 선 우리는 긴장과 수줍음보다 기쁨과 행복이 더했다. 류저우에서 우리는 늘 변함없이 우잉 마을의 발전을 응원해온 오랜 친구들과 만났고, 그들의 아낌없는 지원과 도움 덕분에 우잉 마을도 더 큰 도약을 꿈꿀 수 있었다.

저녁 무렵, 우리는 고급 호텔에 묵게 되었는데, 이는 우리가 처음 경험하는 것이었다. 예전에는 외출하여서 만약 당일 귀가가 어려우면 보통은 저렴하고 초라한 여관에 머물렀다. 그러나 이번에 이렇게 좋은 호텔에서 묵을 수 있었던 것은 주최 측의 배려 덕분이었다. 나는 다시 한번 마음 깊이 고마움을 느꼈다. 호텔 로비에 들어서자 많은 사람이 우리를 쳐다보았다. 호기심에 찬 표정도 있지만 분명 찬사의 기색이 역력했다. 우리가 묘족 전통 의상을 입은 탓도 있었으리라. 그 순간 우리는 기쁨과 수줍음을 함께 맛보았다. 낯선 환경에 온 탓인지 모두 조금 긴장해하고 불안해하였다. 처음으로 엘리베이터에 올라탔다. 무척 긴장되었고 어지러웠으며, 서로 손을 꼭 잡고 중심을 잡으려 애썼다. 다행히 주최 측에서 여성 안내원분들을 배정해 우리를 돕도록 특별 조치하였다. 그들은 친절하게 엘리베이터 타는 법, 객실 카드로 문 여는 법, 호텔 내 각종 시설 사용법 등에 대해 세세히 우리에게 알려주었다.

다음 날 우리는 류저우 박물관을 방문해 평소에 보기 힘든 다양한 유물을 보았다. 묘족 문화 전시 구역에 다다랐을 때, 나는 마치 오랜 친구를 만난 듯 다정하고 따뜻한 감정이 솟아올랐다. 이처럼 현대적인 도시 한가운데 묘족의 정체성을 담은 물건들을 만나게 되리라고는 감히 상상도 하지 못했다. 갑자기 내가 입은 묘족 의상이 주변 전시물과 자연스럽게 하나로 어우러지는 감이 들었다.

그다음, 우리는 류저우시 여성 발전 종합 서비스 기지를 찾아갔다. 그곳 직원들은 매우 열정적으로 우리를 맞이해주었고, 성심껏 수공예 기술을 전수했다. 그들은 이 제품들은 시장에 내다 파는 제품이라고 말했다. 우리는 그녀들이 사용한 중국어를 충분히 이해할 수 있었고 덕분에 수공예 기술도 매우 쉽게 배울 수 있었다. 그리고 우리는 수놓은 작은 '공'들을 구슬처럼 꿰어 매는 법도 익혔다. 이것은 실제로 시장에서 팔리고 있는 제품이었다.

즐거운 표정을 지으며 직접 만든 구슬 달린 수구를 들고 있다

(상)처음으로 뤄스펀(중국 류저우지역의 전통 쌀국수) 생산라인을 참관하다
(하)회사 직원들과 문화예술 교류를 하다

우리를 가장 놀라게 한 것은 류저우 뤄스펀 산업이었다. 우리는 류저우 뤄스펀 진 마을에 있는 '뤄스펀 문화관(螺蛳粉文化馆)'을 견학하였다. 작고 평범해 보이는 뤄스펀이 이토록 거대한 식품 산업이 되었다는 사실에 큰 충격을 받았다. 뤄스펀 포장 라인을 방문할 당시, 노동자들이 일렬로 라인 옆에 서서 분주히 움직이고 있었고, 모두 청결한 인상의 흰색 통일 작업복을 입고 있었다. 숙련된 손길이 닿자마자 뤄스펀 포장 제품이 금세 완성되었다. 정말 놀라운 광경이었고, 눈이 번쩍 뜨이는 경험이었

다. 이런 과정을 거쳐 우리가 평소에 먹던 뤄스펀이 만들어지는구나!

우리는 기업 직원들과 문화 교류 활동도 펼쳤다. 아버지가 새로 만들어 주신 산가(山歌)를 부르며 아름다운 새 시대를 찬양하였고, 묘족 노래도 열창해 직원들의 우뇌와 같은 박수갈채를 받았다. 도시 중심가에서 이렇게 마음껏 공연하는 것도 처음이었다. 그리고 사람들의 찬사를 알아듣는 것도 처음이라 감동과 뿌듯함이 한 가슴 가득했다. 시간이 지나면서 우리는 서로 거리감을 줄여가며 그 속에서 이루 말할 수 없는 행복과 만족감을 느꼈다.

나에게 있어서 가장 잊을 수 없었던 순간은 야간 학습반을 대표하여 연단에 섰을 때였다. 사실 그것은 원래 계획에 없었던 예상 밖의 일정이었다. 전혀 준비가 없었던 나는 도대체 무슨 말을 해야 할까 쥐구멍이라도 찾아 들어가고 싶었다. 게다가 좌석에는 일반 노동자들뿐만 아니라 기업 관계자들도 함께 있었다. 나는 당황한 나머지 급히 인솔자를 향해 도움을 청했다. 그는 진지하게 말했다. "우리 학습 성과를 보여주는 자리라고 생각하고 이제껏 도움을 준 고마운 분들께 우리가 변모한 모습을 제대로 보여주는 것이 예의가 아니겠어? 내가 아는 우잉 출신 여성들은 결코 후퇴하지 않지." 그리고 격려의 한마디를 전했다. "반장, 너 자신을 믿어. 넌 할 수 있어." 나는 떨리는 마음으로 연단에 나섰다. 우선 모두에게 머리 숙여 인사를 하였다. 즉시 박수 소리가 울려 퍼졌다. 이제 무슨 말을 한담? 마음만 더 조급해졌고, 머릿속은 완전히 하얗게 변했다. 그렇다고 아무 말도 하지 않을 수는 없었다. 이건 단지 내 개인의 문제가 아니었고, 전체 야간 학습반 명예가 걸린 문제였으며, 나아가 우잉 마을의 미래 발전과도 직결되는 문제였다.

"오늘 이 무대에서 연설할 수 있게 되어 너무나 격동되고 감격스럽습니다. 무슨 말을 해야 할지 모르겠네요. 우리 우잉 여성들이 여기에 와서 기업을 견학하고, 여러 기업인과 관계자분들의 환대를 받고 나니 정말 감회가 깊습니다. 예전 같으면 상상조차 하지 못했을 일이지요. 과거에 우리는 중국어(표준어)를 전혀 이해하지 못했어요. 우잉 마을을 찾은 많은 외지인이 우리와 교류하려 했으나 언어 장벽에 가로막혔었습니다. 마치 서로 다른 세계에서 살아가는 사람들 같았어요. 그 뒤 야간 학습반이 생기게 되면서 수많은 애심 인사와 애심 기업인분들의 도움과 뜨거운 후원 덕분에 우리는 비로소 배움의 기회를 얻게 되었습니다. 학습반 동기들은 한마음으로 단결하여 서로 도우며, 열심히 공부에 매진하였습니다. 그리고 마침내 중국어를 익히고 능숙하게 사용할 수 있게 되었습니다. 이 자리를 빌려 이제껏 저희에게 도움을 주신 모든 분께 진심으로 감사드립니다. 고맙습니다!"

나는 말을 더듬었고 현장에서는 뜨거운 박수가 터져 나왔다. 친구들은 신뢰와 응원의 눈빛을 내게 보냈고, 인솔자도 만족스럽게 고개를 끄덕였다. 이 모든 것이 야간 학습반 덕분이었다. 밤이 되어 호텔로 돌아오자 나는 큰 창문 가에 서서 창밖의 별처럼 반짝이는 가로등을 바라보았다. 어느새 눈물이 말없이 얼굴을 적셨다. 눈물은 얼굴을 타고 방울방울 흘러내렸다. 설령 어머니와 자매들이 내 눈물을 본다고 해도 두렵지 않았다. 그건 행복의 눈물이었으니까. 나는 드디어 이 번화한 도시에서 두려움 없이 중국어를 할 수 있게 되었고 나아가 내가 그토록 동경하던 새로운 세계에 첫발을 내디디었음을 실감하였고 동시에 강한 전율을 느꼈다.

바닷소리를 듣다

나는 황기자를 통해 처음으로 '꿈'이라는 단어를 접했다.

한번은 황기자가 자신의 꿈에 대해 말하였다.

'기자로서의 꿈이란, 내 손끝의 펜과 카메라 렌즈를 통해 이 위대한 시대가 나아가는 발걸음을 담는 것이고, 평범한 사람들이 꿈을 좇는 이야기를 기록하는 것이며, 깊은 산속 외진 마을의 부활과 산림, 하천, 들판의 생태 변화 및 젊은이들의 대학 진학의 꿈을 하나씩 담아내는 것입니다.' 그의 말에 우리는 가슴이 뜨거워졌다.

그는 우리 자매들의 사연을 기사로 다룰 것이라고 말했다. 나는 매일 매일 평범하고 소박하게 생활해가는 우리에게 무슨 쓸 만한 소재가 있을까 생각하며 의아해하였다. 그러나 황기자는 고개를 저으며 말했다. "자매님들은 꿈을 향한 열망을 품고 있어요." 나로서는 내 안에 무엇이 있는지 도무지 알 수가 없었다. 어릴 적 꿈은 공부하는 것이었으나 이미 사라져 버린 지 오래다. 마을의 기타 여인들과 다를 바 없이 결혼하고 아이를 낳고 키웠다. 그리고 어느새 30여 년 넘어 반평생도 훌쩍 넘긴 나이에 접어들었다. 여기에 특별히 다룰 만한 소재가 있을까 하는 생각이 들었다.

"자매님들은 꿈이 없는 것이 아니라, 그저 꿈을 묻어두고 지냈을 뿐입니다!" 황기자가 확신에 찬 목소리로 말했다.

나는 그의 말이 옳다고 생각한다. 빈곤 퇴치 사업이 진일보 보급되면서 우잉 마을도 기타 마을들과 마찬가지로 커다란 변화를 맞이하였고 따라서 여자애들의 교육 환경도 한층 개선되었다. 나와 언니, 동생들은 이 산골을 벗어나 바깥세상으로 나가고 싶은 마음이 매우 간절했지만, 그

전까지 그것이 바로 마음속 깊이 간직해온 꿈이라는 것을 미처 몰랐다. 2020년 3월, 우잉 마을에 '이중언어 이중방향' 학습반("双语双向"培训班)이 열렸고, 나는 처음으로 친구들과 함께 학습반 교실 문을 두드렸다. 병음부터 시작해 중국어 표준어를 배우기 시작한 것이다. 그제야 비로소 깨달았다. 사실 오랫동안 마음 한구석에는 공부에 대한 꿈이 있었다는 것을. 그것은 마치 알이 꽉 찬 씨앗이 수십 년간 마음속 깊이 잠들어 있다가, 이제야 겨우 싹을 틔우기 시작한 것과 같았다. 우리는 많이 배울수록 세상에 대한 이해가 높아졌고, 그만큼 마음속의 꿈도 점점 커져갔다. 이제는 단순히 책 읽기에만 그치지 않고 어떻게 하면 배운 지식을 실제에 활용할 것인가, 어떻게 하면 더 많은 일을 할 수 있을가라는 욕망이 생겼다.

광둥성 롄장시(广东廉江市)에서 온 어느 자원봉사자 선생님이 "롄장의 바다와 우잉의 산을 합치면 '해서산맹(海誓山盟, 바다와 산이 맺은 맹세)'이 됩니다"라고 말했다. 그 표현이 참 인상적이었다. "저 산 너머엔 끝없이 펼쳐진 바다가 있어요. 기회가 되면 꼭 우잉 자매님들을 모시고 롄장의 바다를 구경시켜 드리고 싶어요." 그들은 우리에게 약속하였다.

나는 여태까지 살아오면서 한 번도 바다를 본 적이 없었다. 바다를 한 번 구경하는 것이 내 꿈이었다. 워낙 꿈이란 것은 이렇게 생기는구나 하며 나도 모르게 가슴이 뭉클해졌다.

그런데 이 꿈은 아무런 예고 없이 어느 날 갑자기 이루어졌다.

2021년 11월, 광둥성 롄장시와 광시좡족자치구 류저우시 여성연합회, 그리고 류저우 뤄스펀 기업들의 후원과 배려로 나는 우메이푸와 함께 멀리 연해 도시로 외출할 기회를 얻게 되었다. 우잉(烏英)을 떠나기 전 나는 마음이 복잡해졌다. 제대로 된 옷 한두 벌 정도 사야 되지 않을까? 혹

평생 처음으로 바다를 구경하다

여나 잘 꾸미지 않고 나섰다가 창피를 당할까 걱정이 컸다.

"굳이 새 옷 준비할 필요 없어요. 지금 입고 있는 그 묘족 전통 의상이 가장 화려하고 아름다워요." 친 서기가 우리를 안심시켰다.

그의 확신에 찬 눈빛에서 나는 자신감이야말로 이 세상에서 가장 아름답다는 것을 깨달았다. 나와 우메이푸는 묘족 전통 의상을 입고 출발하기로 하였다.

그때가 내가 처음 바다를 본 순간이었다. 우리는 부두가 해안에 정박한 배 몇 척을 보았다. 배에는 채색기가 나부끼고 있었고, 바닷바람에 휘익-휘익- 소리를 냈다. 승객들은 줄지어 여객선에 올라탔고, 얼굴마다 홍분의 기색이 돌았다. 아마 그들도 이 바다를 보기 위해 온 것이리라. '우-웅' 하고 경적을 울리며 우리를 실은 여객선은 바다 깊은 곳을 향해 달렸다. 눈앞의 수면은 점점 넓어졌고, 뒤에 남은 해안은 점점 멀어져서 마침내 시야에서 사라졌다. 눈앞에는 오직 가없이 넓은 푸른 물결만이 펼쳐져 있을 뿐이었다. 햇빛 아래 바다는 티 없이 맑고 푸르렀으며 바람에 따라 파도가 출렁이었다. 바다는 하늘과 맞닿아 그 끝이 보이지 않았다. 얼굴을 스치는 바닷바람은 촉촉하면서도 짭짤한 맛이 났다. 아, 바다는 이런 모습이구나. 나는 산속 깊숙이 자리 잡은 묘족 마을이 떠올랐다. 산 위에 지은 집, 산비탈을 내어 만든 길, 매일 문만 열면 보이던 산의 풍경, 나는 평생 산을 벗어나 본 적이 없었다. 그런데 지금 바로 눈앞에 그리워하던 바다가 펼쳐져 있었다. 이토록 드넓고, 이토록 푸르며, 이토록 강렬한 감동을 주는 바다이다. 배는 쉼 없이 앞으로 나아간다. 하지만 이 거대한 바다와 비하면 너무도 작아 보였고 인간은 더더욱 하찮은 존재처럼 느껴졌다.

"바다가 아무리 크다 한들, 네 마음속 이상보다 크겠느냐?" 친 서기가 내 마음을 읽기라도 한 듯 갑자기 말을 건넸다.

바닷바람이 불어와 그의 말을 멀리 실어 보냈다. 나는 미소를 지으며 대답 없이 갑판 위에 서서 푸른 물결이 끝없이 펼쳐진 바다를 바라보았다. 마을에 있는 우잉강과 우가강(乌嘎河)이 떠올랐다. 이 강들은 구이저우를 지나 류저우와 광저우(广州)를 거쳐 마침내 이 바다로 흘러든다. 이 바닷물에는 우리 고향의 물이 함께 흐르고 있는 셈이다. 이런 생각이 들자 마음 깊은 곳에서 뜨거운 난류가 굽이쳐 흐르는 것 같았다.

다시 바다를 바라보았다. 푸른 물결이 끝없이 펼쳐진 하늘 위로 갈매기가 자유롭게 날아다니고 하얀 구름이 공중에 떠 있었다. 그런데 문득 자유롭게 날아다니는 저 새들과 구름이 진에 묘족 마을에서 보았던 것과 사뭇 다르다는 걸 느꼈다. 구체적으로 어디가 어떻게 다른지 꼭 집어 말할 수는 없었고 왠지 눈시울이 젖었다. 나는 기타 승객들의 시선을 의식하지 않고 흐르는 눈물도 닦지 않았다. 그 순간 오직 감동뿐이었다. 나 역시 바다 위 갈매기처럼 하늘을 날고 있는 기분이었다. 어떤 말로 내 마음을 표현해야 할지 몰라 강과 바다를 노래한 시구들을 읊조리기 시작했다. 우메이푸도 곧장 내 곁에서 함께 시구를 읊었다.

예전에 외워두었던 시구가 눈앞의 바다처럼 끝없이 펼쳐졌다.

> 봄날 하천의 물결은 바다와 맞닿아 넓게 펼쳐지고, 바다 위에 떠오른 달은 파도와 함께 솟는다.
>
> 지는 해는 산 너머로 저물고, 황하의 물은 바다를 향해 흘러든다.
>
> 보지 못하는가, 하늘에서 흘러내린 황하의 물이 바다에 흘러들어 다시는 돌아오지 않음을.
>
> 언젠가는 거센 바람을 가르고 큰 파도를 넘어, 구름을 찢을 듯 돛을 올려 창해를 건널 날이 오리라.
>
> 긴 바람이 파도를 가르는 때가 있으리니, 구름 같은 돛을 달고 바다를 건너리라.

친 서기는 옆에서 사진을 찍고 있다가 우리가 시를 읊는 소리를 듣고 손에 든 카메라를 내리며 놀라움과 기쁨이 뒤섞인 미소를 지었다. 이 몇 년간 그들은 애써 우리에게 배움의 기회를 마련해 주었고 마침내 우리는 표준중국어를 익혔고 바다를 마주 보며 시 낭송도 할 수 있게 되었다. 바로 이것이 오랜 시간 그들의 바람이었다. 오늘 여기에 오기까지 얼마나 많은 헌신과 노력이 깃들어 있었을까.

객실의 승객들이 우리의 전통 의상을 흥미롭게 바라본다. 그들의 시선에는 호기심과 감탄이 가득하였다. 우리는 예의 바르게 고개를 끄덕이며 그들을 향해 답례하였다.

"복장이 너무 아름답네요!" 문득, 한 아주머니가 말을 걸어왔다.

나는 머리를 돌려 친 서기를 바라보았다. 나의 도움을 알아챈 그는 오히려 나더러 대담하게 대화를 나눠보라며 격려의 눈빛을 보내왔다.

"저희는 묘족 사람이며 지금 입고 있는 복장은 묘족 전통 의상입니다. 저희 고향은 광시와 구이저우 경계의 우잉이라는 아주 아름다운 곳이죠. 우리 마을 사람들은 정이 많고 열정적입니다. 여러분들의 왕림을 진심으로 환영하며 우잉에서 만나 뵙길 기대합니다!" 나는 뜻밖에도 저절로 말이 술술 나왔다. 기분이 한껏 고조되었고 휴대폰에서 우잉의 사진을 찾아 보여주었다.

아주머니는 여러 장의 사진을 보더니 활짝 웃으며 엄지를 들어 보이며 말했다. "묘족 마을은 정말 아름답네요. 자연풍경도 너무 좋고 기회가 되면 꼭 한번 가보고 싶어요. 어쩌면 그곳에 남아 살게 될지도 모르겠네요." 나는 저도 모르게 마음이 설레였다. 이토록 자연스럽게 낯선 사람과 대화를 나눌 수 있다니!

마음 깊은 곳에서 난류가 소용돌이쳤다. 아주 천천히 조금씩 차오르더니, 저도 모르게 '야—호-'하는 외침 소리가 튀어나왔다.

내 함성에 우메이푸도 따라 외친다. 아주머니마저 합류한다.

갑판 위에서 누군가 소리를 듣고 고개를 돌려 내 쪽을 한 번 보더니 다시 시선을 거두었다. 나는 용기를 내어 더욱 크게 외쳤다. 우메이푸도 나를 따라 외쳤고, 심지어 그 아주머니도 망망한 바다를 향해 목청을 돋웠다. 우리와 아주머니의 외침 소리는 왠지 서로 통하는 것 같았고 서로 대화를 하는 것 같았다. 마음 한구석이 짠해졌다. 문득 몇 년 전에 몇몇 친구들과 함께 충량산(冲靓山) 정상에 올라 절규에 가깝던 그 외침이 떠올랐다. 그러나 지금은 그때와 다르다. 오늘 이 외침은 마음을 밝히는 희망의 찬가였다.

세계를 품은 우잉

2020년, 나는 친구들의 추천을 받아 반장으로 당선되었고, 이후 우잉 묘족 마을의 여성연합 주석과 여성 비전문소방대 대장직도 맡았다. 솔직히 말해서 일면으로는 기쁜 마음도 있었지만 또 일면으로는 불안하기도 하였다. 기쁜 것은 촌민들을 위해 일할 수 있다는 것이고, 불안한 것은 자신의 능력 부족으로 제대로 일을 해낼 수 있을까하는 걱정 때문이었다. 다행히 주변 사람들이 전적으로 응원해주고 어려운 일이 생기면 함께 힘을 모아 해결하다 보니 생각보다 쉽게 많은 일들을 추진할 수 있었다. 나는 마을 여성들을 이끌고 봉사활동을 하고, 야학반에서 표준어를 배우는 한편 마을 위생과 소방 안전 점검을 하고, 대외 기능 대회에 참여하는 등 각종 사업을 책임감 있게 리더해 나갔다. 가끔 피로감을 느낄 때도 있었지만, 조금씩 성과가 타나는 것을 볼 때마다 모든 피로가 순식간에 사라지는 듯하였다.

하지만 낯선 번호로 전화가 올 때마다 나는 늘 마음이 조마조마했다. 대부분 산 바깥에서 걸려오는 전화였기 때문이다. 향에서 현, 시를 넘어 심지어 훨씬 더 먼 곳에서도 전화가 걸려왔다. 상대방이 자신의 도시를 알려줘도 나는 그곳이 도대체 어디에 있는지 몰랐다. 상인들은 전화로 먀오자이 농산물이 있는지 묻곤 한다. 내가 '있어요' 라고 답하면, 금세 열정적으로 위챗 친구 추가를 요청했다. 성격이 급한 손님들은 다른 사람을 통해 내 위챗을 알아내곤 바로 친구 신청을 했는데, 역시 시골 농산물을 주문하려는 것이었다. 그렇게 나는 어느새 스마트폰으로 상인들과 장사를 시작하게 되었다. 핸드폰 하나로 생면부지인 외지인들과 상품 거래를 하는 것이다. 산속의 농산물이 집을 벗어나지 않고 팔리게 되었는데 중국의 특대 도시로까지 멀리 팔려나갔다. 정말 믿기지 않았다. 예전에 우리는 표준중국어도 제대로 알아듣지 못하여 도시 사람들과 대화조차 할 수 없었고 장사 같은 건 꿈도 꾸지 못했다. 하지만 언어 소통이 가능해지면서 마을과 외부를 연결하는 길이 열렸고, 우리 농촌 마을 사람들의 사고방식도 큰 변화를 가져왔다.

'그래요, 세계로 향한 대문은 이렇게 열리는 거예요. 이제는 우잉 먀오자이를 세계에 알려야 할 때가 왔어요.'

어느 날, 교실에서 황기자가 우리에게 이런 말을 했고 이 말을 들은 모두가 깜짝 놀라고 말았다. 하지만 되돌아 생각해보면, 황기자 자신이 줄곧 이 일을 해온 것이 아닌가? 2017년 가을부터 그는 어깨에 카메라를 메고 마을 여기저기를 카메라에 담기 시작했다. 수년간 그는 카메라 셔터만 수십만 번은 족히 눌렀을 것이다. 사진을 통해 우리는 우잉 마을의 전경을 볼 수 있었고, 티 없이 맑은 시냇물을 볼 수 있었으며, 마을 사람들의 얼굴과 이들만의 풍속 문화를 생생하게 마주할 수 있게 되었다. 사진 한 장 한 장이 우리네 일상 그 자체였기에, 카메라 속 순간들은 오히려 더 생동감 있게 느껴졌다. 황기자는 사진에 글을 덧붙여 기사를 작성했고, 뉴

스 기사가 많이 보도될수록 우잉 마을의 지명도는 점점 더 높아졌으며, 산속 깊숙이 감춰져 있던 이 묘족 마을을 찾는 사람들이 하나둘씩 늘기 시작했다. 이제는 어디서든지 우잉 마을에 대한 정보를 손쉽게 구할 수 있다.

우잉(烏英) 연합당지부와 여성연합회에서는 「우잉(烏英) 여성연합회가 말하는 우잉(烏英)」이라는 영상 프로그램을 제작하기로 결정하였다. 황기자가 말했듯이, 우리 스스로 우잉 묘족 마을을 세상에 알릴 때가 된 것이다. 한마디로 우리 자신이 자체적으로 만든 프로그램 진행자가 되는 셈이다. 이어 친 서기가 우리에게 영상 촬영법을 설명해주었고, 우리는 카메라 앞에서 미리 준비한 대사를 읽었다. 듣고 보니 매우 흥미로웠다. 중요한 것은 우리가 무엇을 말하느냐보다도 우리 스스로가 직접 방송 진행자가 될 수 있다는 점이었다. 예전엔 텔레비전에서나 볼 수 있었던 '진행자'라는 역할을 어느 날 갑자기 나 자신이 맡게 된다니 정말 꿈속을 헤매는 기분이 들었다.

우리는 텔레비전 '사회자' 역할에 대한 기대감으로 들떠 있었다. 그러나 막상 카메라 앞에 서자 주저하며 서로 뒷걸음질 쳤다. 그 누구도 선뜻 나서서 첫 방송 진행을 하려 하지 않았다. '반장이 먼저 해봐요.' 친 서기가 내 이름을 불렀고 나는 더 이상 물러설 곳이 없었다. 마지못해 용기 내어 카메라 앞으로 다가갔다. 렌즈가 나를 비추자 이상한 느낌이 밀려왔다. 마치 렌즈 속에서 누군가가 내 마음을 꿰뚫어 보는 것 같았다. 한참 노력하였으나 입이 떨어지지 않았다. 친 서기는 차분한 목소리로 말했다. "반장, 그냥 그 카메라가 나라고 생각해요. 평소처럼 이곳 상황을 나한테

소개해주면 되거든." 나는 깊게 숨을 들이마신 후, 내 앞의 카메라가 바로 친 서기라고 상상했다. 그한테만 설명한다고 생각하니 서서히 긴장이 풀리기 시작하면서 마침내 자연스럽게 카메라를 응시하며 말문을 열 수 있었다.

영상이 방영되자 친구들은 부러움을 감추지 못했다. 그들은 용기 내어 적극적으로 프로그램 제작에 참여하기 시작했다. 그렇게 우리는 스스로 우리만의 프로그램 진행자가 되었다.

어느 날, 친 서기와 정 선생님이 산에서 양몰이를 하면서 공부를 견지하던 다이스잉을 촬영하러 나섰다. 카메라를 돌리자 그녀는 긴장한 나머지 제대로 말조차 하지 못했다. 정 선생님은 그녀를 다독이며 위안하였다. "우리를 그냥 양이라고 생각하고 말해봐요." 이 말에 다이스잉은 웃음보를 터뜨렸다. 자신의 양과 두 사람을 번갈아 보더니 긴장을 풀고 마침내 무사히 촬영을 마칠 수 있었다.

우리는 우잉의 풍속과 정취를 그대로 영상에 담았다. 루성(蘆笙)과 량부(亮布) 와 같은 무형문화재를 소개하고 마을 최초의 민박도 소개했다. 이를 통해 표준어 실력을 검증했을 뿐만 아니라 풍부한 문화지식도 접할 수 있었다. 상당수의 외지인들이 이 영상을 통해 처음으로 우잉을 알게 되었고, 이 과정에서 마을의 경제적 수입도 늘어갔다. 우리는 시간이 날 때마다 자주 모여 영화를 감상하듯 자체 제작 영상을 시청하였다. 영상 속 자신의 모습이 참 신기하게 느껴졌다. 마을에는 대형 스크린 TV가 두 대 설치되어 있는데 매일 우리의 영상이 순환 방송되었다. 마을 사람들은 물론 특히 초·중학생들이 매우 즐겨 시청하는데 그들은 영상 속 상당 부분 내용을 줄줄 외울 정도였다.

판무즈(潘木枝) 선생님은 "배운다는 것은 단지 우리가 세상을 보러 밖으로 나가기 위함을 넘어 세상 밖 사람들을 우리 생활에 초대하여 우리에게로 다가오도록 하기 위함이기도 하지요."라고 말하며 "배움에 대한 열망은 마치 씨앗 한 알을 수십 년간 고이 간직하고 있다가 오늘 비로서 소생(甦醒)의 기회를 만난 것이지요. 이런 이유때문에 그녀들은 모두 이번 학습 기회를 너무나 소중히 생각하였답니다. 수업 시간이 되면 새 옷을 꺼내 정성스레 꾸미고 가는데, 마치 큰 명절이나 된 듯 기대와 희열에 한껏 부푼 기분이었지요."라고 덧붙였다.

판무즈는 현재 우리 묘족 마을에서 실제로 일어나고 있는 변화에 대해 흥미진진하게 소개하였다. 그녀는 감미로운 목소리로 우리 맘속 말을 대신 전해주고 있었다. 야간 학습반은 실제로 수십 년 동안 우리 가슴 속 깊이 묻어두었던 독서에 대한 꿈을 부활시켰다. 땅속에 파종한 씨앗이 봄비를 만나 뿌리를 내리고 싹을 틔우는 형상이다. 이제 우리는 정성 들여 물과 거름을 주고, 천천히 가지를 뻗게 해야 한다. 매번 영상을 보면서 본인의 표준중국어를 듣는 순간, 감격스럽기도 하고 약간은 우습꽝스럽기도 하지만 마음은 참 뿌듯하였다. 비록 우리 중국어 발음은 아직 완벽하지 않지만 우리는 마침내 표준중국어를 배움으로써 시대의 방관자로부터 참여자로 전환할 수 있었다.

'남은 건 최선을 다하는 것뿐이에요. 그렇다면 결과는 무조건 좋아지게 돼 있어요.'

황기자는 약속을 지켰다. 그는 우잉 마을에 3년 동안 머물며 수많은 사진을 찍었고, 마침내 이를 한 권의 책으로 엮어냈다. 책 제목은 『3년, 우잉 묘족 마을과 함께』였다. 그는 우리는 모든 사람에게 기념으로 한 권씩 나눠주었다. 우리는 무척 흥분된 마음으로 책을 받아 들었다. 책장을 넘기자 바로 내 사진이 나왔다. 그리고 아버지 어머니의 모습도 있었고 여관집 부부의 사랑 이야기도 있었으며, 우리가 산창자(山蒼子)[13] 나무를 심고 통나무를 옮기고 량부 문화제를 열던 장면들이 고스란히 담겨 있었다. 그리고 야간 학습반 친구들과 함께 만들었던 값진 추억들도 사진 한 컷 한 컷에 스며있었다. 이 방대한 내용을 한 권의 책으로 만들었다니 정말 놀랍기만 하다. 나는 책 속의 사진을 펼쳐보며 북받치는 감정을 참을 수 없었다. 평범하기 그지없던 우리의 일상이 카메라를 통해 이토록 생생하게 이토록 아름다운 모습으로 세상에 나왔다는 사실이 믿기지 않았다. 사진 한 장 한 장마다 따뜻함과 강인함으로 넘쳤다. 황기자는 또 이 책이 영어, 아랍어, 터키어로도 번역되어 현재 세계 곳곳에서 우잉 마을의 이야기, 특히 우리 우잉 여성들의 삶에 주목하고 있다고 알려주었다.

> 이 사진은 어린이부터 노인에 이르기까지 다양한 연령대 마을 사람들의 손을 담고 있다. 이 사진을 보노라면 세월의 흔적과 삶의 무게가 고스란히 전해진다. 이 중 가장 연장자가 량쵸우미(梁娇迷)이다. 그녀의 손은 거친 들판에서 온갖 풍상고초를 겪은 휘어진 소나무와 같았다. 거친 피부는 소나무 껍질이요 애처롭게 변형된 손가락은 구불구불 휘어진 나무줄기였다. 이 손으로 얼마나 많은 시련과 무거운 짐을 견뎌냈을까? 나는 이 손들을 보며 터키 안나톨리아 고원(土耳其安纳托利亚高原)에서 살아가는 여성들이 떠올랐다. 그녀들도 역시 이들처럼 성실하고 소박하게 한평생을 자신과 가족을 위해 헌신하였으리라.

---

13 신허제(新禾节)는 새로 수확한 곡식 이삭을 놓고 풍년을 기리는 묘족의 추수절.

황기자는 나에게 터키의 한 출판사가 이 네 세대 여성의 손이 담긴 사진을 보고 깊은 감동을 말해줬다.

나는 터키가 어디 있는지도 몰랐고, 터키 여성을 본 적도 없지만, 그들도 꼭 우잉 여성들처럼 근면하고 선량하며 소박할 것이라는 확신이 들었다.

먀오족 마을 여성 4대의 손(왼쪽으로부터 딸 푸인치유, 어머니 웨이메이리, 외할머니 량메이화, 외증조할머니 량지야오미의 손)

우잉의 묘족 마을 야간 학습반은 첫 수업 때 6명으로 시작해 가장 많을 때는 30명이 넘는 인원이 참여했으며, 사회 각계각층에서 온 100여명의 선생님들이 강단에 섰다. 그들은 우잉 마을 여성들과 세상을 연결하는 가교역할을 하였다. 우리는 여전히 우리이지만, 이미 예전 그대로의 우리가 아니다. 세계로 통하는 이 길을 따라 우리는 더욱 멀리 나아갈 것이며,

더욱 넓고 아름다운 세계와 마주치게 될 것이다.

*

황기자가 찍은 사진들에서 특히 「손」이라는 제목의 사진 시리즈들이 특히 사람들의 심금을 울린다. 사진 속 손들은 대부분 굳은살이 덮여있었는데 그중에는 벽돌 칼을 잡던 손, 시멘트를 나르던 손, 집을 짓다가 두 손가락을 잃어버린 손 등 다양한 사연을 담고 있었다. 그중에서도 네 세대 여성의 손을 한 화면에 담은 반원 형태로 사진 한 장이 특별히 눈길을 끈다. 굳은살 투성이 노인의 손에서부터 검고 굵직한 성인의 손과 하얗고 부드러운 어린아이의 손에 이르기까지 역사의 흐름과 세월의 무게, 그리고 먀오자이 몇 대에 거쳐 물려온 생활을 고스란히 손에 담아냈다. 그는 손에 대한 세밀한 묘사를 통해 우잉 여성들의 소년기 꿈과 청장년기 삶의 현장에 불태웠던 투혼 그리고 중 노년기 지혜와 인내 등을 생생하게 보여주었다. 아울러 우잉 사람들이 가난의 굴레를 벗기 위해 하나로 뭉쳐 자력갱생하고 산업을 일으키면서 필사적인 노력을 경주해 전 과정을 담아냈다. 이것은 빈곤 퇴치의 가장 훌륭한 장편 서사로서 보는 이의 마음을 깊이 사로잡는다.

"이 사진은 특별히 계획된 것이 아니라, 운명의 우연처럼 벌어진 일이었습니다. 2018년 1월, 내가 우잉 마을에 막 도착해 취재를 시작한 지 얼마 되지 않았을 때였지요. 당시 나는 우잉의 겨울 풍경을 담기 위해 카메라를 들고 다니고 있었는데, 이곳은 고산지대여서 찬바람이 매서웠습니다.

내가 마을 어딘가를 돌아다니며 촬영할 때면 주민들은 늘 정겹게 자기 집으로 초대하여 난로 곁에서 따뜻하게 쉬라고 했습니다. 나는 노인들과 함께 난로 주위에 둘러앉아 이야기를 나누며 옥수수술도 한 잔씩 곁들었습니다. 그러던 중 한 할아버지가 내 손이 얼어 있다는 것을 알고 갑자기 내 손을 꼭 잡고 마구 비비며 먀오족 말로 혼잣말을 하시는 것이었습니다. 나는 그 말을 알아듣지 못했지만, 그의 표정과 목소리에서 '젊은이, 지금 밖이 얼마나 추운데, 당신 손 좀 봐봐, 얼음장처럼 차잖아'라고 말하는 것 같았습니다. 거칠지만 따스한 손길에서 나는 이분들의 진정성을 느꼈습니다. 어두침침한 통나무집이었는데 화로 주위를 둘러보니 유독 불빛에 비친 여남은 쌍의 거친 손이 내 눈을 강렬하게 자극하였습니다. 순간, 마음속을 뒤흔드는 깊은 감동이 내 마음을 움직이었습니다. 바로 이 손들이야말로 탈빈곤 전투의 가장 핵심적인 힘이 아닐까? 나는 비로소 영감을 얻고 산업을 통한 탈빈곤을 배경으로 이 거칠지만 힘있는 손들을 조명하기로 하였습니다. 손에 대한 시각적 특화를 통해 우잉 사람들의 끈기 있고 자립적인 삶의 의지를 보여주고 싶었어요. 그 결과물로 이 사진이 탄생하였습니다." 그는 별일 아니라는 듯이 담담하게 말했다.

나는 다시 한번 예술 영감은 삶에서 비롯된다는 것을 절절히 느꼈다. 열정적인 삶과 동떨어져 스스로 마음을 닫고 세상과 단절한다면 결코 사람의 마음을 울리고 깊은 감동을 주는 우수한 작품이 탄생하지 못할 것이다. 그가 정성 들여 촬영한 「손」 사진 시리즈가 처음 공개되었을 때 《인민일보》를 포함하여 각종 언론 매체에서 총 600회 이상 인용했으며, 《중국청년보》 등 주요 매체는 1면 정중앙에 배치해 우잉 묘족 마을을 대변하는 대표적 이미지로 자리매김하게 되었다.

나는 인터뷰를 통해 마을 주민들의 삶을 접하면서, 황기자가 이곳에서 카메라로 담아낸 목전의 역사 사건은 단지 우잉 마을의 소수민족 빈곤 퇴치 이야기를 넘어, 묘족 전체의 빈곤 퇴치 역정(歷程)을 보여주며 나아가 중국 전역에서 벌어지고 있는 빈곤 퇴치 전쟁의 한 단면이라는 것을 절감하였다. 책을 통해 나는 황기자가 갖고 있는 대중에 대한 깊은 애정과 언론 직업에 대한 사명감, 역사 기록에 대한 끈기를 읽어낼 수 있었고, 무엇보다도 몸속 깊이 배어있는 나라와 민족에 대한 책임감과 사랑을 느낄 수 있었다. 그는 우잉 마을을 포함한 중국 깊은 산골 빈곤 마을의 거대한 역사적 변화 현장을 직접 목격한 증인이자 기록자이다.

마을 사람들을 인터뷰하며 내가 느낀 것은 황기자가 그의 렌즈로 기록하는 이 역사는 단순한 우잉(烏英) 묘족 마을의 탈빈곤 역사가 아니라 전체 묘족의 탈빈곤 역사이자 중국 빈곤 퇴치 시대의 '표본'이라는 사실이다. 그의 책에서 나는 대중에 대한 깊은 정, 언론사업에 대한 순수한 사랑, 역사 기록에 대한 집념을 읽을 수 있었다. 그는 우잉(烏英)을 포함한 산촌의 거대한 변화를 증언하는 인물이다.

우리 몇 사람은 성과여관 옆으로 뻗은 약 3미터 폭의 시멘트 포장도로 위에 섰다. 길 양옆으로 반 미터 높이의 대나무를 엮어 만든 난간이 정갈하면서도 멋스럽게 늘어섰다.

"우잉은 주변 마을에 비해 최소 10년 정도 낙후된 마을로서 빈곤율이 60%를 넘는 전형적인 빈곤촌이었어요." 황기자는 계속해서 말을 이어갔다. "내가 이곳에 처음 도착했을 당시 첫인상은 푸른 산이 마을을 에워싸고 마을 사람들은 사이좋게 지내며, 전통 민족 건축과 옛 풍속 문화가 잘 보존된 점이 참 인상적이었습니다. 나는 카메라를 통해 우잉 마을의 탈빈곤 과정을 있는 그대로 담아내고 싶었고, 외부 세계에 이 묘족 마을 이야기를 전하고 싶었습니다."

그는 통찰력과 사명감이 있는 진정한 기자였다. 단순히 사진 찍기 위해 찍는 것이 아니라, 확실한 사명감을 안고 이곳에 온 것이다. 이는 누구의 강요에 의한 것이 아니라 몸속 깊숙이 스며든 본능 같은 것이었다. 그는 자신의 카메라를 통해 '어떠한 소수민족도 어떠한 지역도 탈빈곤의 낙오자는 없다'라는 의지를 보여주고 그 역사적 이 순간들을 렌즈에 담고 싶었다.

내가 황기자를 향해 물었다. "우잉에서 사진을 찍으면서 느꼈던 가장 큰 어려움은 뭐였나요?"

그는 잠시 생각하더니 대답했다. "환경이 좋은지 나쁜지가 문제가 아니라, 가장 큰 도전은 바로 자신의 인내심이에요. 사진 기자로서 촬영의 비결은 딱 세 가지, 인내심과 세심함, 그리고 꾸준함이죠. 지금 보이는 이 사진들이 별것 아닌 것처럼 생각될 수 있지만, 저는 가장 원시적인 무한 반복의 방법으로 찍었어요. 아침이나 저녁 무렵의 묘족 마을을 담을 때는 알맞은 세기의 빛이 나올 때까지 기다려야 해요. 그래야만 원하는 작품을 만들 수 있거든요. 마을 사람들의 손을 찍을 땐 100쌍이 넘는 손을 석 달 동안 집중해서 촬영했어요."

황기자는 정확한 시간과 장소, 인물을 가장 핵심 요소로 간주하고 여기에 세부적인 묘사와 객관적 수치를 보태어 외부에 정보를 전달한다. 이런 방식은 지역 사회가 빈곤 퇴치 과정에서 겪은 변화상을 하나씩 생생하게 보여줄 뿐만 아니라, 주민들이 더 나은 삶을 위해 기꺼이 분투하는 모습과 그들의 정신적 면모까지도 잘 드러내었다. 그래서일까, 마을 사람들은 모두 그를 진심으로 존경하고 사랑하였다.

'정말이지, 마을 사람들이 이렇게 따뜻하고 친절하게 저를 대할 줄은 전혀 상상 하지 못했습니다. 완전 예상 밖이었지요. 그들은 저를 마치 먀오자이의 한 구성원처럼 대해 주었어요. 마을에 의논할 일이 생길 때마다 꼭 저의 의견을 물어왔는데, 설령 이미 마음 속으로 결정을 내렸더라도 말입니다. 저는 이런 점에 깊은 감동을 받았어요. 우잉 사람들은 하나같이 선량하고 소박하며 귀한 분들이에요.'

황기자는 말하면서도 우러러 나오는 감동을 주체하지 못했다.

빈집촌(空巢村)의 부활

우잉(烏英), 한때 가난하고 낙후되고 적막했던 이 묘족 마을은 이제 점점 활기를 찾아간다. 마을로 돌아오는 청장년들이 늘어났기 때문이다. '어디든 사람이 있어야 활기가 생긴다' TV에서 본 이 말의 의미가 이제야 이해되었다. 내 동생 량슈첸(梁秀前)도 외지 일자리를 그만두고 마을로 돌아온 경우다.

남동생은 1995년에 마을을 떠나 외지로 일하러 갔다. 떠나는 날 온 가족이 배웅을 나갔는데 마을 입구에서 그는 '다들 이제 돌아가세요. 돈 벌면 바로 부쳐 드릴께요.'라고 하며 가족들을 만류했다. 그는 담담한 목소리를 뒤로 한 채 앞을 향해 저벅저벅 걸어갔고 우리는 멍하니 자리에 서서 그의 조그마한 뒷모습이 산길 저편으로 사라질 때까지 바라보았다. 나는 콧등이 시큰해 났다. 남동생이 마치 어린 새 마냥 연약한 날개를 펴덕이며 낯선 세상을 향해 날아가는 것 같았다. 어머니는 가만히 눈물을 훔쳤고 아버지는 붉어진 눈시울을 감추려고 애써 태연한 척하였다.

동생은 먼저 향(鄕)에 도착했고 다시 현성(縣城)을 거쳐 류저우(柳州)로 향했다. 이렇게 남동생은 마을 최초의 외무 노동자 중 한 명이 되었다. 류저우 교외의 벽돌 공장에서 일자리를 구한 그는 두 달 만에 100위안을 집으로 부쳤다. 나는 기쁨과 아쉬움이 뒤섞인 복잡한 감정이 들었다. 돈을 벌어 집에 보낸 동생이 자랑스러웠으나 학업을 중단하여 다시는 책상 앞에 앉지 못할 걸 생각하니 가슴이 아팠다.

아버지는 편지를 보내 '돈을 얼마 정도 벌었으면 다시 돌아와 공부를 계속하라' 고 당부했지만 동생은 결국 학업을 포기했다. 매월 월급을 꼭꼭 집으로 보내며 '우리 가족이 굶지 않았으면 좋겠어요'라는 말만 계속했다. 자신이 공부를 선택함으로 인해 가족이 고통받는 것을 원치 않았던 것이다.

'아저씨, 슈첸 형님께 물어봐 주세요. 그쪽 공장에서 아직도 사람을 뽑는지요?'

마을 청년들이 아버지를 찾아왔다. 아버지는 청년들의 부탁을 받고 바로 동생에게 편지를 썼다. 마을에 일자리 구하는 사람이 많으니 공장에 자리가 있는지 알아봐달라는 내용이었다. 아버지가 편지를 쓰기 바쁘게 청년들은 서둘러 향(鄕)으로 달려가 남동생에게 편지를 부쳤다. 그리고 한 시각이라도 빨리 답장을 받고 싶어서 몇 시간이나 떨어진 길도 기꺼이 달렸다. 그들도 동생처럼 일찍 나가 돈을 벌고 싶었던 것이었다.

하지만 동생의 답장을 받은 건 한 달이 훌쩍 넘은 시간이었다.

설날이 되어 동생이 돌아오자 청년들이 우리 집으로 우르르 모여왔다. '내년에도 나갈 거냐?' '우리도 같이 데려가 주면안돼?'하며 애원하듯 졸랐다. 동생은 고개를 끄덕였다. 설이 채 지나기도 전에 동생은 청년들을 이끌고 마을을 떠났다. 마을은 삽시간에 속이 텅 비어 빈 것 같았다. 예전에는 정월 대보름까지 설 분위기가 짙었으나 지금은 초사흗날만 되면 행장을 싸는 시대가 되었다. 일자리를 얻으려면 일찍 떠나야 했기 때문이었다.

이 몇 년 동안, 동생은 매달 월급이 나오면 최소한의 생활비만 남기고 나머지는 모두 집으로 부쳐 보냈다. 우리 가족은 동생의 도움이 절실했고, 그가 보내준 생활비 덕분에 힘든 시기를 버텨낼 수 있었다. 동생은 매년 설 명절이 되어야 겨우 한 번씩 집으로 돌아왔다. 아버지는 어린 아들이 고생하는 것이 안쓰러워 외지에서 생활비는 충분한지, 너무 아끼지 말고 집에 더 보낼 생각도 하지 말고, 자신을 위해 돈을 쓰라고 하셨다. 타지에서 힘들게 생활하면서 그나마 조금이라도 여유 있게 살아가길 바랐던 것이다. 하지만 남동생은 언제나 밝은 미소로 쓸 돈은 충분하다며 외식도 종종 한다고 답했다. 동생은 앞날에 대한 믿음과 희망을 안고 변함없이 긍정적이고 정직하게 살아가고 있다.

점점 더 많은 마을 사람들이 외지로 일하러 떠나고 있다. 이들은 해마다 초봄에 집을 떠나 연말이 되어서야 돌아온다. 일 년 동안 돈을 좀 벌어 오는 사람도 있지만, 아무것도 손에 쥐지 못하고 돌아오는 이들도 있다. 그러나 돈을 벌고 못 벌고를 떠나서 연말이면 모두 고향으로 돌아온다. 그 이유는 집에 남겨진 부모와 아이들 때문이다. 어느새 마을에는 홀로 남겨진 어르신들과 어린이들이 늘었고, 이제는 홀로 남겨진 여성들까지 더해졌다. 이 여성들은 어르신들과 아이들을 돌보기 위해 고향에 머물고있는 것이다. 그리하여 예전엔 남자들이 하던 온갖 일들을 이제는 여자들이 직접 떠맡아야 했다. 그녀들은 우스갯소리로 말한다. '여자들이 절반 하늘을 떠받든다더니, 정말 그렇네.'

마을 사람들은 류저우나 난닝뿐 아니라 점점 더 먼 곳 광둥, 저장, 상하이 같은 지역들까지 진출했다. 이들 중에는 일이 잘 풀리는 이들도 있고 그렇지 못한 이들도 있었다. 마을 젊은이들은 서서히 바깥 세계를 알아가고 받아들이기 시작했다.

남동생이 외지로 나가 일을 시작한 첫 십여 년 동안 월급의 대부분을 집으로 부쳤기 때문에 저금을 하지 못했다. 2006년부터 마을에서 잡종 벼 재배 기술을 도입하면서 상황이 달라졌다. 수확량이 두 배로 증가한 덕분에 식구들의 일 년 식량은 물론 매년 여량(餘量) 이 남았기에 남동생은 더이상 돈을 부치지 않아도 되었다. 게다가 그 무렵 나는 이미 시집갔고 아이도 낳은 상황이었기에 그제서야 자신의 월급을 모아 저금할 수 있게 되었다.

'그 때, 진정으로 산을 벗어난 것 같았고 땅에 매인 삶에서 해방된 기분이었지.' 어느 날, 술자리에서 남동생은 상기된 얼굴로 이렇게 말하였다. 그의 얼굴에는 자부심과 자신감으로 가득했다. 나는 그의 말을 충분히 이해할 수 있었다. 그동안 얼마나 고생이 많았을까!

2008년, 마을에서부터 십여 킬로 밖의 간둥향(桿洞鄉)까지 도로가 뚫렸다. 길에는 엄지손가락만 한 자갈을 깔았고 마을 입구까지 고작 1km 정도 남겨 두고 있었다. 아버지는 외지에서 있는 남동생에게 편지를 써서 이제 곧 집 앞까지 길이 이어진다고 알렸다. 남동생은 이 소식을 듣자 특별 휴가를 내고 고향을 찾았다. 그는 실제로 마을 입구까지 도로가 놓인 것을 보고 놀라움을 감추지 못했다. 예전에 그는 친구들 앞에서 맹세한 적이 있다. '언제가 마을에 차가 다닐 수 있게 된다면, 나는 바로 먀오자이로 돌아와 살겠다.' 마침내 그날이 왔고, 동생은 약속대로 고향에 돌아올 채비를 하였다.

그해 연말 동생은 약속대로 돌아왔다. 그해 연말, 동생은 정말 약속대로 돌아왔다. 새 오토바이에 아내와 딸을 태우고 막 개통된 자갈길을 따라 먀오자이까지 달려온 것이다. 이는 오랫동안 동생이 간직했던 꿈이었다. 벽돌 공장에서 일할 당시, 공장장이 새 오토바이를 사자 온 공장 사람들이 함께 음식을 나눠 먹으며 떠들썩하게 축하 파티를 벌였다. 그때 남동생이 공장장에게 말했다고 한다. '매달 돈을 모아 저도 언젠가 오토바이를 사야겠어요' 공장장은 그저 농담으로만 여겼다. 하지만 동생은 그 순간 마음속으로 다짐했다. 반드시 오토바이를 사리라. 그리고 새 오토바이를 타고 먀오자이까지 직접 달려가리라. 드디어 남동생의 꿈은 현실이 되었다. 그는 본인의 오토바이를 운전하여 우잉 마을까지 왔고 마을에서 처음으로 '차' 소유자가 되었다. 온 마을이 들끓었다.

남동생은 몇 년간 타지에서 많은 사람을 만나고 많은 일을 겪으면서 여러 가지 사업 구상을 해 보았다. 그는 마을 사람들에게 본인의 생각을 말했다. '차를 사서 운수업을 해보고 싶어요.' 이 말을 들은 마을 사람들은 모두 의심스럽다는 눈치였고 그가 허풍 떤다고 생각했다. 어쩌면 그럴 수밖에 없다. 먀오자이에는 대대로 장사에 대해 생각한 사람이 아예 없었는데 장사란 오직 산 밖의 사람들이나 하는 것이라는 고정 관념이 뿌리 깊게 박혔기 때문이었다. 여태껏 우잉 마을에는 단 한 명의 사업가도 나타난 적 없었다.

'농담도 그냥 웃자고 하는 말도 아닙니다. 진지하게 말씀드리는데 저는 이미 결정하였고 성공하기 위해 끝까지 노력할 것입니다.'

남동생은 말한 대로 행동했다. 마음먹은 일이라면 끝까지 포기하지 않고 매달리는 동생이었다. 솔직히 말해, 나는 똑똑하고 성숙된 동생이 늘 자랑스러웠다. 동생은 다시 외지로 돈 벌러 나가지 않고 고향에 남기로 했다. 무엇보다 아버지와 어머니가 연세가 많아 돌볼 사람이 필요했기 때문이다. 동생은 우리 마을에 처음으로 작은 가게를 열었고, 이듬해에 중고 승합차를 사서 마을 최초의 목재 가공공장을 차렸다. 그 후 몇 년간 여러 번 차를 바꾸었는데 7만 위안을 주고 새 승용차까지 구매했다. 동생은 마치 날개라도 달린 듯 자유로웠다. 비록 중도 학업을 포기하였지만, 결코 걸림돌이 되지 못하였다. 남동생은 자신의 터전에서 성공을 이루어 냈다.

부모님들도 대견해 하셨다. 아버지는 분필로 벽에 '차가 있는 삶, 행복한 삶!'이라고 쓰고 밑에 '2008.11.26.' 날짜를 밝혔다. 바로 동생이 처음으로 차를 구매한 날이었다. 이후 아버지는 여러 번 새로운 날짜를 덧붙여 적었는데, 모두 동생이 차를 구매한 시간이었다. 동생이 차를 살 때마다 아버지는 꼭 벽에 날짜를 기록하였다. 대부분 중고차였고 값도 그리 비싸지 않았지만, 우리 먀오자이를 놓고 말하면 이미 획기적이었다. 아버지는 늘 섬세하게 자식들을 챙겼다. 문득 나는 우리가 어른이 되든 가정을 꾸리든 부모님과 함께 살든 살지 않든 그분들 눈에는 영원히 어린 아이일 뿐이라는 것을 깨달았다.

요즘 우잉 마을에는 남동생처럼 세상과 소통하며 참신한 아이디어

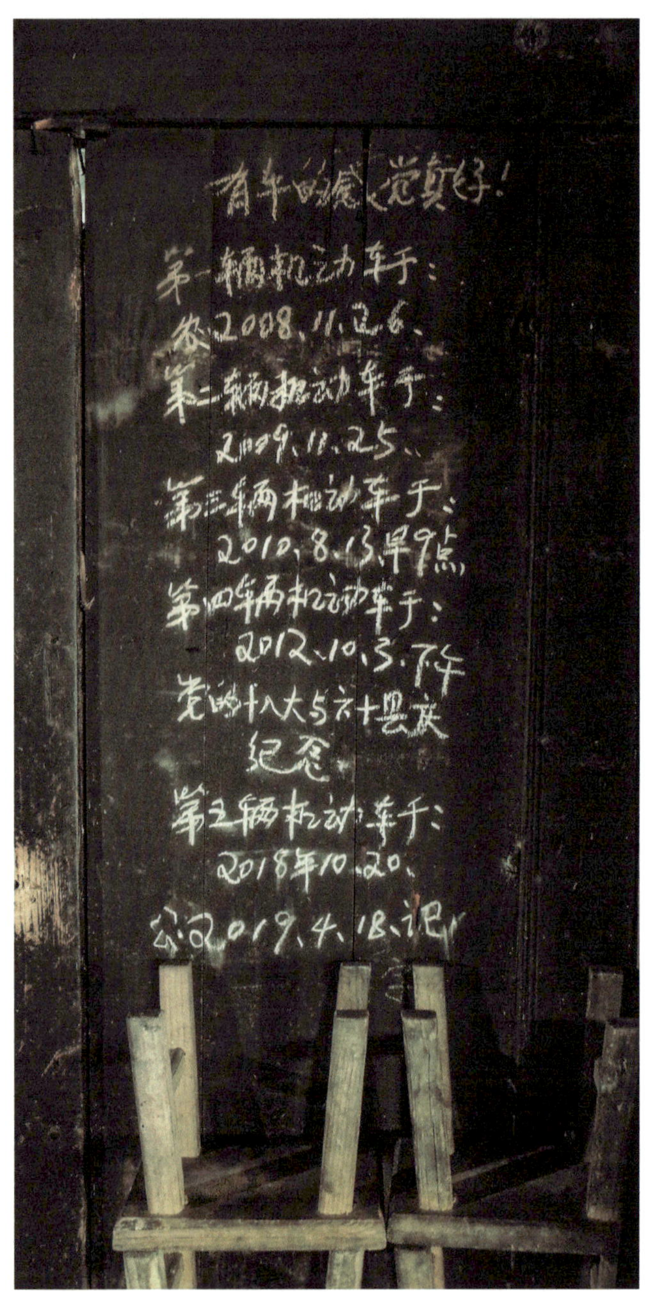

아버지가 감격하여 쓴 글. '차가 있어 정말 좋아!'

를 가진 사람들이 점점 더 많아지고 있다. 마치 금방 꿈에서 깨어난 듯 어떻게 하면 더 큰 발전을 이룰 수 있는지 깨닫게 된 것이다. 이들뿐 아니라 우리 여성들조차도 점점 더 많은 깨달음을 얻고 있다. 우잉의 전통 축제와 사람들이 사랑하는 루성(蘆笙) 그리고 산 위의 나무들까지도 마을 발전에 큰 영향을 미친다는 사실을 말이다.

이제 우리는 새로운 시대에 들어섰다. 우리는 시대의 행운아이자 시대의 혜택을 누리는 체험자이기도 하다.

*

내 맞은편에 앉은 량슈우첸은 마른 체형에 위에는 회색 재킷을 입고 아래는 검은색 정장 바지에 검정 가죽구두를 신고 있었다. 구두가 다소 주름졌지만 깨끗하게 정리되어 있었다. 말끔하게 정돈된 짧은 머리와 맑고 예리한 눈빛은 한눈에 봐도 유능하고 단호한 사업가였다.

"아버님께서 벽에다 '차가 있는 삶, 행복한 삶!'이라는 문구를 쓰고 또 당신이 차를 살 때마다 날짜를 기록해 놓았다던데 차에 관한 이야기를 좀 들려주실 수 있을까요?" 나는 그의 차를 화제로 첫 대화를 시작하였다.

그는 약간 쑥스럽게 웃었다. 그 표정은 누나 량주잉과 어딘가 많이 닮았다. 그는 고개를 들어 멀리 산골짜기를 따라 산 밖으로 뻗어 나간 도로를 바라보았다.

그는 마른기침을 두어 번 하며 목청을 다시더니 입을 열었다. "특별히 할 말이 없는데요. 어릴 적에 아버지를 따라 시골 장터에 갔다가 거리에서 처음으로 자동차를 봤죠. 집에 돌아온 후 아버지는 놀잇감 나무 차 한

대를 만들어 주셨고 그때부터 나는 차를 좋아하게 됐어요. 그 뒤 저는 도시로 일하러 가면서 오랫동안 고향을 떠나 생활하였지요. 그러던 어느 해, 아버지가 편지를 보내 마을에 도로가 뚫렸다고 알려주셨어요. 믿기지 않아 특별히 휴가를 내고 고향에 돌아와 봤는데, 정말로 구불구불한 자갈길이 놓여 있는 것이 아니겠어요? 그때 떠오른 첫 생각이 바로 '무조건 차를 사야겠다!'였어요. 어릴 때부터 꿔온 꿈이었으니까요. 돈이 없어서 큰 차는 못 산다 치더라도 오토바이 정도는 사야겠다고 생각했죠. 2008년 말, 저는 아내와 딸을 오토바이에 태우고 내가 직접 운전해서 고향에 돌아왔어요. 지금 생각해보면 참 무모했지요. 그렇게 먼 길을 오토바이를 운전해서 온다는 것이 얼마나 위험한 일인데. 당시엔 너무 신이 나서 그런 걱정은 전혀 생각하지 않았죠. 우리가 마을에 도착하자 온 마을이 들썩였어요. 우리 마을 역사상 첫 번째 발동기를 단 '차'였으니까요. 그토록 평범한 오토바이에 불과한데 말이죠."

량슈우챈은 고향 마을에서 삶의 터전을 가꿔가기로 결심하였다. 도로가 뚫리자 장사 기회가 찾아왔다. 그는 마을에서 처음으로 작은 가게를 열었고, 자주 오토바이를 타고 외지로 나가 사업을 논의하였다. 사업이 점점 커지면서 단지 오토바이만으로 생활과 운송 수요를 만족시킬 수 없게 되었다. 그리하여 이듬해에 중고 승합차 한 대를 구매하여 화물 운송을 시작했다. 우잉 산속에 나무 목재가 풍부하지만 운반 때문에 제대로 활용하지 못하는 점을 눈여겨본 그는 마을에 최초의 목재 가공공장을 세웠다. 그리고 3년이 되는 해에는 사업 확장의 필요에 따라 큰 중고 트럭 한 대를 추가로 구매하였다.

2015년, 정부가 빈곤 퇴치에 본격적으로 나서면서 량슈챈이 소유한 중고 트럭은 더욱 중요한 역할을 하게 되었다. 마을에서 위험한 주택 개조, 상수도 개선, 전기 시설 개선 등의 공사가 진행될 때마다 대부분 자재를 도맡아 운반하였다. 이 과정에서 묘족 마을이 새롭게 탈바꿈하는 전 과정을 직접 지켜보았다. 시멘트 포장도로가 매 가정집 문 앞까지 깔리고, 마을에 더 안전한 물과 안정적인 전기가 공급되었으며 깨끗하고 편리한 생활 여건이 조성되었다.

빈곤 퇴치 책임 간부들의 적극적인 추진으로 2017년 우잉 마을에는 당영(党英) 과수 재배 전문협동조합이 설립되었고 량슈우챈이 협동조합의 책임자로 추대되었다. 그는 주재 간부와 촌 위원회 일꾼들과 함께 마을 주민들을 이끌고 황무지를 개간하여 과수원을 만들고 패션프루트 등 이색적인 과일을 재배함으로써 묘족 마을의 빈곤 퇴치 새 희망을 만들어냈다.

오토바이에서 시작하여 승합차, 트럭, 승용차에 이르기까지 끊임없이 진화된 차량은 우잉 묘족 마을의 변화상을 그대로 보여준다. 오늘날 자동차는 더이상 우잉 마을의 사치품이 아니다. 마을 대부분 가정에서 오토바이를 소유하고 있고, 십 여 가구는 이미 승용차를 보유하고 있다. 따라서 요즘 젊은이들 사이에서는 운전면허 시험이 인기가 많다.

"이제까지 살아오면서 가장 감격스러웠던 일은 무엇이에요?" 내가 물었다.

그는 다시 한번 웃으며 말했다. "혹시 안 믿을 수도 있겠지만, 저에게 가장 큰 충격을 주었던 일은 저의 어머니가 중국어를 익혔다는 사실이에요. 2020년 초 장사 때문에 외지 나갔다가 반년 만에 집에 돌아왔더니 어머니가 손님과 중국어로 대화하는 것이 아니겠어요? 그 장면을 본 저는 놀란 나머지 그 자리에 멈춰서 버렸고 그런 어머니가 낯설게만 느껴졌어요.

나를 본 어머니가 어색한 중국어로 '안녕하세요? 우리 집에 와서 유차(油茶) 한잔 하세요.'라고 하시는 것이었어요. 비록 발음이 정확하지 않고 유창하지도 않았지만 그렇게 많은 나이에도 중국어를 배워냈다는 사실에 정말 놀랐어요. 나는 이를 통해 우리 묘족 마을이 부활하고 있음을 절실히 느꼈어요."

그의 대답은 너무나 뜻밖이었다. 그리고 이 답은 나에게 깊은 울림을 주었다. 지난 십여 년간 당의 빈곤 퇴치 정책의 지원 아래 우잉 마을은 전례 없는 변화를 가져왔는데 세상 밖에 모습을 드러내지 않았던 가난하고 신비한 산골 마을이 오늘날 인기 향촌 관광지로 탈바꿈한 것이다. 중국 주택과 도시건설부(한국 국토부에 해당)에서 우잉을 중국 전통 전형 마을 목록으로 지정한 후, 약 1000만 위안을 투입해 마을의 공공 인프라를 개선하고 확장했으며 이 덕분에 주민들의 생활 생산 조건이 크게 향상되었다. 10년 전만 해도 우잉 마을 주민들의 1인당 연간 소득은 1500위안에도 미치지 못했지만, 지금은 7500위안을 넘어서면서 완전히 빈곤에서 벗어났다.

인터뷰하는 동안, 가장 감동적이었던 것은 우잉 여성들의 눈빛에서 풍기는 자신감이었다. 이런 자신감은 외부 환경의 영향과 삶의 질 향상 및 미래에 대한 기대감에서 비롯된 것이 분명하다. 특히 표준중국어를 배우는 과정은 그녀들의 내면 성장에 크나큰 영향을 미쳤다.

이제까지 나는 여러 동족 마을과 묘족 마을을 찾아다니며 수백 명의 농촌 여성들을 인터뷰했다. 그들도 우잉 여성들과 마찬가지로 말투에서부터 일 처리 방식에 이르기까지 과거와는 비할 수 없을 정도로 큰 성장을 가져왔다. 더이상 전통 사고 방식에 갇힌 농촌 여성이 아니라, 시대의 변화와 정책과 디지털 기술의 흐름을 읽으면서 가정의 울타리를 벗어나 문화적

역량을 키우고 새로운 가능성을 탐색해 가고 있는 새 시대 여성들이었다. 같은 과수원을 가꾼다 해도 예전과는 사뭇 다르다. 미래에 대한 그들의 기대는 훨씬 크고 높다. 비록 여전히 시골에 살고 있으나 그들은 우잉의 여성들처럼 세상 전체를 바라볼 줄 안다. 그녀들은 지식을 배우고 쉼 없이 성장한다. 겉으로는 똑같은 사람이지만 이미 예전의 그녀들이 아닌 것이다.

2023년 11월, 나는 량주잉이 걸어온 전화를 받았다. '양 선생님, 우잉에서 '포후이' 축제가 열리는데요, 꼭 오세요. 다들 선생님을 많이 보고 싶어 해요.' 그녀의 표준어 실력이 눈에 띄게 늘었다. 또 한 단계 성장한 것이다. 나는 깊은 감동과 위로를 받았고 눈앞에는 그녀들의 모습이 아른거렸다. 차분하고 믿음직한 량주잉, 천진난만한 량잉미, 영리하고 장난기 많은 우메이푸, 똑 부러지고 유능한 허위칭, 밝고 낙관적인 다이스잉……그녀들이 마을 입구에서 산 너머 뻗은 길을 바라보며 간절히 기다리는 듯하였다. 나는 바로 승낙하였다. 이 책 때문이 아니더라도 한 번 그녀들을 찾아보았어야 했다.

나는 신문사 기자 두 명과 함께 우잉으로 향했다. 마을로 들어가는 도로 옆에는 온갖 차들이 길게 늘어져 있었고, 마을 입구에 들어서기도 전에 열렬한 축제 분위기가 느껴졌다. 그날은 수많은 손님이 찾아왔는데, 근처 구이저우와 광시 지역 마을 사람들도 왔었다. 이것이 바로 포후이(坡會)의 특징 중 하나다. 단순한 오락을 넘어 서로 다른 민족과 지역의 사람들이 축제를 함께 즐기고 소통하며 기쁨을 나누는 것이다.

한 곡조 연주가 절반 정도 진행되었을 때, 다른 쪽에서도 합세해 연주를 진행한다. 이때 루성 연주자마다 얼굴이 발갛게 될 정도로 온갖 힘을 다해 불어댄다. 여러 종류의 루성이 내는 소리가 얽히고설킨다. 서로 부딪히고 맞서고 밀어내면서 풍부하고 웅장한 음색을 만들어낸다. 때론 새 떼의 지저귐이 되고 때론 가랑비가 속삭이는 듯하며 때론 연인의 정다운 귓속말 같고 때론 하늘에서 쏟아지는 폭포 같고 때론 하늘을 찢을 듯한 천둥소리 같다. 이 같은 소리는 촌민들이 곤경을 딛고 번영을 향해 나아가는 발걸음을 그려내고 기나긴 세월 속에서 겪어야 했던 수많은 풍상고초를 드러낸다.

경기가 끝난 후 문화 광장 한가운데에 커다란 루성이 세워지고, 그 주위로 큰 원을 그리며 점점 사람들이 모여 선다. 사방으로 뚫린 공터와 언덕에는 구경꾼들로 가득하다. 광장 중앙의 가장 웅장한 루성이 먼저 선율을 울리면, 곧바로 외곽의 루성들도 화답하듯 연주를 시작한다. 여성들은 리듬에 맞춰 춤을 추는데, 이 춤이 바로 동심원처럼 밖으로 퍼지며 추는 루성춤이다. 이 시각, 그대가 광시든 구이저우든 후난이든 그 어디에서 왔든, 묘족이든 동족이든 요족이든 그 어떤 민족이든 상관없이 모두가 하나의 동심원 안에서 기쁨에 흠뻑 빠져 버린다.

주변의 관중들은 쉴 새 없이 함성을 지르고 그 소리는 울려 퍼지는 루성의 선율과 어우러져 마을과 강, 들판을 날아 멀리 산골짜기까지 메아리쳤다. 순간, 나는 오늘 축제는 승패를 겨루는 것보다도 다양한 소리를 조화롭게 하나로 만들어 행복한 삶에 대한 기대를 소리 높이 노래한 것이라는 확신이 들었다.

후기

10여 년간 글을 써왔으니 결코 짧은 시간은 아니나 보고문학이라는 분야는 처음이라서 별 경험이 없었다. 그래서 이번 작품에서는 다소 투박한 방식을 선택했다. 인터뷰 대상자들의 생생한 언어를 최대한 그대로 담아내 텍스트를 뒷받침하고자 한 것이다. 사람들의 실제 목소리는 때때로 사건의 본질에 더 가까이 다가가 있으며, 문제를 설명하는 데에도 더욱 설득력 있기 때문이다.

이 책의 집필을 결정했을 무렵, 나는 인생에서 가장 슬픈 나날들을 보내고 있었다. 강한 폭설이 내린 2022년 설날 직후 오랫동안 병마와 싸우던 아버지가 마지막 숨을 거두셨다. 그리고 단 하루 만에 슬픔을 이기지 못한 어머니도 아버지를 따라세상을 떠나셨다. 내 세계는 완전히 무너졌고, 고통은 끝없는 어둠처럼 밀려와 숨조차 쉴 수 없었다. 오랜 기간 동안 나는 동시에 부모님 두 분을 모두 잃은 상실감에서 벗어나지 못했다. 그로부터 반년이 지난 어느 날 저녁, 정신이 혼미한 상태로 외곽 도로를 지나다가 사고를 당해 도로 한가운데 의식을 잃고 쓰러졌다. 지나가던 화물차 기사가 신고해 구급차로 병원에 실려갔고, 다섯 시간이 넘어서야 겨우 정신을 되찾았다. 병원에서 치료받은 지 이틀이 지나고 의사가 나를 찾아 말했다. 머리에 충격을 받긴 했지만 두 개 골 내 출혈은 서서히 사라지고 있으니 뇌수술은 받을 필요 없고 부러진 뼈만 잇고 회복을 기다리면 된다고 하셨다. 그렇게 나는 염라대왕 문턱까지 갔다가 겨우 다시 이 세상으로 돌아왔다. 하지만 살아남았다는 안도감 따위는 전혀 느껴지지 않왔다. 병상에 누워 있던 시기, 형이 주동적으로 나서서 나를 돌봐주었는데, 사실 형 역시도 부모님의 사망에서 아직 헤어 나오지 못한 상태였다. 그런데 나의 입원치료까지 도맡아야 했으니 얼마나 마음고생이 심했을까? 혹시 동생이 사고로 머리를 다쳐서 정신이 온전치 못하면 어쩌나 하는 걱정이 컸을 것이다. 다행히 나는 정신이 돌아왔고 형도 안도할 수 있었다. 나는 수없이 자동차 사고 장면을 떠올렸다. 만약 그대로 다시 깨어나지 못했다면 인생은 그저 일장춘몽에 불과했을 것이다. 바로 그때 나는 글쓰기에 회의감이 들기 시작했다. 인생이 결국 허무함으로 마무리된다면, 글을 쓰기가 과연 무슨 의미가 있을까?

그 무렵 궈주(过竹) 교수님으로부터 전화가 왔다. 그는 먼저 내 몸 상태를 물었다. 나는 막 퇴원한 참이라 몸이 매우 허약했고, 한 치 앞도 걷기도 힘들었다. 과 교수의 전화를 받았을 때 나는 유후공원(柳侯公园) 입구의 돌기둥에 앉아 쉬고 있었다. 공원 문은 활짝 열려 있었고, 눈앞에는 오 미터쯤 되는 유종원(柳宗元) 동상이 우뚝 서 있었다. 그는 살짝 고개를 들어 하늘을 응시하며 무엇인가 깊은 생각에 잠긴 듯했다. 아마도 시를 구상하고 있는 것이겠지? 중국 서남부에 자리한 이 자그마한 소도시 류저우는 그의 붓끝에서 문명의 기상을 맞이하였다. 그 순간 나는 어떤 깨달음을 얻은 것 같았다. 그리고 조금 과장된 어조로 대답하였다. '네, 이제 거의 다 나았어요.' 전화 너머로 궈 교수님이 잠시 침묵하더니 말했다. '광시교육출판사에서 책 한 권을 만들려고 하는데, 묘족 마을의 여성들이 표준중국어를 배우는 이야기를 주제로 제안이 왔어요. 선생님이 동족과 묘족마을에 대해 잘 요해하고 있어서 적임자인 것 같아 연락했어요. 어때요? 한 번 해볼 생각 없나요?' 솔직히 말해 나는 평생 주제가 정해진 글쓰기를 해본 적이 없다. 글쓰기는 인간 영혼의 비밀스러운 나루터를 찾는 것이라고 믿어왔다. 솔직히 말해, 오랫동안 글을 써왔으나 지금까지 단 한 번도 주어진 주제로 글쓰기를 해본 적은 없었다. 나는 늘 글쓰기는 인간 영혼의 비밀스러운 나루터를 찾아가는 일이라고 생각했다. 지금처럼 미리 설정된 틀에 맞춰 수행하는 것이 아니라고 생각했다. 다만 이번 전화는 궈 교수님께서 직접 걸어온 것이다. 그는 이미 수많은 저서를 출판하셨고 온화한 성품을 갖추신 주변의 존경을 받는 분이셨다. 그런 분이 직접 부탁하니 분명 이유가 있을 거라는 예감에 단번에 대답해버리고 말았다. 사실 내심으로는 거부감도 없지 않아 있었으나 당시 나는 왜 글을 써야 하는지조차 알 수 없었고 쓴다고 해도 무슨 글을 쓸 수 있겠는가 하는 의구심을 지울 수 없었다. 그리고 시간이 지나고 금세 이 일을 까맣게 잊고 지냈다.

얼마 지나지 않아 쑨화밍(孙华明) 선생으로부터 전화가 걸려왔다. 출판사에서 집필 간담회를 개최할 예정이라며 참석해 달라고 요청을 한 것이다. 한참 멍해 있다가 궈주 교수님 성함을 듣고서야 비로소 정신이 번쩍 들었다. 찰나의 망설임이 있었으나 결국 참석하기로 했다.

간담회는 광시교육출판사 6층 회의실에서 열렸다. 궈 교수님과 편집부 몇몇 선생들 외에도 스리민(石立民) 사장이 정중앙에 자리하였다. 그녀는 단정한 옷차림을 하고 있었는데 자연스러운 말투와 조용하고 소탈한 모습이 마치 이웃집 누님 같았다. 영도의 틀이나 격식 따위는 조금도 느낄 수 없었다. 그래서 나는 꽤 오랫동안 그녀가 '사장'이라는 신분을 망각하고 지냈다. 이 책이 집필에 들어간 뒤에도 여전히 누님같은 그녀가 '사장님'이라는 것이 매우 어색하게 느껴졌다.

스 사장은 우잉(烏英) 묘족 마을의 우잉 마을에서 실시된 '이중언어 상호교류' 프로젝트는 광시 지역은 물론 중국의 낙후 지역 소수민족 사회에서도 모범 사례로 손꼽힌다며, 반드시 역사에 기록되어야 할 시대적 사건이라고 강조하였다.

'이 여성들은 고단한 삶 속에서도 끝까지 공부를 견지했어요. 물론 이들의 강인한 의지가 가장 크겠지만 일면으로는 시대적 요구에 부응한 결과이기도 하지요. 한마디로 그녀들의 삶 속에서 우리는 역사와 미래가 동시에 살아 숨 쉬고 있음을 알 수 있어요.'

스 사장이 낮고 차분한 목소리로 말했다. 그녀의 이 한마디는 내 가슴의 가장 여린 부분을 파고들었다. 숨이 멎을 듯하였다. 나 자신도 시골에서 태어나서 다 자라서 산골을 벗어났기 때문에 마을 사람들의 삶을 누구보다 잘 이해한다. 하기에 누구보다도 그 말의 무게와 의미가 더 깊이 피부에 와닿았다. 이제 이 문제에 대한 인터뷰는 더 할 필요가 없었다. 나는 평생을 산골 마을에 갇혀 살아온 어머니의 모습이 떠올랐다. 희노애락으로 가득 찬 그녀의 삶은 아마도 묘족 마을의 기타 여성들과 다르지 않았으리라. 동시에 나의 머릿속에는 수십 수백 명의 묘족 여성들이 삶의 무게에 굴하지 않고 따뜻한 미소로 앞날을 향해 씩씩하게 나아가는 그들의 모습이 떠올랐다. 나는 출판사와 함께 우잉 마을을 찾아가 보기로 결정하였다. 내가 상상한 묘족 여성들의 삶의 현장을 직접 확인하고 싶었다.

2주 후, 우리는 우잉 묘족 마을에 도착했다. 이 마을은 내가 어릴 적 살았던 둥족 마을과 비슷했는데, 산비탈을 따라 계단처럼 빼곡히 늘어진 다락집들이 질서정연하면서도 자연스럽게 어우러져 고즈넉하고 우아한 분위기를 자아냈다. 옛 향수가 묻어나는 마을 주변의 울창한 산림 사이로 새들의 맑고 청아한 지저귐이 분주하게 들려왔다. 생활의 고단함이 없다면 이곳은 동화 속 세계와 다름없었다. 도로와 전기가 들어오기 전까지 마을 사람들은 자급자족하며 살아갔다. 이 마을은 산 밖의 세상과는 단절된 그리하여 세간의 주목받지 못한 색다른 공간 속에 존재하고 있었다.

나는 량주잉을 만났다. 자그마한 키, 햇볕에 그을린 진갈색 피부, 건강하고 강인한 인상을 주었다. 그녀의 표준중국어는 다소 어눌했지만 소통하기에는 전혀 문제가 되지 않았다. 그녀는 우리에게 야간 학습반에 대해 설명하였다. 학습반은 4년 가까이 운영되었는데 총 100여 명의 교사가 800회 이상의 수업을 진행했고 덕분에 마을 여성들이 문맹 상태에서 중국어로 서로 소통할 수 있게 되었다고 말했다. 무엇보다 중요한 것은 중국어를 배우면서 그녀들은 전례 없던 자신감을 얻게 되었다는 점이었다. 나는 이것이야말로 배움이 갖다 준 가장 소중한 선물이라고 생각했다. 그것은 그녀들의 삶의 태도와 사고방식을 변화시켰기 때문이다. 이제 그들은 평소에 별생각 없이 지나쳤던 것들, 예를 들어 자신의 머리카락, 입고 다니는 묘족 전통 의상, 명절만 되면 빠짐없이 등장하는 루성(蘆笙) 모든 남자들이 애착을 느끼는 화미조 등 문화적 상징물들은 현재 중국 전역에서 추진되는 농촌부흥의 흐름 속에서 그 역할을 최대한 발휘한다면 필연코 새로운 성장 동력으로 작용할 수 있음을 갈수록 선명하게 깨닫고 있다.

더욱 놀라웠던 것은 주재 간부들도 현지 방언을 열심히 배우고 있다는 사실이었다. 그들은 과중한 업무 중에도 현지 언어를 배움으로써 최대한 소수민족 언어로 현지 주민들과 소통하며 언어로 인한 장벽을 하나씩 허물고 있었다. 묘족 마을 사람들과의 마음을 이어주는 것도 언어요, 산 안팎을 연결해 주는 것 역시 언어라는 사실을 나는 다시 한번 절실히 느꼈다.

지난 10년간 우잉 마을의 변화는 '환골탈퇴'라는 한 단어로 집약할 수 있는데 마치 못난 오리가 백조로 변신한 듯 하였다. 특히 우잉 여성들이 표준중국어를 배우기 시작하면서 마을에는 새로운 활력과 역동적인 기운이 불었다. 이제 우잉 마을은 더 이상 정보의 사막 속에서 갇힌 날개 꺾인 새가 아니라 현대 정보 사회에서 날개를 펴고 자유롭게 나는 화미조로 변신했다. 이런 마을은 갈수록 더 많은 외지인들의 각광을 받고 있다. 상쾌한 공기와 티 없이 깨끗한 자연환경, 산속 약수로 빚은 미주, 아름다운 꽃 사이로 흐르는 향기와 새소리 이 모든 것들은 마음이 지친 이들에게 고요하고 아늑한 쉼터를 제공해 준다.

량주잉과 그녀의 언니, 동생들은 언제나 밝고 긍정적이며 정이 많다. 그들은 언제나 우잉을 찾은 손님들을 극진히 대한다. 순수함과 선량함은 이들이 태어나면서부터 몸속에 깊이 각인된 고귀한 기품이다. 나는 저 멀리 계신 어머니를 다시금 떠올렸다. 더 정확히 말하면 그녀들을 통해 어머니의 모습을 그려 보았다. 가슴 한가운데 진한 감동이 밀려왔고, 어린 시절의 기억이 마치 실마리처럼 되살아났다. 순간, 나는 어머니를 만난 듯, 그녀들의 내면 세계와 하나가 되었다.

…………

나는 자유로운 여성이라네
저 작은 새마냥
드넓은 하늘을
자유로이 날아옌다네

…………

한 젊은 묘족 여성 시인이 쓴 시이다. 몇 줄밖에 안되는 이 시구는 경탄을 자아내거나 화려하지는 않지만 순박하고 직설적인 표현을 통해 묘족 여성들이 마음속에 품고 있던 간절한 소망을 잘 드러내고 있다. 갈수록 드는 확신은 그녀들이 표준어를 익히면서 내면의 욕구를 실현할 수 있다는 자신감이 서서히 쌓여가고 있다는 점이었다.

처음 만난 자리에서 스사장님께서 하신 말씀의 진의를 이제야 비로소 깨닫게 되었고 그녀의 깊은 배려도 마음에 와닿았다. 그녀에게서 나는 출판 주제에 대한 예리한 감각과 정확한 통찰력을 보았으며, 출판 사업에 대한 끊임없는 열정을 보았다. 그리고 글쓰기란 기록하는 것이며 기록하는 것이란 남한테 보이는 것이라는 도리를 깨닫게 되었다. 동시대 사람들에게 보이고 후세 사람들에게 보여 줌으로써 단지 텍스트 속의 인물과 사건뿐만 아니라, 침묵 속에 가려져 있는 삶의 조각들까지도 드러내 보이는 것이다. 따라서 문학이 만들어낸 세계 속에서 자기 자신과 독자들의 만남이 이루어지는 것이다. 문학 작품은 세월의 증언이자 인간 내면 세계의 발현이다. 이는 곧 문학이 영원히 살아 숨 쉴 수 있는 비결이다.

나는 이 책과의 만남이 운명의 필연이라고 믿는다. 그리고 확신한다. 우잉 묘족 마을 여성들은 언어를 통해 '새로운 삶'을 찾았다는 것을. 그녀들과의 만남을 통해 나 역시 새롭게 글쓰기를 시작할 수 있었다. 이제 매일 아침 햇살이 밝아오면 그녀들을 떠올리며 더 용기있게 앞을 향해 나아갈 것이리라!

2023년 12월 난닝에서

야간학교 여자들이 함께 찍은 단체사진

새로운 소리, 새로운 희망

초판 1쇄 인쇄 2025년 05월 23일
초판 1쇄 발행 2025년 05월 30일

지 은 이 양스팡
옮 긴 이 이영남 · 상경
발 행 인 한정희
발 행 처 경인문화사
편 집 한주연 김한별 김지선 양은경
마 케 팅 하재일 유인순
출판번호 제406-1973-000003호
주 소 경기도 파주시 회동길 445-1 경인빌딩 B동 4층
전 화 031-955-9300 팩 스 031-955-9310
홈페이지 www.kyunginp.co.kr
이 메 일 kyungin@kyunginp.co.kr

ISBN 978-89-499-6871-1 03300
값 28,000원

本译著是2024年国家语委"一四五"科研规划项目"语言资源保护标志性成果促进文旅融合研究"(编号: WT145-36)的阶段性成果。